Sieben

Die stille Revolution hat begonnen

Andreas Campobasso

Sieben

Die **Stille Revolution** hat begonnen

Hans-Nietsch-Verlag

Originalausgabe
© 2010 Hans-Nietsch-Verlag
Alle Rechte vorbehalten

Lektorat: Dagmar Schneider-Damm
Umschlaggestaltung: Andreas Campobasso, Peter Krafft
Layout und Satz: Roman Bold & Black

Hans-Nietsch-Verlag
Am Himmelreich 7
79312 Emmendingen

ISBN 978-3-939570-78-3

Inhalt

Teil II: Praxis der Revolution 155

Vorwort

Wenn alles Eins wird, wird dieses Eine ALLES sein!

Die stille Revolution hat begonnen! Allerorts erwacht das menschliche Bewusstsein auf einer höheren Ebene des Seins und so geschieht es, dass eine subtile, aber mächtige Bewegung des Geistes erfolgt, die uns als Gesamtheit erhebt.
Es ist das **Prinzip** in Aktion! Eine stille Revolution des Herzens, die das Geheimnis des Lebens enthüllt und zeigt, wie dieses funktioniert.

In diesem Buch geht es des Weiteren um das schöpferische Programm des **Prinzips** in seinen 7 Wahrheiten. Es zeigt uns so einen Weg zur Ekstase des Lebens, zur Erfüllung der persönlichen Bestimmung und zur vollkommenen Realisierung der Möglichkeiten der schöpferischen Macht.
Dabei hilft uns eine Schritt-für-Schritt-Anleitung gemäß der Wahrheiten, durch die wir die Umstände des Lebens auf eine höhere Ebene heben können: in Partnerschaft, Finanzen, Gesundheit und Bestimmung.

Unser Universum funktioniert nach bestimmten Gesetzen. Durch die Kenntnis dieser Wahrheiten verstehen wir die Natur des Kosmos, seine Abläufe und das, was uns täglich begegnen mag. Und mehr noch: Wir können diese Gesetze ganz praktisch nutzen, um unser persönliches Universum freier zu gestalten und die Umstände an unsere Wünsche anzupassen.

Die 7 Wahrheiten sind in der Tat die formbildende Kraft und Ursache für den Fluss aller schöpferischen Energien. Sie bilden so die eine Grundlage der Ordnung und des Wachstums im gesamten Universum und in allen seinen Schöpfungen. Sie führen zu umfassender Freiheit, zur vollkommenen Liebe und so zur kosmischen Wirklichkeit.

Alle existierenden Dinge sind diesen, an sich einfachen Wahrheiten unterworfen. Diese zu kennen und ihre Regeln im Leben anzuwenden, ist deshalb die essenzielle Grundlage für die Erlangung wahrer Meisterschaft.

Es ist eine Revolution des Denkens: Ich werde Ihnen in diesem Buch eine Welt ohne Sünde und ohne Schuld zeigen, ohne Manipulation und ohne Kontrolle und Kontrollbedarf. Eine Welt des Friedens, des Wohlstandes für alle und des wahren Einsseins. Eine Welt der Geschwisterlichkeit und der Harmonie.

Dazu verhilft uns eine Revolution der Freiheit, die bis in die Grundfeste unserer Gedankenwelt reicht, und wir können so den Bewusstseinssprung einleiten, der in ein neues Zeitalter führt: das Goldene Zeitalter!

In dieser stillen Revolution geht es keineswegs um einen Kampf, in dem das Gute gegen das Böse kämpft, sondern um das klare Erfassen der Wirklichkeit und ihrer Energien, welche tief verborgen in uns auf ihr Erwachen wartet.

Der Weg der stillen Revolution ist die Kontrolle unserer schöpferischen Energien.

Dieses Buch geht tiefer in die Offenbarung unserer Möglichkeiten hinein und enthüllt dabei nichts weniger als eines der großen Geheimnisse des Universums. Es stammt aus ewigen Zeiten und kommt jetzt, quer durch die Jahrtausende, zu uns – und zur gesamten Menschheit. Es ist ein Geschenk an das Leben, weil es den Blick für ein Leben weit jenseits des Schicksals öffnet.

Doch wie nutzt man es?

Wir alle sind im Grunde auf der Suche nach der einen Erkenntnis, die nicht nur die intellektuelle Neugier befriedigt, sondern uns auch eine handfeste Anleitung für unseren Alltag bietet, sodass wir das Leben glücklicher und erfüllter gestalten können. Daher sah ich es als meine Aufgabe, besonders nach der großen Resonanz auf mein Buch *Das Prinzip* – *Geheimnis zur Erschaffung der gewünschten Realität*, weiterführendes Wissen zu vermitteln. Dazu gehört insbesondere das Wissen, wie die 7 Wahrheiten des Lebens, die ich im **Prinzip** vorstellte, im normalen Alltag gezielt Anwendung finden.

Nun sind viele Leser bereit, tiefer in das Mysterium der 7 Wahrheiten der Ur-Liebe des **Prinzips** einzutauchen und Antworten auf diese Fragen zu bekommen:

Was sagt das „Ich bin"?
Was steht hinter dem „Ich bin"?
Wie handelt es?
Was sind seine Gedanken?
Wie können wir die 7-fältige Wahrheit nutzen für ein Leben entsprechend unserer persönlichen Bestimmung?

Es ist mein Bemühen, diese Wahrheiten durch einfache, jedem verständliche Worte weiterzugeben. Zu viel Zeit wurde „verbraucht", weil die Wahrheiten dem Mann von der Straße durch Verheimlichung und Fachsprache vorenthalten wurden.

Im Folgenden werden die Gesetze als Wahrheiten bezeichnet, da es sich nicht einfach um starre Gebote handelt, sondern um lebendige dynamische Realitäten, welche uns – sofern wir sie anwenden – zu dem führen, was wir alle suchen: Glück und Sinn, Wohlstand und Freiheit, wahrer bedingungsloser Liebe und zur Entfaltung unseres wahren SELBST.

Es sind daher Wahrheiten, die zur persönlichen Freiheit führen, denn Wahrheit macht bekanntlich frei.

Diese 7 Wahrheiten führen uns so zu der einen Wirklichkeit. Die Wirklichkeit unserer wahren Person, unserer Bestimmung in UNSEREM persönlichen Universum. Sie sind die Werkzeuge der Liebe. Und wenn wir diese 7 Wahrheiten erfassen, verstehen wir die eine schöpferische Liebe des **Prinzips**.

Die 7 kosmischen Wahrheiten entfalten unsere Göttlichkeit im Alltag, sie setzen das **Prinzip** in Aktion. Denn wenn wir die eine Liebe erfassen, können wir diese universellen Wahrheiten wie ein gestimmtes Instrument benutzen, um unsere energetische Macht der eigenen Wirklichkeit zu entdecken und dadurch neue Realitäten zu schaffen.

Es gibt nun da draußen zwar viele individuelle Wahrheiten, vielleicht so viele, wie es Menschen gibt, aber nur eine einzige Wirklichkeit. Die 7 Wahrheiten sind der Spiegel und zugleich Werkzeuge der einen letzten Wirklichkeit des **Prinzips**, mit denen wir die gewünschte Realität zu schaffen in der Lage sind. Sie sind der Weg der stillen Revolution, welche alles zu ändern vermag!

Wir kehren durch sie zurück zu den einfachen Gedanken, welche einst das Leben schufen, und nutzen sie als Weg, um unser Leben neu zu erschaffen – zum Wohle des Ganzen. In dem einen **Prinzip**, der einen Maxime, dem Arkanum, das wir Leben nennen (lat. *arkanum*: „Geheimnis").

Die 7 Wahrheiten fördern entscheidend die edlen Eigenschaften und die Tugenden des Menschen. Denn dies ist die ewige Alchemie, welche aus menschlichem Blei unvergängliches göttliches Gold schafft. Durch deren Ausübung kann man „lernen", über sein „Schicksal" zu herrschen und seine Visionen auszuleben.

> „Es gibt zwei Wege, um glücklich zu sein:
> Wir verringern unsere Wünsche oder
> vergrößern unsere Mittel. Wenn Du weise bist,
> wirst Du beides gleichzeitig tun."
>
> *Benjamin Franklin*

Diese 7 hermetischen Wahrheiten sind die ursprüngliche Quelle aller Bücher, die zum Thema Realitätsgestaltung geschrieben wurden. In Reinform führen uns diese weit über das hinaus, was oft als „Gesetz der Anziehung" bezeichnet wird. Es geht um eine Verbindung zum Objekt des Begehrens als Endresultat, nicht nur um eine kurze Befriedigung in Oberflächlichkeit.

Darum ist es wichtig zu verstehen, dass die Botschaft dieses Buches nicht primär darauf abzielt, wie man sich ein paar Wünsche erfüllt. Dazu gibt es andere Bücher und dies hier wäre nur eine weitere Variante. Es geht hierbei vielmehr darum, mittels eines verborgenen Wissens sein ganzes Potenzial auf jeder Ebene des Lebens auszuleben, um endlich so frei zu sein, wie es dem Menschen bestimmt ist. Die 7 Wahrheiten sind nichts weniger als ein Unterricht in schöpferischem Denken und in der Ausgestaltung eines vollkommenen Bewusstseins.

Das Bewusstsein muss geschult werden, damit es ein würdiges Gefäß für das Mysterium wird. Die 7 Wahrheiten sind aber bis zum heutigen Tage das *Skotom* der Geschichte (griech. *skotos*: „Dunkelheit"). Also ein blinder Fleck, den das Patriarchat hat, hervorgerufen durch die Einseitigkeit des Verstandes. Und der Mensch sieht die Offensichtlichkeit der Wahrheiten nur, wenn man ihn darauf hinweist, was ein Ziel dieses Buches darstellt.

So ist die Tür zur inneren Wirklichkeit nur angelehnt ...

> *„Du kannst nur lernen, dass Du das,*
> *was Du suchst, schon selber bist.*
> *Alles Lernen ist das Erinnern an etwas,*
> *das längst da ist und nur auf Entdeckung wartet.*
> *Alles Lernen ist nur das Wegräumen von Ballast,*
> *bis so etwas übrig bleibt wie eine leuchtende*
> *innere Stille. Bis Du merkst, dass Du selbst*
> *der Ursprung von Frieden und Liebe bist."*
>
> *Sokrates*

... denn das wahre Geheimnis heißt Erinnerung. Was Sie nun lesen, soll einfach die persönliche Erinnerung wecken an all das, was schon in Ihnen ist. Diese Botschaft ist die Vergegenwärtigung der inneren Wirklichkeit, ein radikaler Weg der Mitte für ein Bewusstsein jenseits der Dualität.

Dieses einfache Werk ist daher ein Kompendium an Wissen, mit dem wir alles erreichen können, indem wir bestimmten Regeln folgen, zu denen wir eine natürliche Affinität haben – wir müssen nur wieder von ihnen wissen.

Schon kleine Kinder sollten dieses Wissen mit der Milch aufsaugen. In den Schulen sollte es gelehrt werden, anstatt die geschundenen Köpfe der Kinder mit plumpem, langweiligem und weisheitslosem Wissen anzufüllen. Ein Lehrer sollte nur der sein, welcher die Wahrheiten lebt. Und die Meister darin sollten als Glanz verbreitendes Licht in der Welt dienen.

„Die Weisheit ist nur in der Wahrheit."

Johann Wolfgang von Goethe

Wir leben heute im Zeitalter der Information. Eine großartige Epoche gerade für Menschen, welche die Zusammenhänge des Lebens erkennen wollen. Doch schon berühren wir ein neues Zeitalter: Es ist das Zeitalter des bewussten Geistes. Denn heute setzt sich unfassbar schnell die Erkenntnis durch, dass allein durch unsere Gedanken tatsächlich Dinge geschaffen oder verändert werden können. Wie wir dadurch selbst die Materie transzendieren und ihrer wahren Beschaffenheit und Formbarkeit gewahr werden können.

Jetzt müssen wir nur noch wissen, wie wir die Kraft der Gedankenenergie richtig einsetzen und kontrolliert leiten können. Dann sind wir in der Lage, die scheinbare Willkür des Lebens mittels dieser Wahrheiten zu entschlüsseln und aufzulösen – etwas, was das Leben doch sehr zu vereinfachen vermag.

Egal, um was es sich auch handeln mag, mittels der unerschöpflichen Ur-Kraft des **Prinzips** und seiner ewigen Wahrheiten können wir alles ändern.

Die 7 Wahrheiten der Wirklichkeit des **Prinzips** sind der Schlüssel zu Manifestationen und Erleuchtung für einen ganz bestimmten Typ von Menschen.

Man könnte sagen, dass es offensichtlich zwei Gruppen von Menschen gibt: Nennen wir die eine Gruppe die *„Wiesoler"* und die andere *„Wiesonichtler"*. Die einen fragen immer nur verstandeslastig nach dem *„Wieso"*, wenn sich neue Erkenntnistüren und Möglichkeiten öffnen, und die anderen klatschen in die Hände und sagen: *„Wieso nicht?!"*

Für die zweite Gruppe nun ist dieses Buch geschrieben. Für Mitmenschen, die ihr Leben in der Tat noch vor sich haben und wie ein Kind gespannt sind, was die Zukunft ihnen bringt. Sind es doch ausschließlich die *„Wiesonichtler!"*, die es sich leisten können, frei und wild zu leben.

Können Sie noch wie ein Kind staunen? Vielleicht gelingt es mir, dass Sie am Ende des Buches die Dinge ganz neu mit einem Staunen in den Augen betrachten können. Dazu ist es allerdings nötig, im Laufe des Buches einige offizielle Dogmen und verkapselten Dinge, welche das Leben am Fluss hindern, zu zerschmettern. Denn eines müssen wir früher oder später immer lernen: Der Schein trügt!

Die Sprache des Herzens können alle Menschen verstehen, aber immer weniger Menschen können sie noch sprechen.

Da ich Sie als meine Leser ernst nehme, werde ich mir auch die Freiheit der Liebe nehmen und nötigenfalls mit milder Strenge zu Ihrem Herzen sprechen. Manches in diesem Buch drückt das Bedürfnis aus, etwas wachzurütteln, und manchmal ist gerade das der entscheidende

Anstoß, den eigenen Weg zum Glück zu finden. Schließlich lesen Sie gerade einen Ratgeber, ein Buch zur Lebenshilfe, und nicht nur zur oberflächlichen Unterhaltung, richtig? Es geht um viel, denn es geht um Sie, deshalb werde ich mir erlauben, offen mit Ihnen zu sprechen – zu einem reifen einzigartigen Wesen. Denn Menschen, Sie und ich, sind doch nur verkleidete Götter. Und wir sind im Begriff, zu den stillen Pionieren unserer Zeit zu werden. Zu Helden von heute.

Zwar mag dieses Buch dem geneigten Leser deshalb viel geben, aber es nimmt ihm auch etwas weg – die Ausreden ...

Eine Botschaft, die uns nur zu stoischen Nachahmern macht, ist in ihrer Wirkung begrenzt. Wir sollten, nein, wir dürfen ein Original sein. Denn die Wahrheiten des Lebens verändern uns für immer und geben uns, wenn wir hungrig sind, eine Angel in die Hand und nicht nur einen Fisch, der uns nicht lange sättigen kann. Sie helfen uns, unsere wahre Individualität zu leben und erfolgreich Verantwortung zu übernehmen für das eigene Wohl und das des Ganzen.

So birgt eine feste Grundlage für wahre Freiheit so viel mehr inneres Erkennen in sich, als ein nur aufgesetztes Wissen es je vermögen könnte. So können wir mündig die ganz eigenen individuellen Antworten im Rosenbeet der Wunder pflügen.
Diese eine Rose wird ewig unverwelkend sein.

Nur die Lehre ist eine gute Lehre, die uns dahin führt, zukünftig keine weiteren Lehrer mehr zu benötigen. Darum machte ich mich an die Arbeit, die universellen Wahrheiten von den Schlacken der Zeit zu befreien und in einer Form darzubieten, welche den Weg für jeden zugänglich macht. Einen Weg in die Tiefen des Geheimnisses des Lebens und seiner Mechanismen, die wir dann in jeder Lebenslage nutzen können.

Allerdings ist der Mensch gar nicht dafür gemacht, dass er ständig über sich und irgendwelche Regeln und Gesetze nachdenkt und – wie in einer Religion – versucht, sie dogmatisch „einzuhalten". Es ist wichtig zu verstehen, dass wir diese Wahrheiten, genau wie die Ur-Liebe, in uns selbst finden können und das Gefundene sich ganz natürlich ausleben kann. Das ist der wahre Lehrer!

Denn die 7 Wahrheiten sind eine Charakterisierung des Selbst der Liebe, eine Umschreibung des göttlichen Kerns und legen dar, nach welchem Schema dieser schöpferische Kern denkt und letztlich handelt.

Der Gedanke des Wissens
verwandelt die Gefühle in Freude,
für ein Leben in Liebe.

Das Leben entpuppt sich dabei immer mehr als ein großes Spiel. Und das Spiel dieses Lebens ist gewürzt mit Hindernissen und unerschöpflichen Möglichkeiten. Es hat wie jedes Spiel seine festen Regeln. Hält man sich an diese Regeln, gewinnt man.

Bei diesem Thema geht es nicht primär darum, oberflächliche Dinge in dieser materiellen Welt zu erhaschen. Es geht vielmehr darum, dass wir nicht einseitig auf die materielle Welt fixiert sind, weil sie uns im **Prinzip** sowieso folgt. Ohne Stress! Und wir dann so frei sind, die wahren Schätze des Lebens zu genießen – zum Beispiel das Wunder unserer göttlichen Person.

Auch wenn es Mitmenschen geben mag, die **Das Prinzip** nur lasen, weil sie auf eine weitere und neue Technik zur Wunscherfüllung hofften, ist die Kernaussage darin doch viel mehr: „*Finde Dein wahres Selbst, so ist das Erfüllen Deiner Wünsche die schönste Nebensache der Welt.*" Es geht ja nicht um eine neue Philosophie, es geht um etwas von geradezu kosmischer Tragweite. Es geht um das Wesen(tliche), das Realität erschafft!

„Je weniger einer braucht,
desto mehr nähert er sich den Göttern,
die gar nichts brauchen."

Sokrates

Das **Prinzip** ist keine mechanische Technik, es ist ein Seinszustand! Ein Zustand, der bestimmungsgemäßes Wünschen mathematisch genau erfüllen kann.

Dabei geht es aber nicht darum, gegen ein „Schicksal" zu kämpfen, sondern nur darum, mit dem, was wir „Schicksal" nennen, Hand in Hand zu arbeiten, um letztendlich die Erfüllung unseres Weges, unsere Bestimmung, für die wir hierher gekommen sind, zu erfahren.

Auch hüte man sich davor zu meinen, die 7 Wahrheiten wären das **Prinzip**. Die 7 Wahrheiten sind nur ein Ausdruck des **Prinzips**, so wie der Körper nur ein Ausdruck des Geistes ist! Die 7 Wahrheiten gleichen einem Auto, mit dem man von A nach B kommt, aber der Insasse ist das eigentliche Geheimnis. Das **Prinzip** ist der Kern, die 7 Wahrheiten sein Vehikel.

Nicht Worte sollen wir lesen,
sondern den Menschen,
den wir hinter den Worten fühlen.
Denn die Gabe zu sehen hat jeder,
aber zu fühlen nur wenige.

In diesem Buch werde ich nun den Technikern unter uns unter anderem das Ersehnte anbieten – mit den Rezepten für jede erdenkliche Lebenslage. Denn alle Techniken und Übungen führen irgendwann natürlich auch nur zur Erinnerung. Doch das Verständnis des Kerns der Sache, des **Prinzips** selbst ohne intellektuelles Schubkastendenken, ist in diesem Buch eine wichtige Voraussetzung für bewusstes Manifestieren auf allen Ebenen. Alles andere ist genauso vergänglich, wie es jede „neue" Technik sein muss.

Es sind nicht die 7 Wahrheiten allein, die einen zum Mitschöpfer erheben, in Wahrheit ist es das Herz, das sich selbst im **Prinzip** erkennt! Die Kraft der Veränderung ist das Wissen, die Erinnerung an die eigene Schöpfermacht darin.

Wir haben hier also ein Arbeitsbuch und ein Grundlagenwerk für das Manifestieren der gewünschten Umstände mittels der kosmischen Wahrheiten.

Ironisch dabei ist, dass manche sich wünschten, „zaubern" zu können, dabei wird das von jedem ständig praktiziert – doch ohne es zu wissen! Unkontrolliert!

Es ist ja nicht so, dass wir die 7 Wahrheiten nicht anwenden würden. Nein, wir nutzen sie sogar ständig – ununterbrochen in allem, was wir tun. Nichts in unserer Existenz geschieht, ohne dass wir diese „geheimen" Gesetzmäßigkeiten nutzen.

Es gibt da nur ein Problem: Das Dumme ist nämlich, dass wir sie in der Regel nicht bewusst im Alltag für unsere Zwecke handhaben. Dadurch geschieht es häufig, dass sich diese Wahrheiten gegen uns selbst richten, und dann stehen wir mit einem „Fragezeichen im Gesicht" in der Ecke und denken: *„Das Leben ist schwer."*

Wir nennen dies dann einfach den Zufall oder unser „schlimmes Schicksal", aber nur weil wir es nicht erklären können. Das Unerklärliche resultiert aber allein aus der Unwissenheit bezüglich der Regeln der universellen Lebenswahrheiten. Denn Zufall ist nichts anderes als die blanke Unkenntnis gegenüber der Wahrheit von zum Beispiel der sogenannten Kausalität. Diese wirkt überall völlig präzise und wir können sie leicht und bewusst in jeder Lebenslage nutzen, um unser Leben in die gewünschten Bahnen zu lenken.

Wenn das alles so wahr und schön ist, warum wissen wir dann nichts darüber? Und noch erstaunlicher: Warum gibt es Menschen, die es wissen, aber es für sich behalten? Oder schlimmer: es verkomplizieren? Oder am Schlimmsten: nur ein Stückchen davon weitergeben und es dabei als den ganzen Kuchen anpreisen?

Es liegt natürlich auch an der mangelnden Reife und Liebesfähigkeit der Masse, durch die wahre Toleranz in der Beziehung zu allen Geschöpfen entstehen würde. Darum ist das Erkennen des Kern-Selbst das Wichtigste, was wir uns in Erinnerung rufen können.

Andererseits ist es schon amüsant zu sehen, was heute manchmal aus diesen ursprünglichen Gesetzen geworden ist, weil man sie oft nicht entsprechend versteht. Es fehlen meist die Grundlagen und vor allem die ursprünglichen Quellen.

Die 7 Wahrheiten sind alles andere als kompliziert, sie scheinen nur am Anfang des Verstehens sehr komplex. Nicht die Wahrheiten sind kompliziert, sondern das richtige Erkennen. Darum lesen Sie genau, so werden sich alle Widersprüche auflösen und der Blick auf den Kern der Sache wird frei.

Wenn ich daran denke, wie mühsam das Erfassen dieser Wahrheiten sein kann, weil das allgemein zugängliche Material darüber oft verwässert ist. Aber heute weiß ich, wie simpel es doch ist, sie in das tägliche Leben zu integrieren. Daran möchte ich Sie nun teilhaben lassen.

Damals, bevor ich die Wahrheiten des Lebens kennenlernte, empfand auch ich das Leben als ein schicksalhaftes, chaotisches Drama.

Mit der Zeit erkannte ich jedoch das Muster im Chaos und begann mit der Suche nach Antworten, ohne dabei wirklich die Frage zu kennen! Nur die Ahnung, dass es mehr geben musste, ein vollendetes Leben, hatte mich schon immer bewegt. Es lockte mich mit Happen, aber ließ mich hungrig genug, bis die Konturen des Geheimnisses immer deutlicher hervortraten und ich das ganze Ausmaß der Möglichkeiten darin erkannte. Leider erblickte ich es meistens nur vor dem Hintergrund des menschlichen Leides und des Ringens um die Brotkrumen des Lebens.

Die 7 Wahrheiten sind das Muster im Chaos.

Letztlich fand ich jedoch die Antwort komprimiert als das, was ich heute das **Prinzip** nenne: die Quintessenz der ewigen Gesetze des Lebens, offenbart durch sehr alte Schriften, in denen ich entdeckte, was ich insgeheim schon massiv ahnte – das Geheimnis des Lebens. Dieses Geheimnis ist das Geheimnis in uns.

Ich habe festgestellt, dass man Informationen viel besser praktisch in sein Leben integrieren kann, wenn gleichzeitig auch das befreite Denken diesem neuen Wissen angepasst wird und konform damit geht. Wir lassen Altes los, Dinge und Gedankenmuster, die sich überlebt haben, und integrieren dafür Neues, Höherschwingendes.

Dieses Buch ist deshalb andererseits auch Kraftfutter für den hungrigen Verstand. Denn wenn die Ratio sich dieser festen Wahrheiten bedienen kann, wird der Wolf des Verstandes plötzlich sehr zahm an der Leine gehen und endlich seine wahre Funktion ausüben: ritterlich unsere Intuition verteidigen, um uns auf höchste Höhen zu führen. Die 7 Wahrheiten sind so vollkommen, wie wir sie verstehen können. Dieses Material spricht deshalb unter anderem die linke logische Seite unseres Gehirns an, um den Verstand wie ein machtvolles Werkzeug zu gebrauchen. Aus der Intuition der rechten Gehirnseite und der pragmatischen Veranlagung der gegenüberliegenden linken Seite kann so ein Frequenzwandler höchster Güte entstehen. Denn das Gehirn als Abbild des Geistes ist in Wahrheit ein mächtiger Frequenzwandler. Richtig ausgebildet und synchronisiert, hilft es Energien schöpferisch zu transformieren.

Ein Gehirn im Bewusstsein der 7 Wahrheiten des **Prinzips** ist wie ein Transformator, der feinstoffliche Kräfte und Substanzen in erlebbare materielle Umstände und in Sichtbarkeiten herunterspannt. Das Gehirn ist der materielle, grobstoffliche Ausdruck des formlosen Bewusstseins des Geistes und bedient sich seiner, um unsere erlebte Realität zu schaffen.

Durch die mentale Anwendung der 7 Wahrheiten des Lebens verwandeln wir so die Frequenz eines Wunsches oder eines Ideals in eine sichtbare und erlebbare Form. Das ist auch die einzige Möglichkeit, dies zu tun.

So folgen wir unserer Bestimmung und vergeistigen und transzendieren uns, die Materie, alles. So wie es der Überlieferung zufolge in den Schriften der Templer geschrieben steht:

Der Geist beherrscht die Materie!

Wir wandeln Energie in Materie, ohne eine Ahnung von unseren Fähigkeiten zu haben. Wir machen aus einem Gedanken Erscheinendes und bekommen davon in der Regel überhaupt nichts mit! Unser Geist, eingesperrt in das Fleisch, macht aus Gedankenenergie feste Materie.

> *„Aber Du musst verstehen, dass der Mensch aus Licht und das Licht aus dem Menschen ist."*
>
> *Smaragdtafeln X*

Es geht in diesem Buch daher zuerst um die mentalen Belange, also um die Energien der Gedanken und wie man diese in der gesetzmäßigen Art benutzt, um seine Umstände zu formen.
Dann verwandeln sich auch die Gefühle in meisterlich kontrollierte schöpferische Energieeinheiten durch die Transmutation der mentalen Alchemie.

Denn wenn wir nur willkürliche Energieimpulse senden, machen wir auch nur „zufällige" oder wahllos erscheinende Lebenserfahrungen. Wenn wir aber unsere Energien durch die folgenden 7 Wahrheiten kontrollieren, können wir dadurch eine große Macht über unser Leben erreichen. In Wahrheit sind die 7 Wahrheiten ein Gefäß oder auch ein zusammengeschalteter Mechanismus, mit dem wir die schöpferischen

Energien kontrolliert steuern und so kontrolliert Realität schaffen können. Ein Lernprogramm, eine Erinnerung, um göttliche Gedanken zu denken und eine große Harmonie zu schaffen.

Wir wissen, dass alle Manifestationen der Natur von kosmischen Regeln regiert werden, die einfach und unveränderlich sind. Die kosmischen Wahrheiten sind der gemeinsame Nenner des sich verändernden Spektrums der Physik und der Metaphysik. Die Metaphysik beschreibt Gesetze der geistigen Welt und die Physik oder Quantenphysik die Gesetze der materiellen Welt. Physik und Metaphysik sind verschiedene, interdimensionale Ansätze der einen Wissenschaft. Sie gehören zusammen.

Seltsamerweise mangelt es aber an handfestem Wissen, wie man diese Wahrheiten praktisch im Alltag lebt und wie man sie gewinnbringend im Jetzt umsetzt. Dieses Buch zielt ganz auf das Verstehen und unmittelbar erfolgreiche Umsetzen dieser Wahrheiten ab.

Und das Wichtigste: Wie kann man lernen, Situationen, die schon festgefahren sind, oder Dinge, die sich bisher nicht ändern ließen, zu ändern? Und wie kann man eine ausgesandte „negative" Energie aus Gedanken oder Gefühlen so umwandeln, dass das negativ Gedachte nicht eintrifft? Und noch weiter: Wie kann man diese Energie abfangen und in eine positive Energie umpolen, um diese ehemals negative Energie nun gezielt schöpferisch verwenden zu können?
Diese Fragen beantwortet das Kapitel „Neutralisation und mentale Transmutation und Karmaausgleich".

Dieses Material vertieft somit die Thematik der 7 Gesetze und ist eine wertvolle Ergänzung meines Buches **Das Prinzip**, welches sich mehr mit der Wurzel unserer kreativen Kraft der Intuition auseinandersetzt und so die eine tragende Grundlage bildet, die wir benötigen, um unser ganzes Potenzial zu nutzen. Das gewährleistet, dass diese folgenden Wahrheiten wieder ganz von allein in unser Bewusstsein wandern und dort wirken.

Dies hier ist nun eine Erweiterung für unsere neue Welt der Möglichkeiten, welche durch das tiefste Erkennen der Wirklichkeit des wirklichen Geheimnisses des **Prinzips** begünstigt wird. Es ist die Wurzel des schöpferischen Bewusstseins.

Das Geheimnis ist also die eine Ur-Liebe, welche ihre Funktion durch die 7 Wahrheiten hat. Das „Ich bin" ist göttliches Bewusstsein, das gefüllt wird durch eine hohe Schule der Identifikation mittels der *Metanoia* (siehe das gleichnamige Kapitel) und zur höchsten Erleuchtung führt.

Deshalb eine kurze Zusammenfassung der Grundlage des **Prinzips**:

Das Bewusstsein des Menschen wird durch Denkgewohnheiten begrenzt. Die Begrenzung herrscht generell durch einen hektischen Bewusstseinszustand vor, den wir im Alltag durch unterschwelligen Stress und Formen der Angst erfahren. Diese Ebene nennt man *Betafrequenz* und hat mit der Hirnfrequenz zu tun, die mittels der Elektro-Enzephalografie (EEG) sichtbar gemacht wird. Diese Frequenz reicht für das Autofahren, Einkaufen und Ausfüllen der Steuererklärung, aber leider liegen im Betabereich über 90 Prozent unserer bewusst schöpferischen Kraft brach.

> *„Fürchtet Euch nicht vor der Kraft in Euch,*
> *denn wie die Sterne am Himmel folgt sie dem Gesetz."*
>
> *Smaragdtafeln X*

Die erschaffenden Bereiche darunter nennt man Alpha-, Theta- und Deltazustand. Dort können wir die Begrenzungen des einseitigen Verstandes wie Zweifel, Gefühlsblockaden und eingefahrene Mechanismen auflösen. Die tieferen Frequenzen führen außerdem zu einer Synchronisation der Gehirnhälften und ermöglichen auf diesem Wege erst, das **Prinzip** wirklich zu verstehen und zu erfassen, da es auf dieser Ebene agiert und zur Wirkung kommt.

Dies wiederum führt uns zur Selbsterkenntnis unseres wahren Seins, zu dem wahren „Ich" hinter dem Papiertiger-Ego, das erst durch das „Ich bin" schöpferisch wirkt.

Durch die 7 Wahrheiten wirkt das „Ich bin" und offenbart uns so wieder die eine Ur-Liebe, die alles vereint: uns und unseren Wunsch und unsere wahre Bestimmung des Glücks.

> *„Eines Tages, nachdem wir*
> *Wind, Wellen, Gezeiten*
> *und die Gravitation gemeistert haben,*
> *werden wir uns die Energien der Liebe*
> *nutzbar machen und dann,*
> *zum zweiten Mal in seiner Geschichte,*
> *wird der Mensch das Feuer entdecken."*
>
> *Teilhard de Chardin*

Dies alles ist kein neues Denkmodell. Es ist viel mehr und es ist so alt wie die Schöpfung selbst. Es ist das, was Sie in sich spüren, wenn alles andere wegfällt – Materie, Körper und selbst die Seele. Es ist das EINE glückselige immerwährende Sein, das sich aufgespalten hat in ein Du und ein Ich.

Das zu verstehen oder zumindest zu erahnen ist die fundamentale Grundlage der 7 Wahrheiten, denn diese sind im eigentlichen Sinne nur ein Ausdruck dieser Wirklichkeit der höchsten Liebe in der stillen Revolution!

Wahrheit ist wie eine Glocke im Herzen, und ich werde mit diesem Buch diese Glocke anschlagen, sodass sie weit gehört wird! Mein Anliegen ist globale Freiheit. Und die Wahrheiten sind die Basis unserer Freiheit. Also möchte ich Sie bitten, genau hinzuhören. Dieses Buch ist ein Buch der Lösungen.

Wenn Du heute nichts tust,
lebst Du morgen wie gestern!

Das Ziel ist, die 7 Wahrheiten zu verstehen, sie zu installieren und zu integrieren, um dadurch mit der einen schöpferischen Liebe, die alles verbindet, zu leben, zu lieben und somit eine Revolution der stillen Art einzuläuten, die unsere kleine blaue Welt wieder neu in ein Goldenes Zeitalter bringt. Das ist möglich und wird am Ende des Buches im Kapitel „Revolution global" erläutert. Zuvor wird Teil I dieses Buches sich um die absolut notwendige Theorie kümmern. Diese theoretische Grundlage dient dazu, die Geheimnisse des Lebens zu entmystifizieren und für uns besser zugänglich zu machen. So ist Teil I der Erklärung der einzelnen Wahrheiten an sich gewidmet, damit Sie sich das Wissen für die eigene Praxis aneignen können.

Man lasse sich nicht durch eine augenscheinliche Komplexität des Themas abschrecken, denn wenn man den gemeinsamen Nenner verstanden hat – das **Prinzip** –, so werden diese Worte zu dem, was sie bewirken sollen: Ratschläge, Inspiration und die intuitive Anwendung unserer einst natürlichen Schöpferkraft im Alltag.

Teil 2 widmet sich, so wie meine Leser von mir gewohnt sind, der Anwendung im realen Leben und zeigt unter anderem, wie wir sogar bereits ausgesäte Gedanken negativer Art einfach in positive schöpferische Kräfte umwandeln können!

In diesem Teil finden Sie deshalb „interdisziplinäre Rezepte" für die Anwendung der Wahrheiten in Ihrem alltäglichen Leben. So können Sie sofort an das Werk und Ihre Bestimmung gehen, ohne ein zu langwieriges, nur theoretisches technisches Studium dieser Geheimnisse. Nebenbei lernen Sie sie so durch das Tun am besten kennen, denn es sind praktische Gesetze für das Jetzt und nicht nur ein weit entfernter philosophischer Ansatz, welcher den Kopf dicker macht, das Herz kleiner und die Hände handlungsunfähig.

Gegen Ende des Buches werde Sie sogar die Möglichkeit haben, selbst in das globale Geschehen positiv hineinzuwirken. Durch eine einfache Technik können Sie in der Tat Teil eines weltweiten Zusammenschlusses sein, welcher die gesamte Menschheit auf eine höhere Ebene setzt. Sie sind wichtiger, als Sie bisher meinten!

Aber zuerst einen Blick auf die Quelle diesen Wissens und die Frage nach dem Warum.

Ursprung

„Niemand ist ein hoffnungsloserer Sklave als die, die fälschlicherweise annehmen, sie seien frei."

Johann Wolfgang von Goethe

Weshalb Revolution?

Warum sind die Wahrheiten des Geistes so wichtig für uns?
Weil wir geistige Wesen sind! Und weil wir allein mittels dieser Wahrheiten des Geistes unser wahres Potenzial ausschöpfen können.

Wir sind nicht einfach nur Körper, die einen Geist besitzen. Wir sind vielmehr Geist, der einen Körper besitzt.

Ein mächtiger Geist, der Mensch spielt! Ein Bewusstsein, das vorübergehend menschliche Erfahrungen machen will. In all ihrer Begrenztheit. Denn nur auf diese Weise sind bestimmte Erlebnisse möglich.

Doch unsere eigentliche Macht, die Macht jedes Einzelnen, ist in der Regel durch Unwissenheit gegenüber den Wahrheiten des Lebens völlig atrophiert (= verkümmert). Daran konnte die allgemeine Bildung leider nichts ändern, im Gegenteil. Unsere ganze Bildung ist eine „wahre" Einbildung, solange sie nur aus den offiziellen Medien und den „normalen" Schulen kommt. Unsere heutige Generation weiß meist nur noch das, was im Fernsehen, Zeitung, im Internet oder in der „Bild-ung" gezeigt wird und nicht mehr!

> *„Wisse, dass Deine Seele in Knechtschaft lebt,*
> *gefesselt durch Angst, die Dich versklavt hält."*
>
> *Smaragdtafeln X*

Dabei bieten Medien doch nur eine recht oberflächliche, einseitige Darstellung von „Tatsachen" und liefern zur Unter-haltung (= Untenhaltung) immer wieder die entsprechende Gegendarstellung. Das führt bald zu desinteressierter Passivität und meinungsloser Verblödung und nicht zur Wahrheit. Denn es gibt nur eine persönliche Wahrheit.

Was glauben Sie, weshalb die Weisheiten und Wahrheiten des Lebens nicht im Fernsehen zu sehen oder in Ihrer Lieblingszeitschrift zu lesen sind?

Weil sie gefährlich sind! Furchtbar gefährlich!

Warum? Sie werden gefährlich für das System und seine vergehende veraltete „Ordnung"!

Denn Sie werden freier sein! Viel freier! Sie selbst würden zu einer Revolution werden!

Dabei gibt es nur einen Grund, weshalb die Medien so erfolgreich sind. Weil sie uns eine Ersatzbefriedigung „schenken". In der Regel ist diese Ersatzbefriedigung pervertiert in Form von unterschwelliger Angst und Trennung. Denn Angst und Liebe sind in Wahrheit, wie wir noch sehen werden, eine einzige Sache, die unsere zuständigen „Emotionsrezeptoren" ähnlich stimulieren können. Denn es sind dieselben Energien, nur verschieden gepolt. Beide bewegen sich im mehr oder weniger extremen Bereich auf ein und derselben Skala.

Und so passiert es, wenn wir keine Sicherheit der Liebe vermittelt bekommen, dass wir die Energien der Unsicherheit der Angst wählen und wählen müssen, um überhaupt Reize zu haben.
Es ist wie mit den Bienen: Man nimmt ihnen den wertvollen Honig und gibt ihnen dafür billiges Zuckerwasser ohne wirklichen Wert. Es macht zwar irgendwie satt, aber es ernährt nicht wirklich. Aber die Bienen nehmen es trotzdem!
Deshalb haben die Medien so eine hypnotische Wirkung: durch die Nachrichten – Hauptsache Energie und Stimuli. Oder kennen Sie Nachrichten, die etwas Aufbauendes und Positives vermitteln?
(Ich persönlich finde es ganz gut, dass es Zeitungen gibt. Ich wüsste gar nicht, in was ich sonst meinen Biomüll einwickeln könnte …)

Glaube nicht an etwas,
nur weil es viele dauernd wiederholen.

Nachrichten sind ausschließlich dazu da, Menschen in einer unterschwelligen Angst zu halten. Nur so ist es möglich, sie ohne großen Aufwand zu steuern. Dabei wirkt die Angst von außen direkt in unsere innere Welt hinein, in unsere Gefühle und Gedanken.

Angst und Liebe sind die einzigen Dinge, die erschaffen können.

Auf der Skala der Gefühle sind diese also dieselbe Energie, aber an den jeweiligen Polen gegenüberliegend. Die Angst vor etwas erschafft dabei genauso etwas entsprechend der Angst, wie die Liebe es hernach auch der Liebe entsprechend macht. Mit diesen schöpferischen Energien zu spielen, wie es die meisten Medien tun, ist eine sehr gefährliche Angelegenheit.

Fatalerweise ähnelt nämlich der Zustand des Betrachters vor dem Fernseher dem des Schlafs und des Alphazustands, also einer Art Wachtrance, in der alles suggestiv in das Unterbewusstsein rollt. Wir wollen ja gar nichts Negatives hören, aber wie in Hypnose sitzt man letztlich mit offenem Mund vor dem Flimmerkasten und bekommt doch nur einen Ersatz für ein Leben, das man selbst gar nicht lebt.

> „Wir leben alle unter dem gleichen Himmel,
> aber wir haben nicht alle den gleichen Horizont!"
>
> *Konrad Adenauer*

Was wir da sehen und wo wir innerlich mitfühlen, ob es uns zum Lachen bringt oder zum Weinen – immer wird das Leben dabei nicht von uns selbst gelebt. Es sind nur Instantgefühle: Wir erleben es nur virtuell, sitzen dabei auf unserem Sofa und haben es im „realen" Leben nie gelebt. Wir sehen anderen Menschen nur beim „Leben" zu und begnügen uns mit einer Illusion im Quadrat!

Auch die „Liebe" wird dabei in eine Form gegossen, die sie in Wahrheit sofort sprengen würde. Identifikation wird heute im großen Stil betrieben, nur leider mit einem billigen, billigen, billigen! Abklatsch von dem Echten und verschleiert so das Wesentliche.
Wie dumpf dabei Gefühle werden, wie nebelig und klein die Gedanken, wie fern dabei von der Freiheit, selbst zu erleben.
Es reicht nicht, passiv gelebt zu werden, keine Sekunde reicht es. Die Frage ist: Sind wir die Aktion oder sind wir nur Reaktion?

> „Du bist der Schlüssel zu aller Weisheit.
> In Dir sind alle Zeit und aller Raum.
> Lebe nicht in der Knechtschaft der Dunkelheit.
> Befreie deine Lichtform von der Nacht."
>
> *Smaragdtafeln IX*

Denn ganz egal, was da draußen in der „Realität" passiert, welche uns die öffentlichen Medien vermitteln, es wird geschickt genutzt und verfälscht, um die Völker zu kontrollieren.

Die Medien sind nur der verlängerte Arm weniger „Mächtiger", um die Massen unten zu halten – durch Angst in Nachrichten, Filmen und Printmedien. Es geht ihnen darum, die Götter im Fleisch am Aufwachen zu hindern und sie in einem Kreislauf von Konsum, Krankheit, Angst und „Fußballfreuden" in einem Angstkäfig dumm zu halten. Eben wie im alten Rom: *panem et circenses* oder zu Deutsch: *„Brot und Spiele"*.

Dies ist alles nur ein Ersatz für unsere wahren Bedürfnisse. Die Medien verkaufen uns immer nur leeren Ersatz und eine Art Anti-Prinzip. Egal ob Nachrichtensendungen, die nur das Gegenteil der Liebe, nämlich Angst verbreiten, oder Filme, die achtlos die Gesetze des Lebens verdrehen und durcheinanderwerfen.

> *„Jeder kann wütend werden, das ist einfach.*
> *Aber wütend auf den Richtigen zu sein,*
> *im richtigen Maß, zur richtigen Zeit,*
> *zum richtigen Zweck und auf die richtige Art,*
> *das ist schwer."*
>
> Aristoteles

Man denke außerdem daran, was diese Dinge als Ursprung hatten:

- Das Fernsehen hat seine Wurzeln im Dritten Reich. Man wollte DIE Propagandamaschine haben, um das Volk, ohne dass dieses es merkt, perfekt kontrollieren zu können.

- Die ersten „Computer" wurden in den 30er-Jahren eingesetzt für die Eugenik (zur Ausrottung von „unwertem" Leben).

- Das Internet hatte seine erste Anwendung im militärischen Bereich (interne Kommunikation) usw.

Und wenn die Wurzeln des Baumes krank sind, wie sollten es seine Früchte nicht sein?!

Was wurde uns alles verschwiegen
und wie herrlich ist doch das Verschwiegene.

Dadurch wird der Geist regelrecht missbraucht.

Erhebt man sich aber über diese technisierten Zerstreuungen durch diese ewigen inneren Weisheiten und durch die wahre Kraft des Menschen, geschieht etwas Nachhaltiges: Plötzlich durchschauen wir die Nachrichten (= danach-richten), die gesamte Unterhaltung (= Unten-haltung), das Brot-und-Spiele-Spiel des passiven Sports und viele Inhalte der Plastikwelt Hollywoods, welche uns suggestiv ein großes Märchen auftischen – das Märchen vom chaotischen Zufall oder dass etwas geschehen könne, ohne dass es eine Ursache hätte. Denn genau das zeichnet doch Märchen aus.
Dadurch entsteht in den Köpfen etwas, was man Aschenputtelsyndrom nennen könnte. Doch der rettende Prinz kommt nie. Allein der innere Prinz ist fähig, das schöpferische Dornröschen aus dem Todesschlaf zu küssen. Nur wer sich über die Dornen der Willkür des „Schicksals" erhebt, wird einen Weg vorfinden, in dem Ursache und Wirkung eine Deutlichkeit und fast schon Berechenbarkeit sind, die dem Leben völlig die Angst nehmen und die freudige Spannung steigern.

Es gibt nichts in unserer Welt ohne die überall herrschende Kausalität. Aber so nimmt der Mensch derweil unterschwellig verdrehte Inhalte auf, welche dem freien Leben widersprechen, und deshalb entdecken viele nur sehr mühsam die Wirklichkeit dahinter.

„Wisse, dass ein Mysterium nur dann
ein Mysterium ist, wenn es dem Menschen
unbekanntes Wissen ist."

Smaragdtafeln X

Doch die Masse wacht auf, und wir sind zu viele. Denn wenn diese vielen plötzlich eins werden, machen sich die Machthaber hinter dem Vorhang der Macht ein wenig nass. Die meisten Krawattenständer sind nämlich nur so mächtig, weil sie andere unwissend halten können. Das sind die, die niemand kennt: Es sind die Leute hinter den Marionetten der Politik. Die, die uns erzählen wollen, was wir zu essen haben, was wir hören und glauben sollen: Glück durch Zufall, Macht durch Besitz und Reichtum, Freiheit durch Geld und Reisen, Gott in einem Buch und Liebe durch oberflächlichen Sex. All das lenkte den Menschen in seiner Suche nach sich selbst ab – nach dem Göttlichen, nach Wissen und Wahrheit und dem Erleben der wahren Liebe.

Es ist nur zu empfehlen, eine Zeitlang die Medien gegen die persönliche Wahrheit im Inneren zu tauschen. Dann weiß man schnell Bescheid. Jeder Film ist dagegen schwarz-weiß und ohne Ton!
Denn das Leben ist nicht unberechenbar. Es wurde nur nicht verstanden oder unverstehbar gemacht. Achten Sie doch bitte einmal auf die hintergründigen Botschaften mancher Filme, auch im Hinblick auf die in diesem Buch folgenden Geheimnisse.

So leben viele in einer eingeschränkten „Wirklichkeit" und in einer kleinen Schachtel mit ihren winzig kleinen Möglichkeiten.
Betrachtet man es so, ist es schnell völlig klar, weshalb das Leben oft so zäh zu leben ist. Warum ist das so?

Blockaden für Wünsche basieren auf
Unwissenheit gegenüber den Lebensregeln.

Was passiert: Wird uns dieses Wissen vorenthalten, leben wir automatisch in einer begrenzten Welt des Ausgeliefertseins an das unabänderbare Schicksal. Dies bewirkt natürlich Angst, weil uns die Freiheit auf diese Weise vorenthalten wird. Man wird frecherweise einfach unwissend gehalten. Und nur durch Unwissenheit, also dem Mangel an Wahrheit, entsteht die Angst.

Es ist die Angst der Machtlosigkeit gegenüber dem Leben und dem Unbekannten. „Was kann man schon ändern, wenn man kaum Geld hat?", „Wo ist die Liebe meines Lebens?", „Bin ich denn ganz allein?", „Könnte ich doch nur ...", „Wozu bin ich?"

Diese Fragen werden schlichtweg nicht beantwortet oder man bekommt suggeriert, was man für Hebel bewegen muss, um Erfolg und Glück zu haben ... Dabei sind Sie und jeder, der atmet, eine eingesperrte Gottheit, eine vollkommene Schönheit, gefangen in einer Scheinrealität.
Zwar freiwillig, aber manchmal auch in leichter Amnesie und etwas zu verloren in einer unberechenbaren Welt. Und nur wer in unterschwelliger Angst gehalten wird, kann leicht ge(ver)führt werden und stellt keine große Gefahr dar.

> „Wer seine persönliche Freiheit aufgibt,
> um Sicherheit zu erlangen,
> wird am Ende immer beides verlieren."
>
> *Benjamin Franklin*

Aber es gibt eine Alternative und die liegt in uns selbst. Wir werden ja nur deshalb so unterdrückt, weil wir in Wahrheit sehr, sehr! sehr!! mächtig sind. Mehr, als wir es zu träumen wagen. Und wenn dieses Potenzial erwacht, werden wir alles verändern und genau das geschieht bereits. Darum habe ich auch **Das Prinzip** geschrieben. Vor ein paar Jahren wäre nämlich das Bewusstsein der Menschen nicht bereit gewesen für Bücher über Realitätsgestaltung oder bereit, seine Macht abgetrennt von jeder äußeren Religion oder von anderen Mächten zu praktizieren.

Diese Welt, wir alle, braucht ein neues Denken, wenn wir nicht nur gerade überleben wollen. Eine stille Revolution auf den leisen Sohlen des Denkens, durch die Offenbarung des ewigen Gesetzes des **Prinzips**. Diese kann uns das ersehnte Anbrechen des neuen Tages erschaffen, indem jeder Einzelne von uns völlig das ausleben und sein kann, zu dem sein Herz ihn führt. Und so letztlich zum Wohle des Ganzen seine Bestimmung leben.

Und so wie ein Teil der Menschheit erwacht, bis die kritische Masse erreicht wird, wird sich alles verändern. Vor dem Dimensionssprung gibt es eine Revolution des Denkens.

Das Leben muss manchmal verrückt sein, sonst wäre das Leben nur aneinandergereihte Donnerstage.

Was wäre, wenn das aber tatsächlich alles wahr wäre? Was wäre, wenn Sie Ihre eigene Realität erschaffen könnten? Was wäre, wenn die wahre Realität Ihres Wesens ans Licht kommen würde mit all ihrer schöpferischen Kraft? Was würde Sie aufhalten? Würden Sie sich an Ihren wahren Namen erinnern und den Sklavennamen des braven Konsumenten ablegen?

Oder würden sie lieber zu einem friedlicher Revoluzzer der einen Liebe werden und so dem Gesamten zur Freiheit verhelfen?

Bisher sagte man den Menschen, dass sie glücklich würden, wenn sie viel kauften. So glich das Wunder Mensch einer Konsumpuppe, welche ihre einzige Daseinsberechtigung meist nur aus äußeren Genüssen zog. Der Mensch, benutzt als Sklave, ohne dass er es wahrnimmt.
Weshalb Sklave? Ein Sklave zeichnet sich durch Abhängigkeit aus. Und dem, wem er am meisten dient, ist sein Meister. Darum ist es wichtig,

selbst Meisterschaft zu erlangen, denn Meisterschaft ist Freiheit. Über den Dingen stehend zu leben. Unkäuflich, edel und mit voller Würde.

Der Deutlichkeit wegen: Nachdem Amerika 1492 entdeckt wurde, gab es 360 Jahre lang Sklaverei. Interessant ist dabei, dass die erste Generation von Sklaven in dieser ersten Zeit noch völlig rebellisch und sehr aggressiv war, da sie ja noch wusste, was es bedeutet, frei zu sein. Die zweite Generation war dann schon zahmer, während die dritte Generation sich nicht einmal mehr bewusst war, dass sie verkauft wurde. Sie wusste nicht mehr, was es heißt, frei zu sein! Die dritte Generation empfand ihr Sklavendasein als ganz normal.
Nur wer die wahre Freiheit geschmeckt hat, weiß, was der Schreiber hier andeutet.

> „Der ist nur frei, der lebt, wie er es zu leben wünscht,
> der in seinen Handlungen nicht behindert ist
> und dessen Wünsche ihr Ziel erreichen.
> Wer keinen Einschränkungen unterliegt, ist frei.
> Aber wer bedrängt und behindert werden kann,
> ist gewiss ein Sklave."
>
> *Aus den Essener-Schriften*

Dient man täglich, stündlich und in jeder Minute dem Geld, dem eigenen Überleben oder dem Luxus, so weiß man bald gar nicht mehr, was es bedeutet, alles, dessen man bedarf, mit Leichtigkeit zu erhalten und aus einer Haltung des Überschusses anderen noch geben zu können. Hier beginnt Freiheit! Alles andere ist Angst, und Angst ist die Kraft der Sklaverei!
Es tut mir leid, wenn gerade ich es Ihnen sagen muss, aber alles, was Sie in irgendeiner Weise einschränkt, Sie SELBST zu sein, ist pure Sklaverei.
Aber ich sage, auch die Sklaven sind in Wahrheit frei!
Und wie schön kann die Wahrheit sein!

Wer die Regeln des Lebens kennt, ist nicht mehr erpressbar oder manipulierbar, sondern macht alles, wie er es will. Und das ist immer gut – für jeden! Diese Welt braucht Originale, keine Korsette und Uniformen und schon gar keine glücklichen Konsumsklaven!

> „Nur den Menschensöhnen wurde die Macht
> der Gedanken gegeben, sogar jenes Denken,
> das die Fesseln des Todes zerbrechen kann.
> Denke nicht, dass es keine Macht hat,
> weil man es nicht sieht."
>
> *Aus dem Buch der Essener des wahren Lehrers*

Wir brauchen heute eine breite Elite! Eine hoch synergetische Vernetzung der Potenziale einer globalen elitären Masse, welche frei ist durch ein Wissen um eine Wahrheit, das ihr bislang vorenthalten wurde. Unsichtbar im Geiste verbunden. An einem gewissen Punkt wird die kritische Masse erreicht werden, und ein neues Zeitalter des freien Geistes erscheint.

Durch den kleinen Crashkurs mittels dieses Buches haben wir ein gutes Fundament und es dürfte eine Sucht nach mehr erzeugen. Und es gibt so unendlich viel mehr.

Nun ist es noch wichtig, seine wirklichen Bedürfnisse zu kennen und sich nicht mit billigem Ersatz zufriedenzugeben.

> „Ich wollte Milch und bekam die Flasche.
> Ich wollte Eltern und bekam Spielzeug.
> Ich wollte lernen und bekam Zeugnisse.
> Ich wollte lieben und bekam Moral.
> Ich wollte einen Beruf und bekam einen Job.
> Ich wollte einen Sinn und bekam Karriere.

Ich wollte Glück und bekam Geld.
Ich wollte Wahrheit und bekam Lügen.
Ich wollte Hoffnung und bekam Angst.
Ich wollte Leben und wurde gelebt."

Unbekannter Verfasser

Es ist Zeit, die billige Kopie gegen das Original einzutauschen.
Es wird Zeit, dass wir es wagen, unsere materiellen und besonders die inneren Grundbedürfnisse kennenzulernen und diese endlich richtig zu stillen, um weitergehen zu können von Herrlichkeit zu Herrlichkeit.

Denn wenn wir einst in die Herrlichkeit der wunderschönen Augen unseres strahlenden Wesenskerns blicken, werden wir für immer der Liebe in uns selbst verfallen sein. Dann, und nur dann, bleibt das Leben atemlos.

„Das Leben besteht nicht
aus den Momenten, in denen wir atmen.
Es sind die Momente,
die Dir den Atem rauben."

Will Smith in „Hitch"

Und es wird Zeit, uns dem Gedanken zu stellen, dass wir diese Elite der Zukunft sein können, sofern wir im Fluss des Lebens die Wellen erzeugen und uns nicht nur mit der profanen Masse mittreiben lassen. Dazu dienen diese Wahrheiten des Lebens, mit deren Hilfe wir uns wie der Phönix aus der Asche der Norm erheben können.

Wissen ist Macht! Das Vorenthalten von Wissen ist Machtmissbrauch!

Woher kommt das Wort Macht? Macht kommt von machen und nur der hat Macht, der etwas machen kann. Der Souverän ist aber das Volk, sofern es wissend ist.

Man muss fähig sein, seine Gedanken und seine Gefühle willentlich und wissend zu beherrschen und diesen nicht einfach nur ausgeliefert zu sein. Aber diese Beherrschung verlangt nach einer Grundlage, einem Schema. Und je höher und edeler dieses ist, desto souveräner wird unsere Gemütsbewegung über den Dingen stehen.

Es ist ratsam, in Kenntnis höheren Wissens zu handeln, anstatt dem unbewussten Trieb nach nirgendwo zu folgen.

Nur wer sein Ziel kennt, findet den Weg.

Ist es nicht Zeit, aus der Illusion dieses Systems zu erwachen und das, was angeblich unmöglich ist, möglich zu machen? All diese Lügen der Einschränkungen und Verdrehungen sind aber letztlich doch ein großes Geschenk an die Menschheit: Nur so kann sich die Spreu vom Weizen trennen. Und durch das Studieren von Wahrheiten, wie sie in diesem Buch dargelegt sind, wird man im Leben seinen angestammten Platz finden, während die Spreu bald vom Wind weggeblasen wird. Wenn der Wind des Lebens weht, so bleibt immer nur das, was Substanz hat, übrig. Das, was im Leben praktisch funktioniert und seine Auswirkung hat, ist das, was wirkliche Substanz hat.

Es ist doch so: Würde man, wenn man etwas erbauen wollte, die normalen Naturgesetze nicht beachten, wie zum Beispiel die Schwerkraft, so würde ja auch kein Haus stehen bleiben. Auch würde kein Auto fahren, und Flugzeuge würden schwerlich in der Luft bleiben.

Genauso ist es im Leben. Für ein friedvolles und in jeder Hinsicht erfüllendes Leben ist es notwendig, dass man die Gesetzmäßigkeiten des Lebens anwendet, damit alle Dinge des Alltags dauerhaft und ohne größere Reibung laufen.

Viele Dinge sind doch nur deswegen unmöglich, weil wir gewisse Regeln nicht kennen und uns unverschämterweise niemand über die darin enthaltenen Möglichkeiten aufgeklärt hat. Viele Dinge sind heute möglich, welche früher utopisch waren:

Als beispielsweise Guglielmo Marconi (Erfinder des Radios) behauptete, dass man Botschaften und Sprache drahtlos überall auf dem Planeten verschicken und hören könnte, wollte seine Familie ihn in die Psychiatrie einliefern lassen. Man dachte, er habe den Verstand verloren.

Was wäre, wenn man damals gewusst hätte, was heute selbstverständlich ist? Heute hat jeder ein Handy, Fernsehen oder eben das gute alte Radio! Genauso ging es den hellen Geistern wie Leonardo da Vinci oder Nikola Tesla und vielen anderen, die man in ihrer Zeit für verrückt hielt. Vieles wurde gerade durch sie geschaffen und entdeckt, auch Dinge, die zur industriellen Revolution gehörten und unser Leben leichter machen sollten.

> Nicht die Wirklichkeit begrenzt uns,
> sondern die Vorstellung von ihr.

Aber hat uns das alles weiser, intelligenter, liebevoller und vor allem glücklicher gemacht? Was wäre uns doch alles möglich, würden wir diese potenzielle Schaffenskraft, die jedem Menschen innewohnt, mit all den anderen menschlichen Fähigkeiten nun nach den Regeln des Lebens handhaben!

Forscher ahnen schon seit Langem, dass viele unserer Fähigkeiten domestiziert wurden, wir aber zu den unglaublichsten Dingen fähig sind. Im Angesicht dessen, ist der neuste Supercomputer nur ein lächerliches Stäubchen.

Und so ist doch diese Tatsache völlig unverständlich, wenn man diese Dinge einmal als ein Außenstehender beobachten könnte:

Ich stelle mir vor, ich gehörte einer außerirdischen Rasse an, welche mich hierherschickte, um zu sehen, ob es ein gar arger Schaden für das Universum wäre, einfach eine intergalaktische Autobahn direkt durch die kleine blaue Kugel am Rande der Peripherie der Galaxis zu bauen. Dazu müsste man den Planeten zwar wegsprengen, aber man könnte das nur gut verantworten, wenn es auch „ethisch vertretbar" wäre.

Ich würde, der Logik folgend, mir zuerst einen Gesamtüberblick verschaffen, in dem ich mir anschaute, wie es denn so um die Rasse „Mensch" auf Erden steht. Wie steht es mit wahrer Intelligenz, Weisheit, Wissen, Humor, besonders der Liebesfähigkeit (nicht die „menschliche Liebe" ist gemeint) und der hoffentlich konstruktiven Konstruktion ihrer Zivilisation?

Als Erstes würde ich die Medien genau studieren. Vielleicht würde ich mir einfach zuerst einmal die irdischen Fernsehsender auf mein intergalaktisches Display schalten. Was würde ich da als ein Gesandter einer hochentwickelten Zivilisation wohl zu sehen bekommen: Talkshows, Spielshows, pseudowissenschaftliche Sendungen, Werbung für nicht artgerechte Nahrung, vereinsamend machende Serien, unwahre oder ängstigende Nachrichten, Schicksalssuggestionen, Telenovelas und alle suchen noch immer vergeblich den Suppenstar (American Idiot oder war es Idol?).

Tief schockiert würde ich sehen müssen, dass die Themen auf der blauen Erbse nur oberflächlicher Sex, hohle Dekadenz, „Essen" und das Wetter von Morgen sind!
Ist der Mensch ein Wesen, das sich nicht einmal selbst kennt? Das sich offensichtlich nur im Vergleich mit seiner Außenwelt zu spüren versucht und sich nur für die Befriedigung seiner körperlichen Hülle begeistern kann?

Achte auf Deine Gedanken,
sie können schaffen und zerstören!

Ich würde mich fragen, ob die Menschen denn nicht merken, was mit ihnen geschieht und wie sie so unbewusst dahinleben, weit unter ihren natürlichen Fähigkeiten. Nach heftigem Kopfschütteln würde ich dann doch genauer nachforschen, inwiefern sich die Menschenrasse, vielleicht eine besonders herausragende Elite der Menschheit, ihrer befreienden Macht bewusst wäre und sie vielleicht sogar zum Wohle aller einsetzen würde.

Kennt vielleicht eine gewisse hochstehende Elite die Gesetze des Ur-Schöpfers? Die liebevollen Wahrheiten über das Leben selbst?

Wieder wäre es eine Enttäuschung. Denn wenn sie es wüssten, so teilten sie das Wissen doch nicht mit der dürstenden Masse. Dieses Nichtteilen müsste früher oder später zu einem globalen Fiasko führen. Hätte die Menschheit überhaupt eine lebenswerte Zukunft?

Nun ja, ich müsste so gesehen, meinen extraterrestrischen Auftraggebern Rechenschaft geben und würde guten Gewissens meinem Chef folgenden Bericht abgeben:

> „Blöb! Interstellare Autobahn kann (muss dringend!!!) gebaut werden.
> Blöb! Auf der Erde ist kein intelligentes Leben gefährdet, da nicht vorhanden!
> Blöb! Ende der interstellaren Nachricht.
>
> PS: Blöb! Falls nicht gesprengt wird, empfehle ich diesen Planeten dringend unter mentale Quarantäne zu stellen, damit sich der Wahnsinn nicht weiter intergalaktisch verbreiten kann!"

Das ist jetzt nicht sehr nett von mir und zugegeben provokativ. Vielleicht mögen Sie mich jetzt nicht mehr so gern, aber seien wir ehrlich: der, der davon jetzt schon geschockt ist, hat es vielleicht gerade eben bitter nötig gehabt!

Schauen Sie sich doch diesen Planeten an: wie viel Chaos herrscht hier?! Ist das wirklich Intelligenz?

Bereit für einen Witz?

> *„Zwei Dinge sind unendlich,*
> *das Universum und die menschliche Dummheit,*
> *aber bei dem Universum bin ich mir noch nicht*
> *ganz sicher."*

Albert Einstein

Man könnte auch sagen: Einstein war nicht besonders klug. Die anderen waren einfach nur dümmer …

Auch wenn ich hier scharf schieße, aber wer traut sich schon zu sagen, dass das Problem mit der Menschheit das ist, dass man sich hartnäckig weigert über das bereits Gedachte und so oft Misslungene hinauszudenken. Es gibt so viel mehr und es geht viel weiter!

Darum wird es höchste Zeit für …

Metanoia – der Kern der Revolution

> *Wahre Alchemie ist die Kunst,*
> *seine Grundfeste des Denkens zu ändern,*
> *wie man will, so wird sich auch alles dazu verändern.*

Ein „Elitedenken" entspringt aus einem wahrlich demütigen Herzen, das den anderen so hoch oder höher achtet wie sich selbst, weil man erkannt hat, dass der andere doch auch nur unser Selbst ist, nur in einem anderen Körper. Es geht nicht um ein Besser oder Schlechter, Elite oder ein Proletariat – das ist zu menschlich gedacht, sondern es geht um ein Mithalten mit einer globalen Entwicklung in die Weiten höherer Dimensionen im Denken, im Handeln und in spiritueller Hinsicht. Es geht um eine höhere Bewusstseinsform. Alles hat Bewusstsein, nur wie dieses graduell in die verschiedenen Dimensionen und Ebenen reicht unterscheidet sich.

So kann man sagen, dass es grob eingeteilt und für das weitere Verständnis, noch zwei weitere Sorten von Menschen gibt: nämlich die „IVEGAs" (individualisierte vorübergehend eingeschränkte Gottheit unter Amnesie) und im Gegensatz dazu die „AWIs" (Alles-was-ist).

Der Unterschied zwischen der IVEGA und dem AWI ist einzig, dass die eine (IVEGA) sich getrennt fühlt (Dualität hoch 13). Dagegen ist der andere (AWI) sich seiner wahren göttlichen Identität völlig bewusst und betrachtet das Leben als ein hinreißendes Spiel.
Eine IVEGA dagegen zittert ständig in ihrer sklavischen Angst vor den Wirren dieses gefährlichen Daseins, ausgeliefert an ein unabänderliches Schicksal.

Eine IVEGA ist aber potenziell ein AWI, genauso wie der Tropfen potenziell das Meer ist. Genauso flüssig, genauso nass, nur individualisierter und scheinbar getrennter. Ein verirrtes Ich in den Weiten der Unberechenbarkeit.

Ein AWI hat das Problem nicht, er hat kein individualisiertes getrenntes Ich mehr. Er wurde eins mit allem, weil er sich als das Eine erkannt hat. Wie lernt, oder besser erinnert sich nun der kleine Tropfen (IVEGA) in seinem Wesen an das Meer (AWI)?

Ein Tropfen ist in einer anderen Welt ein Meer.

Diese Erinnerung geschieht durch Verstehen und Mitdenken. Genau das ist es, was uns ein gewisser Yeshua Bar Yosef (Jesus) vor gut 2000 Jahren als Hauptbotschaft mitgeben wollte. Er wies nämlich zentral darauf hin, wie wir mitdenken können, um unsere eigene göttliche Natur zu erfahren.
Vielleicht kommt Ihnen das auch irgendwie bekannt vor. Er sagte nämlich „*Liebe Leute, tuet Buße!*" Wie oft haben wir das in der Schule, Kirche oder sonst wo gehört und vor allem hören müssen! Aber wissen wir denn auch, was er wirklich damit meinte?!

Ein bisschen Griechisch gepaukt und schon hat es eine ganz andere Bedeutung als das, was die meisten so kennen. Es bedeutet nämlich nicht, dass wenn man etwas angestellt hat, man dafür auf den Knien durch die Gegend rutschen muss, um einen Krümel Absolution zu erhaschen. Ganz und gar nicht!

Oder man hat bei dem Wort „Buße" doch immer den komischen Beigeschmack im Mund, dass wenn man über die Ampel bei Rot gefahren ist, man einen bösen Blauen Brief bekommt und Bußgeld bezahlen soll, oder man bekommt Punkte in Flensburg oder schlimmer: Man wird aus dem Straßenverkehr hinausbefördert – exkommuniziert – und darf nicht mehr mitmachen! Man kommt in die Hölle des unmobilen Daseins. Wie schrecklich!

Nichts von alledem ist hier gemeint! Buße tun kommt von dem griechischen Wort μετάνοια, *metanoia*. Μετά, *meta*, bedeutet einfach „über das Irdisch mögliche hinaus" und νοειν, *noein*, „das Denken". Metanoia bedeutet so im damaligen Sprachgebrauch *„mit Gott mitdenken"*!

Na, geht ein Lichtlein auf?

> *„Nur die mit Geheimnissen in ihren Herzen,*
> *können die Geheimnisse in unseren Herzen ahnen."*
>
> *Khalil Gibran*

Niemals war etwas anderes gemeint! Der Sinn darin ist, wie ein Gott zu denken!
Das hat inhaltlich schon eine ganz, ganz andere Tragweite, nicht wahr? Genau genommen ist mit dem Göttlichen mitzudenken und andererseits ein Reumütiges-im-Staub-Herumrobben das herbe Gegenteil voneinander, finden Sie nicht?

So zu denken wie Gott, bedeutet nur Vollkommenheit zu denken, nur Vollkommenheit zu fühlen, nur Vollkommenheit zu sagen und nur Vollkommenes dadurch zu schaffen. Und wie das im Alltag funktioniert und in welcher Ordnung ES denkt, erfahren Sie hier.

Für die Super-Esoteriker unter uns: es ist das Christusbewusstsein, der *Logos*, gemeint.

> *„Mit dem Glück ist es wie mit der Wahrheit:*
> *man hat sie nicht, man ist in ihr."*
>
> *Theodor W. Adorno*

Vielleicht sollte daher nicht die Frage lauten, ob man denn an Gott glaubt, sondern ob man in Gott glaubt, oder besser hinein in die Göttlichkeit glaubt. Sein wie ES, verbunden durch das Denken göttlicher Gedanken!
Denkt man offenbarte Gedanken des Göttlichen, so entsteht eine unendliche Macht – wir nennen sie, unter anderem, bescheiden Resonanz und werden auf diesem Wege, kurz gesagt, göttlicher. Wir gleichen uns dadurch an.

> *„Ich möchte wissen, wie Gott diese Welt erschaffen hat.*
> *Ich möchte seine Gedanken kennen,*
> *alles übrige sind nur Einzelheiten."*
>
> *Albert Einstein*

Aber die meisten denken nicht wie ein AWI und sind deswegen momentan eine umherirrende IVEGA, weil statt *Metanoia* eine *Paranoia* (*Para*, „neben", und *noia*, „denken" = „danebendenkend") hauptausübend praktiziert wird. Man denkt so immer zielstrebig an seinem Glück vorbei.

Wir sehen: Ohne die entsprechende Information hat manches, wie das Wörtchen *Buße* eine völlig andere Bedeutung, welches von Generation zu Generation in betonierter Unwissenheit vermittelt wird.

Das Ziel der *Metanoia*, dem Denken wie der Schöpfer denkt, könnte man als *Doxanoia*, (*doxa*, griech.: „Herrlichkeit") also *Herrlichkeitsdenken*, bezeichnen. Denn so erschafft man Herrlichkeiten. Herrliche Umstände, herrlichen Frieden, Liebe, Partnerschaft, herrliches Kontoguthaben, aber besonders, weil es das zentral Wichtige ist: unveränderliches ewiges Glück in sich selbst.

So wird man bald ziemlich *Makarios* werden, das ist das Wort für Glückseligkeit …

Auf dem Weg der *Metanoia* ist Liebe die eine Grundlage, in der sich alles verändert und erneuert. Dadurch bleiben wir in der Liebe und die Liebe bleibt in uns. Durch sie sind wir im Jetzt das eine allzeit schöpferische „*Ich bin*".

> *Die 7 Wahrheiten sind die Sprache der Götter.*
> *Und durch sie atmen wir den Atem der Liebe.*

Wenn man das „*Ich bin*" des **Prinzips** erfährt, so erfährt man sich selbst. Das hier ist ein Wegweiser, ein Türöffner und eine Erinnerung, an das, was schon ist. Und die 7 Wahrheiten sind der Weg der Gedanken mittels der *Metanoia*.

Die Gedanken eines AWI sind deshalb so viel höher und freier. Sie sind völlig metanoid!

Es sind diese Gedanken, welche die Gesetze geschaffen haben und auch verstehen, um sie anzuwenden.

Willkommen in der Schule für Götter!

Doch Moment: Wer war eigentlich …?

Hermes

Erleuchtung beginnt in der Einheit
mit dem Arkanum der göttlichen Quelle.

Die Schule der Götter ist die Schule des Hermes. Sein Titel war in den verschiedenen Kulturen, wie unter anderem in der griechischen Kultur *Hermes Trismegistos* (griech. für *„dreimal großer Hermes"*), in Ägypten *Djehuti, Tahuti, Tehut* oder einfach *Thoth*, bei den Römern *Mercurius Termaximus* – bekannter unter dem Namen *Merkur*, bei den Sumerern *Ningischzidda* (Sohn des Enki – Sohn des Anu) oder kurz *Ninurta*, bei den Maya hieß er *Quezalcoatl*, und die Inkas kannten ihn als *Kukulkan*. Die griechische Mythologie spricht von ihm als „Hermes, der Götterbote", da er uns die göttlichen Botschaften für ein göttliches Leben überbrachte.

Man verehrte ihn in aller Welt als einen Gott, doch war er auch nur aus Fleisch und Blut wie wir. Er gehörte zu den ersten und wichtigsten „Revoluzzern" in unserer Geschichte. Gleich gehe ich nochmals näher auf ihn ein.

Die gesamte Höhere Philosophie beruht im Ursprung auf den von Hermes überbrachten 7 kosmischen Gesetzen und Wahrheiten. Er hatte sie einst auf witterungsbeständige Smaragdtafeln geschrieben, um uns so ewige Wahrheiten zu überliefern. Es war zu den vergangenen Zeiten üblich, wichtige Texte in Stein zu meißeln.

Da diese 7 Wahrheiten im gesamten Kosmos auf allen Ebenen des Seins gelten, sind sie ewig und unabänderlich. Viele haben darauf gebaut, nun wird es Zeit für die Offenbarung der ursprünglichen Quellen aller Glaubenssysteme und aller Wissenschaften.

Über allen diesen Wahrheiten steht immer die bedingungslose Liebe, welche göttlich ist und die alle Gesetze transzendieren kann!

Liest sich gut, aber …

Was ist Hermetik?

Während sich die Philosophie mit der Frage begnügte, ist bei der Metaphysik der Hermetik die Antwort das Zentrum. Die Hermetik beschäftigt sich mit der Physik und Mechanik der Wirklichkeit. Der Name Hermetik ist abgeleitet von Hermes Trismegistos.

Hermetik ist also auf den wesentlichen Nenner gebracht, die Wissenschaft des Energieflusses auf jeder Ebene. Ein Meister beherrscht diesen Energiefluss zur Manifestation gewünschter Wirkungen auf mentaler und emotionaler Ebene.

Dadurch fließen die schöpferischen Energien „kontrolliert" – durch die Anwendung der 7 Wahrheiten des **Prinzips**.

> *„Die Selbsterkenntnis ist die Quelle allen Wissens."*
>
> *Lu Chiu-Yüan*

Und wer genau ist Hermes?

Hermes Trismegistos ist der Lehrer aller kulturschöpferischen Fähigkeiten der alten Kulturen, wie die der Ägypter: Hieroglyphen, Mathematik, Architektur, (mentale) Alchimie, Astrologie, Heilige Geometrie, der Weisheit (einer der Samen aller Religionen) und Philosophie. Hermes war unter anderem Erbauer der großen Pyramiden. Übersetzt bedeutet Hermes Trismegistos: der dreifach Große oder der dreifach Eingeweihte. Er war der Meister der Meister. Hermes Trismegistos ist ein wichtiger Übermittler (Bote) der universellen Lehren und des göttlichen Wissens, wie der Urschöpfer denkt.
Dieses Wissen ist deshalb so kostbar, weil wir die Gedanken der einen Wirklichkeit des **Prinzips** erfahren, um selbst so zu denken. Hermes war der Überbringer alten Wissens, aber nicht auch deren Quelle.

Wir alle suchen uns in diesem Leben
unsere Lehrer aus. Bei dem Einen ist der Lehrer
das Schicksal, beim anderen ist es die Weisheit.

Aus der Wiege Ägyptens wurden diese Lehren nach Sumer, Persien, Indien, China, Mittelamerika, in das alte Griechenland und das alte Rom und so in alle Welt transportiert. Diese Lehren und Wahrheiten wurden oft nur von Mund zu Ohr und nur unter weisen Menschen über Tausende von Jahren weitergegeben. Sie wählten in jeder Generation nur diejenigen aus, die sie für reif hielten, die Wahrheiten zu verstehen und weiterzugeben. Das hermetische Wissen wurde über viele Jahrtausende so von den Eingeweihten an die würdigen Schüler vermittelt.

Der Einfluss der hermetischen Lehren war so groß, dass auch heute noch große Ähnlichkeiten und Übereinstimmungen in den Grundlagen aller uns bekannten Glaubensrichtungen zu finden sind, die aber später immer mehr mit unterschiedlichen Denkeinflüssen aus Theologie und Philosophie vermengt wurden.

Egal ob die Huna auf Hawaii, die Maya, die Inkas oder die Rishis im alten Indien, die Gnostiker in Griechenland, Buddhas Weisheiten, die Lehren der Essener oder die Gleichnisse Jesu – bei all diesen Weisen und in all diesen Weisheiten und in all diesen Epochen wurde zumindest immer ein Teil des Geheimnisses immer wieder entdeckt. Interessant sind hierbei der gemeinsame Nenner und ein offensichtlicher gemeinsamer Ursprung.
Immer wieder einmal taucht eines dieser mächtigen Lebensgesetze aus dem Verborgenen auf. Aber man bedenke: einzeln sind sie nur mächtig, zusammen potenzieren sie sich zur potenziellen Allmacht!

So haben wir bisher tatsächlich nicht viel mehr, als immer nur ein kleines Bruchstück des ganzen Geheimnisses erfahren.
Die Reise fängt hier erst an!

„Durch alle Zeiten hindurch existierte Wissen, niemals verändert, obwohl in Dunkelheit begraben, niemals verloren, obwohl von den Menschen vergessen."

Smaragdtafeln IX

Viel später fanden die Templer dann zu Jerusalem die größte erhaltene Sammlung an ursprünglichem Wissen in den Werken Thoths (= Hermes Trismegistos). Nach der Überlieferung werden ihm unzählige Bücher zugeschrieben, wie zum Beispiel das *Corpus Hermeticum*, das *Poimandres* und *Mercurii Trismegisti liber de potestate et sapientia die* (lat. für „Das Buch des Trismegistos über die Macht und Gedanken Gottes"), das *Picatrix (Ghayat Al-Hakim)*, der *Asklepios-Dialog*, die *Vision Hermes*, die sagenumwobene *Tabula Smaragdina Hermetis* sowie die 15 Tafeln gleichen Namens im Plural, die uns von *Dr. M. Doreal* (siehe Glossar) überbracht wurden.

Letztere 13 beziehungsweise 15 Smaragdtafeln gehören zu den ältesten und geheimsten Werken der alten Weisheit und alle Wissenschaften sind darin enthalten. In ihnen hat Hermes Trismegistos das Wissen zur Freiheit für die Nachwelt erhalten.

Zur Erklärung: Es gibt die Smaragdtafel und die Smaragdtafeln: einmal eine einzelne Tafel und einmal die genannten 13 beziehungsweise 15 „Bücher", die jeweils wie es damals Regel war, auf verwitterungsbeständigem smaragdfarbenen Stein verewigt wurden – ähnlich dem bekannten Rosettastein oder die Stehle des Hammurabi (beide antike Tafeln stammen aus ägyptisch babylonischer Zeit, gefertigt aus Granodiorit, der Granit ähnelt. Siehe Abbildung Seite 50).

Auszüge aus diesen Smaragdtafeln wurden auf vielen alten ägyptischen Inschriften wiedergefunden und man kann davon ausgehen, dass diese Schriften damals die „Bestseller" der Eingeweihtenschriften waren.
Bei den hermetischen Lehren handelt es sich also um die allgemeingültigen Grundlagen jedes spirituellen Wissens und ursprünglich jeder Glaubensrichtung, wieweit sie sich inzwischen auch davon entfernt haben mögen.

Das Wichtigste dabei ist: In der hermetischen Lehre werden die göttlichen Gedanken fest verbunden mit der einen göttlichen Liebe und dem Wissen über Alles-was-ist. Dieses Wissen kann so der Menschheit das Bewusstsein über ihr wahres Selbst vermitteln und ihr einen Blick hinter den „Schleier der Illusion" der dritten Dimension ermöglichen.

Es gibt also mehr, als gutes Essen und das Wetter!

Das Verstehen kommt auf die Ebene des Verstehens an.

Diese Wahrheiten sind kein Glaubenssystem, denn sie funktionieren auch ohne Mitglieder und ohne (daran) zu glauben. Sie helfen uns nur das Leben zu verstehen, und aus dem Verstehen „lernen" wir das Leben zu lenken.
Diese Schriften der göttlichen Weisheit beinhalten die Essenz von allem, was ist in der bisher reinsten Form und ebnen uns den Weg in die vierte Dimension: der Zeit. Und von dort weiter in die fünfte Dimension: der Verbindung mit ALLem.

Diese Zeit und dieser Paradigmenwechsel mussten früher oder später kommen und stehen uns unmittelbar bevor.
Dabei werden sich die 7 Wahrheiten der Lebensregeln innerhalb der dritten Dimension beginnen, aufzulösen und in jeder weiteren und höheren Dimension immer mehr in ihre Essenz der reinen Liebe wandeln.

Erheben wir nun unser Bewusstsein schon jetzt in die vierte und fünfte Dimension, so erheben wir uns dadurch über die Wirkungen innerhalb der dritten Dimension. Das Erheben des Bewusstseins erfolgt durch eine mentale Ausrichtung auf ein höheres göttliches Gedankengut *(Metanoia)* der eigenen göttlichen Person und ein entsprechendes Anwenden der 7 Wahrheiten, bis diese Wahrheiten sich in uns transformiert haben und so den letzten Schleier vor dem Angesicht der eigenen Göttlichkeit völlig lüften, bis wir am höchsten Punkt die Liebe selbst erkennen und somit uns erkennen – dem Ziel der stillen Revolution.

„Dem wahrhaft Vollkommenen strömt alles zu.“

Laotse

Doch woher hatte Hermes Trismegistos dieses Wissen? Man höre und staune, was er uns erzählt:[1]

Hermes brachte als ein Überlebender einer alten versunkenen Kultur deren Wissen mit. Es handelt sich dabei um eine Zivilisation lange vor unserer Zeitrechnung, von der schon Platon in seinem Kritias-Dialog[2] berichtete. Die Lehren von Hermes Trismegistos stammten ursprünglich aus dem legendären Atlantis (nach den Originalschriften der Templer *Atalanis*, siehe Glossar), wo er zur Führungsriege des Staates zählte. So galt bereits bei Platon Atalanis lange Zeit als das weiseste Land der Erde.

Nach dem Untergang von Atalanis gründete Hermes Trismegistos, zu der Zeit Thoth genannt, die Kultur des alten Ägypten und verarbeitete dort neu das universelle Wissensgut der Wahrheiten unter anderem im Plateau der großen Pyramide von Gizeh, die er selbst erbauen ließ (beachtlich: Die drei großen Pyramiden wären genug Baustoff zur Errichtung einer City von der Größe der Innenstadt von London). Insbesondere auch im Mysterium der Sphinx (unter der rechten Pfote der Sphinx liegt ein großes Geheimnis, siehe Glossar), aber auch im Süden Ägyptens haben wir Zeugnisse seines Lebenswerkes.

In Heliopolis (die Ägypter nannten sie *Inu* – die Stadt der Säulen, mit Obelisken, wie sie in Ägypten oft zu sehen waren), lange Zeit die heiligste Stadt auf Erden, saßen die uns bekannten griechischen Gelehrten wie Platon, Pythagoras und Solon zu Füßen der ägyptischen Meister und lernten von ihnen die überlieferten Geheimnisse dieser alten versunkenen Kultur, Atalanis.

Das hermetische Wissen ist somit ein Wissen aus der Vorzeit, genauer aus *Atalanis*. Die gefundenen Schriften selbst reden von dieser Zeit und sogar von einer Zeit davor – *Lemuria*, davor *Mu*. Und auch diese Kulturen waren untergegangen.

Sie erzählen auch davon, wie Zivilisationen kommen und wieder gehen. Die Entstehung und der Zusammenbruch der Zivilisationen erfolgt demnach in Zyklen, und das Werden und Vergehen geschahen nach den Überlieferungen aus *Atalanis* schon mindestens fünfmal.

Die atalanischen Schriften, welche die Templer viel später um 1100 n. Chr. fanden, nennen dieses Werden und Vergehen der Zeitalter das A-Omega-Projekt (siehe Glossar): der Schöpfungsplan, die Blaupause (Matrix) des Schöpfers. Er deckt sich unter anderem mit den *Yugas* der indischen Mythologie und den *Äonen* der griechisch christlichen Philosophien (Yugas und Äonen = Zeitalter).

Und wieder stehen wir an einem Punkt in unserer Geschichte, in der nur ein flächendeckendes Wissen um die Wahrheiten des Geistes und somit des göttlichen Gedankengutes der einen Liebe helfen könnte. Denn nur wenn der natürliche Mensch um seine Freiheit und seine

Möglichkeiten weiß, kann er die Dinge aktiv verändern und bewusst korrigieren. Jeder für sich in seinem Leben, aber auch global.

> *„Unsere Welt liegt mir am Herzen, ich möchte sie nur verändern, sie heilen und dafür brauche ich Eure Unterstützung. Nichts ist unvermeidbar, die Zukunft? kann durch uns verändert werden!"*
>
> Heroes

Und das funktioniert, denn ...
warum wurden zum Beispiel die Templer, nachdem sie die Schriften aus den Sarkophagen übersetzten, so unermesslich wohlhabend und einflussreich? Warum gibt es auch heute noch eine Handvoll Familien, die weit mehr als die Hälfte aller Güter der Welt besitzen?

Sie kennen oder kannten die Gesetze und sie wandten sie an! Doch ohne die eine Liebe sind auch diese nur starre, kalte Gesetze, die genauso tot sind wie der Körper ohne seinen lebenswirkenden Geist. Und nur weil es dem profanen Volk vorenthalten wurde, leben die meisten weit unter ihren natürlichen Möglichkeiten als Mitschöpfer für eine friedliche und lebenswerte Welt.

Als nun der nichtmilitärische Zweig der Kreuzritter (siehe Glossar) die Schriften mit den 7 Wahrheiten damals unter dem Tempelberg in Jerusalem fand, wurde ein Teil davon nach Frankreich gebracht (Mont Chauve bei Nizza und zur Templerburg Gisor zwischen Paris und Rouen), ein gewisser Teil verschwand aber für eine längere Zeit in den kirchlichen Bibliotheken. Die Wissenden wurden von der Kirche bitter verfolgt. So wurden die Wahrheiten zum Geheimwissen im Verborgenen, da auf die wissenden Eingeweihten der sichere Tod in den Flammen der Inquisition wartete.

Die Templer vermischten sich später mit den schon existierenden Logen. Das Wissen fand so Einzug in das Freimaurertum, später auch zu den Nachfahren Merowechs (siehe Glossar): den Illuminati (siehe Glossar). Und ab diesem Zeitpunkt wurde dieses Wissen nicht nur völlig geheim, sondern auch noch elitär pervertiert.

Ein gutes Beispiel für die Wirkungen der hermetischen Lehre und ihre 7 Wahrheiten des Lebens ist die Familie Medici.

Man weiß heute, dass die Familie Medici nur durch einige hermetische Schriften zur italienischen Großmacht aufstieg:

Ein altgriechisches Manuskript hermetischen Inhalts – der *Codex Laurentianus* – wurde um das Jahr 1460 von dem *Mönch Frater Lionardo von Pistoja* in Bulgarien entdeckt und nach Florenz gebracht, wo es schließlich von dem Florentiner Philosophen und Humanisten *Marsilio Ficino* (1433–1499) im Auftrag des *Cosimo de Medici* (1389–1464) im Jahre 1463 ins Lateinische übersetzt und im Jahre 1471 erstmals unter dem Titel *Poimandres* gedruckt wurde. *Cosimo* war an der Übersetzung dieser Schrift derart viel gelegen, dass er *Marsilio* befahl, dessen aktuelle Arbeit, die erstmalige Übersetzung platonischer Schriften ins Italienische, unverzüglich einzustellen.

Was wissen wir noch darüber?

Michel de Notredame (1503–1566), bekannter als Nostradamus, der in erster Linie Arzt war, wurde weltbekannt als Seher. Das Gesehene verarbeitete er in seinen Centurien. Er sah die Weltereignisse der folgenden Jahrhunderte voraus. Nostradamus gewann das Vertrauen der Königin von Frankreich, Katharina von Medici (sicher kein Zufall) nicht zuletzt dadurch, dass er den Tod Ihres Gatten König Heinrich II. bei einem Turnier vorausgesagt hatte.
Michel de Notredame hatte offensichtlich Zugang zu den hermetischen Schriften, die damals noch nicht von der Kirche verbrannt worden waren. Diese Schriften stammten womöglich sogar ursprünglich aus der Bibliothek von Alexandrien (siehe Glossar), die einer Brandstiftung zum Opfer fiel. Dennoch konnten manche wichtige Dokumente geret-

tet werden und eine lange Zeit unter den Eingeweihten aller Kulturen kreisen und sich so still und heimlich verbreiten.

Es wird sogar angenommen, dass jede größere Entdeckung aufgrund einer kontinuierlichen Weitergabe bestimmter Schriften möglich war. Und dass diese Schriften wiederum an auserwählte Personen übergeben wurden, um unter anderem das Wissen des Fundes der Templer zu verbreiten.

So war es auch kein Zufall, dass ein gewisser Christopher Columbus im Jahre 1492 angeblich als Erster Amerika entdeckt hatte. In Wahrheit wusste er mehr, als er wissen durfte. Denn er hatte über interessante Umwege eine Weltkarte von einem türkischen Admiral namens *Piri ben Hadji Mohammed Kemal Reis*, bekannter als *Piri Reis*, bekommen. Auf der Karte waren Gebiete eingezeichnet, die damals nach unserer Geschichtsschreibung niemand kennen konnte, unter anderem fast die gesamte Ostküste von Gesamtamerika.

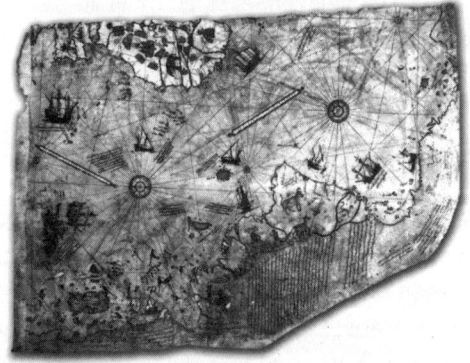

Columbus wusste also, wohin er segelte und er war lange nicht der Erste, der dort war. Es ging auch nicht um die Handelsroute nach Indien, sondern um das Gold – die Schätze des neuen Landes und um den Territorialanspruch für die Krone. Diese Karte wurde vom besagten türkischen Admiral *Piri Reis* mit Hilfe von etwa 20 Karten, welche er aus dem Besitz der Templerschriften erhalten hatte, gezeichnet und an niemand geringeren als an *Bartholomeu Perestrello* weitergereicht.

Bartholomeu Perestrello war hervorgegangen aus einem altem portugiesisch-französischen Kreuzrittergeschlecht und Großtempler des portugiesischen Christusordens. Und dessen Tochter, *Felipa Moñiz Perestrello*, war zufälligerweise die Gattin von einem gewissen Christopher Columbus.

Columbus wusste deshalb, wohin er in See stach. Denn sein Schwiegervater stellte ihm die Seekarten und Logbücher zur Verfügung, welche er als eingeweihter Templer besaß. Sie stammten ursprünglich als Originale aus den 19 steinernen Sarkophagen, welche die Templer im Jahre 1108 unter dem Tempelberg in Jerusalem gefunden hatten. Dazu später mehr.

Warum nur, wurden uns offensichtlich wichtige Teile unserer Geschichte komplett verschwiegen? Welcher „Macht" könnte diese Verdrehung dienen? Hätte vielleicht das normale Volk sonst zu viel Einsicht erhalten? Jedenfalls wurde vieles ausgelöscht aus dem Gedächtnis der Menschheit und doch kann man manche Offensichtlichkeiten nicht übersehen, wenn man genauer hinschaut.

In dieser Folge des A-Omega-Projekts, machte es sich die Wahrheit zum Auftrag, dem normalen Mann auf der Straße Zugang zum **Prinzip** und seinen Regeln zu verschaffen.

Ohne das Wirken von Hermes (*Tahuti, Tehut* oder einfach *Thoth*) wären wir heute vermutlich auf alle Zeiten hinaus *Lulus* (sumerisch: „primitive Arbeiter". Ein *Lulu* unterscheidet sich von einer „Gottheit" in erster Line durch den Inhalt seiner Gedanken.). Hermes brachte das Wissen der Götter zu den Menschen und erhob so den Menschen. So haben wir ihm unglaublich viel zu verdanken. Nun sollten wir dieses Wissen nur noch nutzen und dies in einer liebevollen Weise, welche dem Gesamtwohl dient.

Wobei es nicht um Hermes als Person geht, sondern um das durch ihn übermittelte hohe Wissen und um die Wahrheiten zur persönlichen, wie auch zur globalen Freiheit.

Diese Wahrheiten wurden an uns weitergegeben, um unnötiges Leid und die Schwere der Last des irdischen Lebens zu erleichtern und die Menschheit, wie er es damals nach seiner Ankunft in Ägypten erfolgreich praktiziert hatte, auf eine höhere Stufe zu heben.

Oder wie es ein Teil der Templerschriften ausdrückt, den ich an dieser Stelle noch einmal wiedergeben will:

*„In diesen Schriften findet Ihr das Licht der Wahrheit, vorausgesetzt, Ihr habt die geistige Reife und seid im Besitz der Kraft der Toleranz, durch welche die Liebe zu allen Seinsformen existiert. Nach dem Ur-Schöpfer Willen soll noch einmal das Ur-Wissen (das Ur-**Prinzip**; Anm. d. Autors) um die (7) Gesetze des Kosmos und die Gesetze, die alles Sein bestimmen, offengelegt werden, damit die Menschenrasse mit ihrem Verstand den Sinn und Zweck ihres Seins auf Erden begreift und versteht.*
Es wurde zum Segen der Menschen offengelegt, damit sie wiedererkennen, dass ihre Wesenheit, als Geist eingebunden in die natürliche materielle Seele, unzerstörbar nach den kosmischen Gesetzen, göttlichen Ursprungs ist.
Nur dann, wenn sie begreifen, dass sie selber Schöpfer ihres Umfeldes und ihrer Umwelt sind, und dass sie als eine große Gemeinschaft von Wesenheiten füreinander Verantwortung tragen, haben sie als individuelle Wesenheit die Möglichkeit, zurückzukehren in das Reich unseres Ur-Schöpfers, um in dem Licht der Wahrheit, befreit von der Materie, als Wesenheit zu leben." [3]

Es ist deshalb für ein erfolgreiches und sicheres Leben wichtig, sich mit bestimmten Geheimnissen vertraut zu machen, da das gesamte physikalische Universum – sichtbar und unsichtbar – diesen göttlichen universellen Wahrheiten unterliegt. Die 7 hermetischen Wahrheiten der Realität sind der Schlüssel zu dieser einen Ur-Weisheit und der einen Ur-Liebe, die wir alle suchen oder einst suchten.

Es sind Gedanken Gottes.

Undenkbar?

„Die meisten Menschen denken nicht wirklich.
Sie denken nur, dass sie denken.
Wirkliches Denken bedeutet, sich voll bewusst zu sein,
dass es eine unendliche Intelligenz gibt,
die auf jeden unserer Gedanken antwortet."

Dr. Joseph Murphy

Sind diese Gedanken für einen normalen Menschen überhaupt denkbar?

Die Gedanken eines Gottes unterscheiden sich in jeder Richtung beträchtlich von der normalen Höhe des Denkschemas eines gewöhnlichen Menschen. Und doch wird erst dann die wahre stolze Vereinigung erreicht, mit dem einen Alles-was-ist, dem AWI in uns, wenn man die Fähigkeit erwirbt, sein Denken entsprechend der Wirklichkeit zu erheben.

Das bedeutet zuerst, sich anzugewöhnen das (noch) Undenkbare zu denken! Man stellt sein Gedankenradio mit der Zeit immer mehr auf einen göttlichen Sender und seine Frequenzen ein.

Will man sich mit dem, was wir Gott nennen verbinden darf man „ihn" nicht suchen, sondern sollte einfach nur seine offenbarten Gedanken denken *(Metanoia)*. Das ist es, was eine sichere Verbindung schafft. Was ES denkt, steht in jeglichem Herz. Und die Reinheit des Herzens in den Wahrheiten, wird die Klarheit der Wahrnehmung des Göttlichen erhöhen.

Doch schon im Kleinen scheint es eine seltene Fähigkeit zu sein, zu denken, was abseits der ausgetrampelten Wege gedacht werden könnte. Das Undenkbare zu denken, in immer neue Dimensionen der

Möglichkeiten vorzustoßen, birgt Befriedigung und Erfüllung jenseits oberflächlicher Freuden, da es schlicht unseren eigenen Weg der Grenzenlosigkeit widerspiegelt.

Wie viel lässt sich erfahren, im Erkunden unserer eigenen unsterblichen Tiefen in der Erkenntnis unserer wahren Natur. Jeder ist nur so frei, wie es seine Gedanken sind.

> *„Der Mensch hat dreierlei Wege, klug zu handeln.*
> *Erstens durch Nachdenken, das ist der Edelste,*
> *zweitens durch Nachahmen, das ist der Leichteste*
> *und drittens durch Erfahrung, das ist der Bitterste.“*
>
> *Konfuzius*

Bei den meisten Mitmenschen ist im Kopf aber eine Art Autopilot eingeschaltet. Dabei kreisen die Gedanken unaufhörlich auf einer festgelegten Flugroute im Kreis. Landen des Nachts, um zu tanken (Schlaf) und um dann wieder – am nächsten Tag – dieselben gewohnten Kreise zu ziehen. Wenn einem das ständige unaufhörlich kreisende Geplapper im Kopf bewusst wird ahnt man vielleicht, dass man gar nicht selbst dachte, sondern „gedacht wurde“: von inneren Gedankengewohnheiten, Ticks und äußerem Druck.

Kennen Sie das bedrückende Gefühl, einen zu engen Schuh zu tragen: die Zehen lassen sich nicht richtig bewegen und der Gang verliert etwas an Grazie. Wer einmal die Weite von wirklich freien Gedanken und seinen neuen Möglichkeiten darin gekostet hat, empfindet das Mainstream-Gedankengut (= das, was die Masse denkt) wie diesen zu engen Schuh.

Wir können jederzeit die „abgetragenen“ engen Gedanken und alten Sichtweisen auf dem Markt der freien Erkenntnis eintauschen. Wir können die Kleidung des fremd gelebten Sklaven ablegen und uns würdige Kleidung besorgen.

„Wenn die meisten sich schon armseliger Kleider und
Möbel schämen, wie viel mehr sollten wir uns da erst
armseliger Ideen und Weltanschauungen schämen."

Albert Einstein

Doch wie denkt man jenseits des gewohnten Massenbewusstseins?

Das Undenkbare zu denken, beginnt nämlich schon bei der simplen
Frage nach dem Warum, Wieso, Weshalb. Wer leicht wie ein Kind
(= abseits des intellektuellen Egos) aus freudiger Neugier nach dem
Grund dahinter fragt, erweitert seinen Gedankenhorizont immer
weiter bis in noch unberührte Gebiete. Nicht, dass nicht schon jeder
Gedanke bereits einmal gedacht worden wäre, doch das Tauchen im
Meer der Gedanken, um weiter die Tiefe der Freiheit darin auszuloten,
eröffnet neue Möglichkeiten noch unbenutzter Wege, um ein einzigarti-
ges Leben zu erfahren. Nur so ist Wahrheit zu finden. Und wer die
Wahrheit findet, findet seine Freiheit. Denn Wahrheit macht bekanntlich
frei.

Vielleicht finden wir nun sogar die Wahrheit über die letzte Wirklichkeit ...

„Es sind nicht die Antworten, die erleuchten.
Es sind die Fragen."

Decouvertes

Die Frage nach dem Warum hält uns in einem Zustand grenzenloser
Begeisterung und in dem Hunger nach mehr. Es gibt mehr – und nur
wer danach fragt, bekommt auch mehr. Fragen sind wichtiger als Antworten, denn die fremde Antwort ist nicht immer der eigenen Wahr-
heitsebene gemäß und somit schwerer integrierbar. Das kennen wir
alle. Aber im Gegensatz zu den Antworten ist eine Frage immer etwas
Eigenes. Und wer seine eigene Frage stellt, bekommt auch die dem Be-

wusstsein entsprechende eigene Antwort. So wird die gefundene Antwort plötzlich auch die eigene sein. Ohne Fragen keine wirklich verändernde, erleuchtende intuitive Erkenntnis der Grenzenlosigkeit.

„Es ist ganz wichtig, nicht aufzuhören zu fragen.
Neugier existiert aus ureigensten Gründen.
Man kann nicht anders, als zu staunen,
wenn man die Geheimnisse der Ewigkeit des Lebens,
der grandiosen Struktur der Realität ansieht.
Es reicht nicht aus, jeden Tag nur zu verstehen,
etwas von diesem Mysterium zu begreifen.
Verliere nie Deine heilige Neugier!"

Albert Einstein

Ein banales Beispiel für freies und festgefahrenes Denken:
Vielleicht kennen Sie den Begriff, „das Ei des Kolumbus". Das „Ei des Kolumbus" ist eine Redensart, die eine verblüffend einfache Lösung für eine unlösbar scheinende Frage beschreibt:

Christoph Kolumbus wird nach seiner Rückkehr aus Amerika während eines Essens bei Kardinal Mendoza im Jahr 1493 vorgehalten, es sei doch ein Leichtes gewesen die „Neue Welt" zu entdecken, es hätte dies schließlich auch jeder andere vollführen können. Daraufhin verlangt Kolumbus von den anwesenden Personen, dass sie versuchen sollten, ein gekochtes Ei auf dessen Spitze aufzustellen.

Es werden viele Versuche unternommen, aber niemand schafft es, diese Aufgabe zu erfüllen. Die Herren versagen kläglich, denn sie finden keine Möglichkeit, das Ei hinzustellen. Man ist schließlich davon überzeugt, dass es sich hierbei um eine unlösbare Aufgabe handelt, und Kolumbus wird nun darum gebeten, es selbst zu versuchen. Dieser schlägt sein Ei mit der Spitze auf den Tisch, sodass die Schale leicht eingedrückt wird – und voilà! das Ei bleibt stehen!

Als die Anwesenden protestieren, dass sie das auch gekonnt hätten, antwortete Kolumbus: *„Der Unterschied ist, meine Herren, dass Sie es hätten tun können, ich hingegen <u>habe</u> es getan!"*
Kolumbus ließ seine Gedanken, eben einen anderen Weg gehen und dachte (für andere) das Undenkbare.

> *„Bedenke, dass die Jahre vergehen und achte darauf, nicht immerfort das Gleiche zu tun."*
>
> Francis Bacon

Und nun würde ich Ihnen gern eine ähnliche Aufgabe stellen. Versuchen Sie doch einmal, ein gekochtes Ei ohne Hilfsmittel auf seiner Spitze stehen zu lassen, doch nun, ohne dass die Schale dabei beschädigt wird. Undenkbar?

Versuchen Sie es. Stellen Sie sich die Frage, wie es möglich wäre? Die Antwort wartet! Sie wartet immer! Es ist einfacher, als man denkt …

Nur um zu vermeiden, dass sie jetzt extra in die Küche gehen müssen, um sich ein Ei zu kochen, sage ich Ihnen, wie einfach die Lösung ist: Wenn man ein gekochtes Ei einfach wie einen Kreisel, auf einer glatten Fläche schnell zum Rotieren bringt, wird es sich sofort auf seiner Spitze rotierend stabilisieren. Es wird so ohne Weiteres einige Minuten stehen bleiben.

> *„Es gibt kein großes Genie, ohne einen Schuss Verrücktheit."*
>
> Aristoteles

Das Beispiel mag profan erscheinen, doch die einfache Lösung – das Undenkbare – findet man oft durch den spielerischen, fragenden Umgang heraus. Es ist eine Aufforderung an Sie, mit dem Wissen in Teil 2 dieses Buches zu spielen und Undenkbares zu denken. Spielen Sie mit den Wahrheiten! Lassen Sie keine Gelegenheit aus, eine gewisse Euphorie darin zu erleben!

Wer innerlich jede Begrenzung niedergerissen hat und das Undenkbare erfasst, ist wirklich grenzenlos geworden. Die 7 Wahrheiten des **Prinzips** erlösen den Geist vom Zwang, heben ihn gleichsam in andere Sphären der Freiheit der Möglichkeiten. Das Leben ist ein grenzenloses Spiel, und die besten Lösungen sind offensichtlich oft einfach, aber manchmal hinter dem „Undenkbaren" gut verborgen. Das göttliche Gedankengut versteckt sich hinter dem, was wir in unserem Bewusstsein an Gedankentiefe zulassen.

> *„Das Denken, das einen hierher gebracht hat,*
> *wird einen auch wieder hierher bringen.*
> *Für neue Resultate benötigt man ein neues Denken."*
>
> *Albert Einstein*

Man bedenke:
Die Definition von Wahnsinn ist, dass man immer wieder dasselbe tut, aber ein anderes Ergebnis erwartet. Ein Gefangener seiner eigenen Gedanken!
Zu denken, was man denken will, ist aber Freiheit.
Der unbewusste Gedankendialog wird durch das Eintauchen in diese Wahrheiten unterbrochen und ist so frei, wie weit man die Gedanken dementsprechend fliegen lassen will.
Die Basis für eine große Freiheit der Gedanken, ist eine Folge der Identifikation mit einem inneren Bild. Und je höher die Ebene des inneren Bildes, bis hin zu seiner ganzen Göttlichkeit, desto stärker die Kraft der Veränderung. Es ist eine Frage des Horizontes der zugelassenen Bewusstseinstiefe.

> *Die Qualität der Energie,*
> *bestimmt die Qualität der Erfahrung.*

Das erinnert mich an ein Experiment, in dem Forscher Katzen in einem Raum aufwachsen ließen, welcher komplett mit Linien vertikal gestreift war. Diese Katzen kannten demnach nur diesen einen gestreiften Raum und hatten nie etwas anderes, als diesen gesehen. Sie hatten und kannten in ihrem Bewusstsein nur die gewohnten vertikalen Linien.

Nach ein paar Monaten setzte man diese Katzen aber in einen Raum, in dem plötzlich alle Linien horizontal verliefen, mit dem Ergebnis, dass die Katzen dauernd zur Seite umfielen, sich also nicht auf den Beinen halten konnten. Sie vergaßen außerdem zu fressen, lagen apathisch am Boden und zuckten – nahezu bewusstlos – nur noch mit dem Kopf. [4]
Genau so, wie es den armen Katzen erging, scheint es einem beschränkten Bewusstsein zu ergehen, das nur eine vertikal gestreifte graue Realität der ewigen Gewohnheit vorfindet. Wissen Sie: Unsere Wahrnehmung ist nicht objektiv, sie ist ein erlerntes Phänomen.
Wie wichtig erscheint da auf jeder Ebene die Bewusstseinserweiterung mittels der folgenden Wahrheiten!

> Das Leben will, dass wir Ver-antwort-ung
> übernehmen. Die 7 Wahrheiten sind
> der Antworten Sprachrohr.

Kann man feststellen, an welchem Punkt man die Wahrheiten in Vollkommenheit anwendet?

Ja man kann! Dann, wenn das Bewusstsein des Kindes wieder hervorkommt: offen, unvoreingenommen, mit fragender Neugierde nach einem Leben in Leichtigkeit diese Welt zu erforschen. Nun aber ausgestattet mit den erwachsenen Gesetzmäßigkeiten der schöpferischen Reife, die uns Erfolg beschert und unser Leben zu einem wundervollen Spiel erhebt.

Das Ganze ist ein wundersames Spiel der 7 Wahrheiten des Bewusstseins des **Prinzips** in Aktion, das durch das „Ich bin" erschafft.

Teil I
Theorie der Revolution

Die Wahrheiten des Lebens im Einzelnen

„Du siehst die 7 Sphären allen Lebens.
Durch sie hindurch vollziehen sich der Fall
der Seelen und ihr Aufstieg. Die 7 Genien sind
die 7 Strahlen des Lichtwortes (Logos).
Jeder von ihnen herrscht über eine Sphäre des Geistes,
über eine Phase im Leben der Seelen."

Aus: Die Vision des Hermes

Die 7 Wahrheiten stellen kosmische Gesetze dar. Sie sind die *Doxologie* (siehe Glossar) der Schöpfung im **Prinzip**. Es sind die universellen Schemata in den Bewegungen und Abläufen dessen, was wir Leben und Energie nennen. Es fließt keine schöpferische Energie ohne ihre Funktion. Sie sind der Anfang und das Ziel jeder Philosophie, beginnend auf menschlichen Ebenen.

Sie stellen kein philosophisches Konzept dar, sondern stehen darüber und offenbaren eine höhere Ordnung des Denkens und der Existenz. Sie sind transzendenten Ursprungs und führen uns wieder dahin zurück. Jedes Goldene Zeitalter hat sie als Grundgesetze. Durch sie haben wir Einblick in die Gedanken des Ur-Schöpfers.

Alles ist Energie, egal ob es sich in Emotion, einem Gedanken oder einer anderen der unzähligen Energieformen, von der Nullpunktenergie bis zur festen Materie eines Tisches, ausdrücken mag. Die 7 Wahrheiten zeigen auf, wie diese Energien kontrolliert fließen können und so erschaffend schöpferisch sind. Es ist der Mechanismus hinter allem Erscheinenden. Versteht man sie anzuwenden, wird die „Realität" eine formbare Masse erhebender Erfahrungen.

Die 7 Wahrheiten zeigen uns, wie wir durch ihre formende Anwendung diese verschiedenen Energien zu unserem Nutzen und zum Gemeinwohl einsetzen können.

Eines Tages werden die Wissenschaften beginnen, diese Wahrheiten als Grundlage für sich zu entdecken. Das kann aber dauern. Das mag uns aber nicht daran hindern, sie jetzt schon für uns zu gebrauchen.

Man kann das **Prinzip** nicht instrumentalisieren, man muss es sein. Nur dann werden die 7 Wahrheiten zu Werkzeugen der wahren Macht – der Macht der Liebe.

> *„Das **Prinzip** der Wahrheit sind 7. Derjenige, der sie kennt und versteht, besitzt den Meisterschlüssel, durch dessen Berührung alle Tore des Tempels sich öffnen."*
>
> Der Meisterweg des Kybalion

Die 7 Wahrheiten sind die Spiegelung der einen schöpferischen, der Ur-Liebe und gelten zuerst für unsere innere Welt, welche ihre Wirkungen aber immer in der äußeren Welt zeitigen.
Von innen nach außen ist das Lebensspiel. Wir lernen bewusst unser Inneres zu gestalten und sehen entspannt dabei zu, wie es im Außen wird.
Gleichsam könnte man sagen, dass das **Prinzip** in uns und durch seine Führung, seine Lebensmelodie mit den 7 Instrumenten der Wahrheit spielt.

Es kann nicht genug betont werden, dass das **Prinzip** die eine Wirklichkeit ist. Ist man selbst diese Wirklichkeit „geworden" durch Erinnerung an den Wesenskern, der in uns pulsiert, geschieht alles, was erhebend ist, ohne dass man ständig darüber nachdenken muss!
Wenn man diese Wahrheiten im Vollbewusstsein des **Prinzips** anwendet, werden die Dinge deshalb schnell ihre Erfüllung finden.

> *„Wer den Zweig untersucht und die Wurzel vergisst, geht in die Irre."*
>
> Mahatma Gandhi

Alles im Kosmos ist diesen 7 Wahrheiten unterworfen. So wie die physisch-materielle Welt ihre Gesetze hat, so hat auch der Geist, aus dem alles entsteht, seine Gesetze.

Diese Wahrheiten sind die Fußspuren der eigentlichen Wirklichkeit. Sie reflektieren das Licht der Wirklichkeit, so wie der Mond die Sonne reflektiert des Nachts. Es sind kosmische Wahrheiten.

Das Wort *Kosmos* kommt auch aus dem Griechischen und bedeutet *Ordnung*. Die ganze Schöpfung und so auch unser Leben sind durchdrungen von dieser inneren Ordnung.

Wir leben in dieser kosmischen Ordnung und diese unterliegt offensichtlich besagten kosmischen Mechanismen. Diese strukturierende kosmische Ordnung bildet sich immer nur durch einen bestimmten Ablauf der Energien, genauer mittels der 7 Wahrheiten. Ohne diese Wahrheiten wäre die Ordnung keine Ordnung, sondern ein unheilvolles *Chaos*. Das Wort *Chaos* ist auch Griechisch und bedeutet *„geistlose unbewusste Unordnung"*.
Das bedeutet, dass die einzige Quelle für energetische Ordnung durch des Geistes Bewusstsein entstehen kann. Wo immer intelligenter Geist ist, entsteht etwas in einem Ordnungsgrad, der dem in ihm vorherrschenden Bewusstsein entspricht und kann richtig eingesetzt, jeden chaotischen Zustand auflösen.

> *„Alles ist in uns selbst vorhanden."*
>
> Meng Dse

Wir nun sind ein Teil dieser Ordnung und Teil dieser Wahrheiten. Verstehen wir diese Wahrheiten und integrieren sie entsprechend in unser Leben, wird auch unser Leben in allen Bereichen seine Ordnung finden müssen, und wir werden auch uns selbst besser verstehen können. In Gedanken, unseren Gefühlen und auf körperlicher Ebene, genauso wie auf der zwischenmenschlichen.

Wenn wir danach streben, diese mächtigen und doch einfachen Gesetze zu verstehen und entsprechend anzuwenden, ist es wichtig schärfer auf unsere Gedanken, Gefühle und Worte zu achten. Denn jedes Mal, wenn wir die ordnenden Wahrheiten bewusst nutzen, setzen wir eine so machtvolle, unbegrenzte Kraft der Energien in Bewegung, die nicht mehr aufhört zu wirken, bis sie zurückgerufen oder umgewandelt wird.

Es liegt also immer eine große Verantwortung bei uns, wann immer wir dieses Wissen bewusst gebrauchen.

> *„Wahrlich, ich sage Euch, der Blitz,*
> *der den mächtigen Baum zerteilt, oder das Beben,*
> *das Risse in die Erde zieht, ist ein Spiel der Kinder,*
> *verglichen mit der Macht des Denkens."*
>
> *Aus den Essener-Schriften*

Jeder ist in der Lage, die großen geistigen Wahrheiten verständnisvoll anzuwenden, anstatt ihre „Anwendung" einem „Zufall" zu überlassen.

All diese Wahrheiten führen außerdem dazu, dass das Ego des Scheinselbst immer mehr verblasst, da dieses Ego nur aus Angst und Trennung entstehen kann. Durch das Verblassen wird Platz geschafft für das wahre liebende, verbindende, altruistische „Ich", das in uns allen wohnt.

Durch die 7 Wahrheiten erkennen wir, wie wir mit allem verbunden sind – wie alle Dinge sich in einem Meer aus Resonanz in einem Punkt vereinen und miteinander in gegenseitiger interagierender Korrelation stehen.

> *„Die Naturgesetze sind Spielregeln für das*
> *aufgespaltete Universalbewusstsein."*
>
> *Kurt Diedrich*

Diese Wahrheiten sind beweisbar wie die Naturgesetze, zum Beispiel das der Gravitation. Sie zeigen sich sehr schnell, wenn man versucht ohne diese Ordnung schaffenden Geheimnisse zu leben oder gar gegen sie zu handeln. Die Welt berstet fast vor Beweisen, wenn man sie sehen will.

Alle unsere Naturgesetze entstammen den 7 Wahrheiten und sind nur ein materielles Abbild von diesen dahinter wirkenden Kräften. Und wir können diese erst in ihrem ganzen Umfang verstehen, wenn wir hinter den Vorhang der Materie schauen. Sei es die Gravitation, die Kernkraft oder der Magnetismus – die Wahrheiten sind das geistige Pendant dazu. Die Rätsel dieser Kräfte können nur durch das Verständnis der kosmischen Wahrheiten dem Rätselhaften entrissen werden.

Das sind Tatsachen, denen die moderne Wissenschaft langsam beizupflichten beginnt und die jede neue wissenschaftliche Entdeckung zu bestätigen neigt. Und doch waren diese hermetischen Wahrheiten schon vor Tausenden von Jahren von den alten ägyptischen und anderen eingeweihten Meistern verkündet worden.
Die kosmischen Wahrheiten funktionieren immer und das tun sie seit Anbeginn des Alls. Denn ohne sie wäre nichts, was ist.

Gedanken steigen auf wie Dampf und kondensieren durch die 7 Wahrheiten des Lebens zum Schein der Materie.

Meine Quelle für diese Wahrheiten ist nicht allein auf das traditionelle Kybalion beschränkt, das 1908 von den Autoren „die drei Eingeweihte" veröffentlicht wurde (dieses Werk wurde von mir als „Der Meisterweg des Kybalion" in eine für heute verständlichere Form gebracht, siehe Literaturliste), vielmehr wurden auch andere, zum Teil besagte ältere Quellen herangezogen. Die Reihenfolge der Wahrheiten und ihre Schwerpunkte wurden diesen Quellen angepasst.

Diese Wahrheiten bilden die Grundlage für jeden bewusst herbeigeführten Erfolg und für Manifestation im persönlichen Leben. Es ist das Grundrezept aller mächtigen, Verantwortung übernehmenden, glücklichen Menschen. Es ist sicher nicht alles, was es zu wissen gibt, aber es ist die Grundlage für alles wahre Wissen in Weisheit.

Wissen ist nichts ohne Weisheit.
Lebendige Weisheit haucht dem Wissen
erst sein Leben ein.

Wissen anzuhäufen ist wie Einkaufen. Der Korb wird zwar voller und voller. Doch ohne Weisheit wird niemand ein Gericht daraus machen können, um sich und andere zu nähren.

Das nur theoretische Wissen um diese Wahrheiten allein würde nicht genügen, es ist auch wichtig, dieses im Alltag nutzen zu können. Während physikalische Gesetze durch Bewusstsein oder Technik überwunden werden können, gelten die kosmischen Gesetze für jeden uneingeschränkt, ganz gleich ob man sie kennt oder nicht.

Es handelt sich dabei um eine einzige kosmische Wirklichkeit, nach der alle erdenklichen Abläufe geregelt sind. Um es verständlicher darzustellen, ist diese Wahrheit jedoch in sieben Gesetzmäßigkeiten aufgeteilt, die – aufgeschlüsselt nach ihrer energetischen Funktion – wie folgt lauten:

1. **Mentaler Geist** – die unmanifestierte Energie reinster Form.
2. **Kausalität** – Energieimpuls mit entsprechender Reaktion.
3. **Analogie** – das Wirken der Energien auf allen Ebenen.
4. **Resonanz** – als die Form der Energieeinheiten.
5. **Harmonie** – als der Drang des Ausgleichs dieser Energien.
6. **Rhythmus** – schwingt auf jeder Ebene und gleicht sich energetisch an.
7. **Polarität** – alle manifestierten Energien treten paarweise auf und sind am Ende wieder eins.

Man versteht diese und die ausführliche folgende Auflistung der Wahrheiten ungleich besser, wenn man sie sich als eine Art ordnende Energiematrix vorstellt, welche der mentalen Energie eine kontrollierbare Form gibt. Jeder energetische Fluss, jede energetische Ausstrahlung in Resonanz und Kausalität, auf welcher Ebene dies immer sein mag, hat diese Energiematrix der 7 Wahrheiten als Mechanismus.

Der Kreis der sieben Wahrheiten

Wichtig ist zu beachten, dass das Zentrum dieser Offenbarung die erste Wahrheit des Geistes ist, welche der Schlüssel zum praktischen Verstehen ist. Diese erste Wahrheit ist deshalb das zentral Wichtigste. Denn wenn wir die Wahrheit des Geistes studieren, studieren wir den Geist und befreien ihn so von der einseitigen Bindung der Materie, welche ihn knechten mag. Hier ist der Urgrund für absolute Freiheit und für die Überwindung der Begrenzung des göttlichen Kerns.

„Das Göttliche kann nicht mit Hilfe der Heiligen Schriften oder eines Lehrers verwirklicht werden. Das kosmische Selbst wird vom individuellen Selbst nur durch den reinen Geist, durch die Anbindung an das höchste Potenzial und durch die universelle Liebe verwirklicht.“

Vasisthas Yoga Sutra

Wird dieser Kern der Sache nicht umfassend integriert, so degradiert man für sich selbst diese Wahrheiten auf stoische Techniken oberflächlicher Form ohne die lebendigen Auswirkungen für den Alltag, die sie haben könnten. Dies kann nicht genug betont werden – das **Prinzip** ist ein reales Bewusstsein des befreiten Geistes, das durch diese 7 Wahrheiten schöpft und nur durch die Identifikation damit im Denken, Fühlen und Tun, kommt es zur ganzen Fülle der persönlichen schöpferischen Kräfte!

Die kosmischen Gesetzmäßigkeiten beschreiben unter anderem deshalb, wie die Welt in der Dualität beschaffen ist und wie man diese wirkungsvoll überwindet. Der Geist ist eins, da er alle folgenden Wahrheiten zu bündeln vermag.
Denn die größte Wirkung entsteht immer dann, wenn man möglichst große Kräfte in Übereinstimmung bringt. Das ist die Aufgabe der ersten Wahrheit!

Und wie in allen östlichen Weisheitstraditionen, ist der beste Weg den Geist zu befreien in erster Linie der Zustand tiefer Entspannung, aus dem heraus Dinge möglich sind, die wir sonst nicht zuwege bringen würden.

Das ist das wirklich Erstaunliche: weniger Kraftaufwand – mehr Effizienz. Je entspannter wir an eine Sache herangehen, desto mehr „innere Kraft" freier Energien kann sich entwickeln.

Das **Prinzip** in Aktion, ist der bewegte göttliche, allen innewohnende Kern des einen Geistes eines jeden Wesens, der wenn man ihn weckt, auf energetischem Wege bewusst erschafft.
Erweckt wird das mächtige schöpferische Bewusstsein durch die Wirklichkeit des **Prinzips**, und durch die Wahrheiten des Lebens handelt es.

Um die 7 Wahrheiten zu verstehen und sie entsprechend anwenden zu können, ist es gut tiefer in die Anatomie unserer Wirklichkeit einzutauchen und wie wir dadurch unsere Wahrnehmung schulen können.

Hierin wird unser Geist in die angestammte Freiheit geführt und ist frei, zu schöpfen.

Die 7 Wahrheiten kann man nicht trennen. Sie sind als eine Wirkeinheit zu verstehen, die sich durch gegenseitige Wechselwirkung ausformt. Die 7 Wahrheiten bauen aufeinander auf und überlappen sich ständig, da sie einer gemeinsamen Quelle entspringen.

Die Gesetzeswirkungen haben deshalb darüber hinaus nicht zwingend eine chronologische Abfolge. Sie sind nicht an eine zeitliche Abfolge gebunden (erst a, dann b, dann c), sondern wirken in Wechselwirkung und Rückkopplung ineinander. Die Gesetze sind eine Wirkeinheit!

Es sind auch deshalb Wahrheiten, weil sie in keiner Weise „Gesetze" im herkömmlichen Sinne sind, die man einhalten könnte, sondern sie sind zusammengefasst die ergänzende energetische Seite und Form des „Ich bin" der Ur-Liebe im **Prinzip**.

Wer die Ordnung des **Prinzips** kennt, erkennt auch die in ihr wirkenden Gesetzmäßigkeiten. Sie bestimmen unser aller Leben, ob wir uns ihrer bewusst sind oder nicht. Aber wenn wir sie kennen, haben wir es bedeutend leichter, im Hier und Jetzt zu leben und das, was uns im Leben „begegnet" im Sinne des Mysteriums als einen Teil von uns selbst zu deuten und zu heilen.

Da die kosmischen Wahrheiten zum Erstaunen in allen Glaubensrichtungen, die wir kennen als Stückwerk enthalten sind, ist es an der Zeit mehr die Gemeinsamkeiten zu pflegen, anstatt die Unterschiede zu betonen, damit aus bloßer Form endlich lebendiges Tun werden kann.

Sie selbst besitzen das Wissen um die Wahrheiten bereits verborgen in sich. Es mag nur verschüttet sein, und sicherlich wird es sich beim Lesen vielmehr wie ein Erinnern anfühlen, denn wie ein Lernen.

Der Schleier wird sich lüften, denn das wahre Wesen weiß schon um all diese Dinge – es ist seine einzig wahre Heimat und so seien Sie willkommen zur Reise zu den Wahrheiten über unsere Wirklichkeit: zur stillen Revolution der Bewusstseinsevolution.

„Nichts auf der Welt ist so mächtig wie eine Idee, deren Zeit gekommen ist."

Victor Hugo

1 Die Wahrheit des Geistes und der Mentalität

Symbolbedeutung – das Eine ist alles und alles geht davon aus.

> *„Das, was die fundamentale Wahrheit ist –*
> *die wesentliche Wirklichkeit – steht über allen Namen,*
> *die weisen Männer aber nennen es das All."*

Der Meisterweg des Kybalion

- Alles ist Geist.
- Das Universum ist mental.
- Die Schöpfung geschieht durch Gedanken.
- Geist herrscht über Materie.

Auch „Wahrheit der Mentalität" (lat. *mens*: „den Geist betreffend") genannt.

Dies ist die Wahrheit der Bewusstheit des Geistes.
Das Gegenstück dazu ist unbewusstes Leben, hin- und hergeworfen in den Wellen des „Schicksals" in seiner Unberechenbarkeit.

Dies ist die wichtigste aller Wahrheiten. Der Schlüssel zu den anderen.
Denn diese erste der Wahrheiten besagt, dass alles Geist ist. Das All,

das Universum, ist rein geistig. Folglich ist alles, was ist – die Realität, die dem physikalischen Universum zugrunde liegt – reiner Geist.

Geist zeichnet sich dadurch aus, dass er Energie bewegt. Die Energie der Bewegung ist eine Folge der mentalen Energie der Gedanken. Jeder einzelne Gedanke ist pure Energie, welche auf energetisch vorgezeichnetem Weg der 7 Wahrheiten, Dinge bewegt, informiert und ordnet.

Unser Universum ist gedankenempfänglich. Die Wahrheit des Geistes steht für das eine Bewusstsein und seine Mentalität, da Bewusstsein denkt.

> *„Das All ist Bewusstsein –*
> *das Universum ist mental.“*
>
> Der Meisterweg des Kybalion

Die erste Wahrheit ist deshalb die Beschreibung der energetischen Wirklichkeit des allumfassenden Geistes, der je nach der Tiefe der Selbsterkenntnis und dem Grad seiner Befreiung über jede Begrenzung in unendlichen Freiheitsgraden hinauswachsen mag.

Die erste Wahrheit ist reine spirituelle „Pneumatik“ (griech. *pneuma*: „Geist“). Bei den Eingeweihten hießen die Geistmenschen „Pneumatiker“; sie waren nicht wie die *Hyliker* (*hylê*: „Materie“) sinnlichen Charakters oder wie die *Psychiker* nur seelischen, sondern zuerst geistigen Charakters im Sinne der Fähigkeit wahrhafter Erkenntnis des Göttlichen.

> *„Unwissenheit ist die Ursache*
> *aller Probleme der Menschen!“*
>
> Siddhartha Gautama

In der Schöpfung gibt es zwei Merkmale, die immer auftreten: Es sind Ordnung und Energie, und beide entstehen und werden immer gelenkt aus dem bewussten Geist.

Es ist die Eigenschaft des Geistes, Ordnung zu schaffen und Energien in einer bestimmten Ordnung zu bewegen. Fällt der Geist in einen graduell unbewussten Zustand, so verkehrt er sich in das Gegenteil und die Ordnung wird zum Chaos der Entropie – gemäß dem zweiten Hauptsatz der Thermodynamik.

Bewusstsein manifestiert sich in allen äußeren Erscheinungen, die wir unter der Bezeichnung „materielles Universum" oder als „Phänomene des Lebens" und allgemein als „Energie" kennen, und offenbart sich so als Essenz aller Dinge.

Da aus Geist heraus alles entsteht, ist somit Materie auch nur manifestierter Geist. Man könnte sagen, um es anschaulicher zu machen: Materie ist nur „gefrorener Geist". Materie hat im eigentlichen Sinne nur einen anderen Aggregatzustand als der reine Gedanke leichterer Dichte.

Denn in Wirklichkeit besteht alles zuerst aus der gleichen geistigen Substanz, von der harten Materie bis zur subtilen Gedankenform, nur unterschieden in den jeweiligen Graden und der Dichte. Geist steht also auch für eine universelle, omnipotente, allumfassende, fraktal aufgespaltene Energie verschiedenster Erscheinungsformen.
Das wurde, zumindest andeutungsweise, auch schon lange wissenschaftlich festgehalten in der Formel $E=mc^2$: Nach Einstein ist Materie gleich (= äqivalent) Energie und Energie gleich Stofflichkeit. Sie sind dasselbe, nämlich Geist. Einmal formlos und einmal in einer Form.

So verneigen wir uns vor der Wissenschaft, welche uns wieder einmal bestätigt, was Eingeweihte schon seit Äonen wissen und was doch jeder ahnte: Alles ist eins und eins ist alles. Alles ist Geist! Auch wir.

Damit wäre auch die Stringtheorie oder die Verschränkung der Quantenmechanik leicht zu erfassen. Beide postulieren, dass Dinge miteinander irgendwie mystisch verbunden sein müssen und in Wechselwirkung zueinander stehen, aber man wusste bisher nicht wie. Solange aber die Wissenschaft die Dinge noch von der Qualität der beschränkten Dreidimensionalität aus sieht, wird sie immer nur versuchen, die vermeintliche Trennung („Dualität" von lat. *dualis*: „Zweiheit") zu erklären. Doch alles ist eins, und so erklärt die Wahrheit des Geistes die Wirklichkeit der letzten Realität dieser Einheit, dass es nur Geist gibt und nichts weiter als Geist in allem, was ist. Egal, in welcher Form es in Erscheinung treten mag, das reine Bewusstsein, der Geist, ist jenseits von Gedanke und Form.

Die Realität findet ausschließlich hinter den Augen statt.

Doch woher kommt dieser Geist? Ist es das hinter der Schöpfung und außerhalb der Zeit, welches sich entschloss, sich zu individualisieren? Das heißt: sich scheinbar zu teilen, um so die Schöpfung und scheinbare Trennung und große seltsame wissenschaftliche Theorien zu ermöglichen.

Und warum nur? Vielleicht der Erfahrung wegen? Kehrt es zurück, wird aus der Individualität wieder eine *Unität*.

Das Universum ist ein Abenteuer dessen, was wir schlicht „Gott" nennen. Und was macht Gott so? Er schöpft durch seine Gedankenenergie neue Erlebnismöglichkeiten.

Was passiert, wenn der Ur-Schöpfer schöpft? Er erschafft Abbilder von sich selbst, da er nur das schaffen kann, was er selbst ist. Er „teilt" sich in scheinbare Individuen auf. Dieser individualisierte Geist (auch Sie und ich) schafft bewusst (oder noch unbewusst) genau so wie ES durch sein (mentales) Denken.

Wir sind ES und dieses ES sind wir. Und wir tun dasselbe mit unseren Gedanken, was ES tut!

> *„Das unendliche Bewusstsein des Alles-was-ist,*
> *ist der Schoß der Universen."*

Der Meisterweg des Kybalion

Der reine Geist erschafft alles Sein und erfährt sich im Geschaffenen – das nennt man „Bewusstsein". Das Gesetz des Geistes besagt, dass so, wie alles Geist ist, auch wir Geist und Bewusstsein sind. Und dieses ist eine Spiegelung, eine Individualisierung des Urschöpfers. Und so wie der Eine schöpferisch ist, sind auch wir schöpferisch – potenziell.

Die wichtigste Erkenntnis daraus für unseren Alltag ist: Jeder unserer Gedanken ist ein reiner Schöpfungsprozess und wir sind nicht allein, nein wir sind all-ein (alles ist eins, ist Geist, ist mit allem verbunden). Das gesamte Universum mit allem, was darin ist, stellt nichts anderes dar, als einen unglaublichen schöpferischen Gedanken des Ur-Schöpfers. Alles entstand in seinen Gedanken. Wenn wir also schaffen, sind es in Wirklichkeit seine Gedanken, die es erschaffen, da wir denken, was ES denkt, wenn wir es denn mitzudenken wagen!
Und ES denkt dabei in der vollkommenen Ordnung der 7 Wahrheiten. Metanoia! So wird man zum besagten AWI!

> *Irgendwann kommt jeder zur Ein-sicht.*

Der Stoff des Geistes ist die neutrale Ursubstanz, die ursprüngliche Quelle reiner Energie, die wir mittels unserer kontrollierten Gedankenkraft durch die übrigen sechs Wahrheiten formen.

Letztlich werden wir die erste Wahrheit, die des Geistes und seiner Mentalität, erst umfassend erfassen, wenn wir auch die anderen sechs Wahrheiten verstanden haben, denn sie zeigen uns wiederum nur auf, wie die erste Wahrheit charakterlich wirkt und für uns anwendbar ist.

Da Geist alles ist und auch die Materie selbst aus „Geiststoff" (durch Informationen angeordnete Energie) besteht, wird sie durch die mentalen Eigenschaften des Geistes beherrscht.

Materie selbst ist also nur eine Verdichtung einer Energie, die man gewöhnlich „Geist" nennt. Man könnte demnach behaupten, dass Erscheinendes eine Art Materieillusion ist. Nicht dass sie tatsächlich eine nichtexistente Illusion wäre, nur unsere bisherige Vorstellung davon ist eine haltlose Illusion.

Realität an sich existiert nicht.
Nur die Interpretation davon.

Die Materie ist und zugleich ist sie nicht. Ein Paradox, das sich auflöst durch den Blick hinter die Trennungsillusion der dualen Welt.

Denn wenn man völlig hilflos den Gezeiten der Umstände und der harten Materie gegenübersteht, so ist die Machtlosigkeit die wahre Einbildung. Wir sind keineswegs hilflos, nur wir wissen dies so oft nicht. Woher auch!
Doch haben wir alle Eigenschaften und alle Fähigkeiten in uns, als Geist mittels der mentalen Kraft unserer Gedanken zu schöpfen. Ganz ähnlich wie der allmächtige Geist, aus dem wir „geworden" sind. Nach den Gesetzen ist genau dies das Ziel.

Da ist nichts, nur das Bild von Materie
auf einer Leinwand reiner Energie.

Wir wissen durch die Erkenntnisse der heutigen Wissenschaft, dass Materie nur schwingende Energie ist. Gedanken sind ordnende Energie.

Ist nun die Ordnungskraft der Energie des Gedankens größer als die der Materieumstände, dann werden diese sich verändern müssen. Das kann man im Alltag nutzen und das wahre SELBST kann sich freien Ausdruck verleihen.

Das SELBST ist also nicht so ungreifbar, oder? Sehen Sie in den Spiegel. Wer ist das? Was sind Sie, wenn Sie den Pfad der Individualität hinter sich lassen? Sie werden erkennen, dass Sie als ein Teil des Einen, auch das Eine sind. Denn G.O.T.T. ist fraktal. Das bedeutet: Das Kleine ist im großen Ganzen und ist nur ein verkleinertes Ganzes mit allen in ihm enthaltenen Potenzialen.

Fraktal bedeutet: Selbst der kleinste Teil davon enthält das Ganze und sei es lediglich als Potenzial, so wie eine Eichel den gesamten Eichenbaum enthält, der aus ihr entstehen wird, wenn die Zeit reif ist.

Die 7 Gesetze, die Wahrheiten, folgen in der Schöpfung sogar einer bestimmten Mathematik: der fraktalen Mathematik der Fibunacci-zahlenreihe, in der die ganze Schöpfung aufgebaut ist. Mit ihr erklären sich der Goldene Schnitt und die Heilige Geometrie in der Blume des Lebens.

Wissen Sie, wie sich Gemüse fühlt? Kennen Sie Romanesco? Das ist eine Kreuzung aus Brokkoli und Blumenkohl. Bei diesem Gemüse ist im Kleinsten auch immer das Ganze abgebildet.

Das ist Fraktalität. Die dritte Wahrheit der Analogie, welche noch folgt, geht darauf genauer ein.

> *„Unter und hinter dem Universum von Zeit,*
> *Raum und Wechsel kann man die substanzielle*
> *Wirklichkeit, die fundamentale Wahrheit finden."*
>
> *Der Meisterweg des Kybalion*

Will man sein SELBST, den AWI erkennen, muss man nur genau die fraktale Spur in sich selbst verfolgen.

Oder: Welches ist die Adresse Gottes?
Na Sie sind es!

Geist bedeutet Bewusstsein. Bewusstsein bedeutet, sich seines SELBST gewahr und bewusst zu sein. Je klarer und bewusster das geschieht, desto „erleuchteter" ist man.

Alles hat auf seiner Ebene eine Art von Bewusstsein. Ein Mensch hat ein anderes Bewusstsein als ein Birnbaum. Doch beides bedient sich eines mentalen Mechanismus, den man „Denken" nennen könnte.

> *„Das Alles-was-ist ist in allem.*
> *Und da alles im Alles-was-ist ist,*
> *ist es gleicherweise wahr,*
> *dass das Alles-was-ist in allem ist.*
> *Dem, der diese Wahrheit wirklich versteht,*
> *ist große Weisheit gekommen."*
>
> *Der Meisterweg des Kybalion*

Bewusstsein hat jedoch von sich aus keine Form, der Verstand kann aber nur Form erkennen. Doch der Geist hat keine Länge, keine Breite oder Höhe und schon gar kein Gewicht. Man kann ihn nicht anfassen oder bestimmen, denn Geist ist als Erstes formlos und kann so jede Form annehmen, die er haben will, sofern er sich bewusst ist, dass er genau das kann.

Der einseitige Verstand aber versucht immer nur verzweifelt, die verschiedenen Formen in der Welt zu katalogisieren und zu etikettieren, um sie später verwenden zu können oder eine Orientierung zu haben. Er kennt den Unterschied zwischen einem Auto und einem Nashorn, aber etwas Formloses wie der reine Geist und das Bewusstsein sind ihm zu hoch.
Deshalb ist in unserer vom Verstand beherrschten Welt so wenig Platz für die Belange des Geistes. Die Ratio kann ihn weder katalogisieren noch in eine Schublade stecken und leugnet somit die Ebenen des Geistes einfach.

Bewusstsein ist nicht gleichzusetzen mit dem Verstand. Der Verstand ist eine meist begrenzte Auswirkung des Bewusstseins (= reiner Geist), der dahinter wirkenden Kraft. Der Verstand ist nur ein Spiegel, das Bewusstsein ist aber das eigentliche Bild.

Sind wir uns unseres reinen Bewusstseins bewusst, dem Erkennen des eigenen Geistes, dann bedeutet das, dass wir das wahre „Ich" erkennen und bald das „Ich bin" der Liebe erfahren.

Alles ist Energie oder Energie in eine Form gebracht (= Information). Die Form der Materie entsteht aus der Information des reinen unmanifestierten Geistes.

Der Geist, der allen Dingen Leben verleiht,
ist die Liebe.

In der Regel erfährt man aber den Geist nur als ein „Ich" und ein „Du". Das eine ist hier, das andere dort. Eine innere Welt und eine äußere

Welt, getrennt von meinem „Ich". Man ist abgetrennt, jedenfalls fühlt man sich so.

Denn alles, was eine Form hat, kommt ursprünglich aus dem formlosen Geist und dieser drückt sich durch die Form aus. Aber die Trennung ist letztlich die nötige Illusion als Basis der Erfahrungen in Begrenztheit.

Der erwachte Geist ist sich aber der Einheit bewusst und hat eine andere Ebene. Eine Ebene, die für die Meisterschaft und wahre Bewusstseinshaltung der Liebe wichtig ist – und am wichtigsten für die mentale Transmutation, welche uns hilft, negative Energien umzupolen, um Positives dadurch noch effektiver zu erreichen. Es ist wichtig zu lernen, mit dem reinen Bewusstsein viel vertrauter zu sein als mit dem oberflächlichen Verstand.

Wie drückt sich Bewusstsein aus? Durch Gedanken.
Was denkt? Das Gehirn.
Nein, das Gehirn ist nicht das Ding, was wirklich denkt – es ist nur ein Energiewandler. Es ist das eine Bewusstsein, das denkt; es wird nur durch das Gehirn und den Verstand begrenzt oder gefiltert.
Das Phänomen der *Savants* (Inselbegabte), das oft mit Autismus einhergeht, ist ein gutes Beispiel für die freigelegten Fähigkeiten.

Das nun sind Menschen, die manchmal nur eine einzige Sache können, aber das besser als irgendjemand sonst auf der Welt: ein junger Mann etwa, der in Sekundenschnelle, schneller als ein Taschenrechner, mit unglaublichen Summen mathematisch jongliert, aber sich dafür nicht selbst die Schuhe binden kann. Oder man fragt einen anderen *Savant*, welcher Wochentag der 17. März 1431 war, und in einer Sekunde sagt er das richtige Ergebnis, zum Beispiel: Montag.
Berühmte Beispiele dafür sind Kim Peek (er war die Vorlage für die Hauptfigur in dem Film *Rainman*) und Daniel Tammett.

> „Zwar weiß ich viel, doch möcht' ich alles wissen!"
>
> Johann Wolfgang von Goethe

Rechnerisch ist es nicht möglich, ein solches Maß möglicher Daten zu erfassen und zu verarbeiten. Ein Gehirn kann einfach nicht so schnell denken, weder mathematisch noch biologisch. Das lässt nur den simplen Schluss zu, dass etwas anderes uns denkt und dass erst durch die Krankheit oder Eigenart des Gehirns eines *Savants* eine Tür geöffnet wird zu einzigartigen Fähigkeiten.

Durch die *Savants* erkennen wir, dass es größere Möglichkeiten im Geist gibt, als wir bisher ahnten. Sie sind der Beweis für die mentalen Fähigkeiten, die der Mensch tatsächlich hat. Vielleicht sind sie in gewisser Weise „normal", weil sie nicht mit dem Gehirn allein zu denken scheinen, oder sie denken synchroner, d.h. ihre linke und rechte Gehirnhälfte arbeiten harmonisch zusammen.

Die 7 Wahrheiten sind eine Möglichkeit, unseren Geist so weit zu befreien, dass wir in ähnlicher Weise das wahre Potenzial in uns erwecken können.

Wir sehen auch an medial veranlagten Kindern, was mittels des Geistes möglich ist. Besonders auffällig waren Mitte der 1990er-Jahre einige chinesische Kinder, welche unglaubliche Dinge, wie Telekinese und Ähnliches allein durch die Kraft ihres Bewusstseins vollbrachten. Ein kleines Mädchen zum Beispiel ließ nur mit ihrer Gedankenkraft einen kleinen Gegenstand – eine Tablette oder eine Münze – widerstandslos durch die Wand eines geschlossenen und versiegelten Glasgefäßes wandern. Und das vor den Augen der Wissenschaftler.

Oder ein anderes Mädchen von sechs Jahren, das im Publikum Tausende von geschlossenen Rosenblüten verteilen ließ, und mit einer kleinen Handbewegung dafür sorgte, dass sich alle Blüten gleichzeitig öffneten – ebenfalls vor den Augen der Zuschauer. Ist das ein Wunder?!
Doch solche Dinge gab es schon immer in der Geschichte, nur dass sie heute scheinbar häufiger vorkommen. Damals, in den 90er-Jahren waren es ein paar Hundert, heute sind es unzählige Kinder, die solches vollbringen.[5]

„Welch ein Meisterwerk ist der Mensch! Wie edel
durch Vernunft! Wie unbegrenzt an Fähigkeiten!
In Gestalt und Bewegung wie bedeutend und
wunderwürdig! Im Handeln wie ähnlich einem Engel!
Im Begreifen wie ähnlich einem Gott!"

William Shakespeare

Das ist nur ein Ausdruck der Möglichkeiten des Geistes und es scheint
so, dass diese Kinder noch so rein in ihrem Wesen sind, dass sie ganz
automatisch nach den Gesetzen des Lebens handeln, da sie sich ihrer
selbst auf ursprünglichere Art bewusst sind.
Es war nie anders: Der Geist herrscht über die Materie. Die Gedankenkraft, kultiviert nach den 7 Wahrheiten, vermag Unglaubliches! Das ist
ein kleiner Blick hinter die begrenzende Illusion.

Der Kunst des Lebens besteht darin,
die materielle Welt zu genießen,
aber ohne sich in ihrer Illusion zu verlieren.

Jeder Mensch kann jederzeit aus der Unwissenheit gegenüber dem
Leben in das Wissen des Lebens eintreten und bewusst das Erbe der
Vollkommenheit antreten. Dadurch verändert er die Welt. Denn
Gedanken schaffen und verändern. Ihre Gedanken und Ihr Bewusstsein
schaffen Ihre Erlebniswelt.

Das alles lässt nun den Schluss zu: Sie sind Geist, und Geist bestimmt
die Umstände. Nur wenn man das nicht weiß, passiert nichts. Dann
liegen die wahren schöpferischen Fähigkeiten brach. Denn ist die Gedankenkraft unkontrolliert, geschieht auch unkontrollierte Schöpfung
und das ist „oft" mehr als einfach nur sehr chaotisch.

Die erwähnten Kinder scheinen die Fähigkeit zu besitzen, ihre Gedanken wie mit einer Laserstrahltechnik zu bündeln – im Gegensatz zu

den normalen Menschen, deren Gedankenkraft eher einer Gieskannen-technologie ähnelt! Wird die Gedankenkraft zerstreut, wie bei Stress, wird nichts geschehen.

Die Bündelung der Gedanken kann man erreichen durch die Synchro-nisierung der Gehirnhälften und durch das Erlernen der bewussten Erzeugung einer tieferen Gehirnwellenfrequenz, so wie in meinem Buch **Das Prinzip** ausführlich erläutert. Die Energien der Gedanken kann man außerdem mit dem Wissen um die 7 Wahrheiten effektiv bündeln.

Allein die Beherrschung der Energien unserer Gedanken wird an die Stelle des Zufalls die Ordnung der bewussten Schöpfungen treten lassen.

Vollmacht ist eine Frage des Energielevels (Prana).

Wenn uns die Tragweite dieser Wahrheit entsprechend klar ist, besitzen wir den Schlüssel für die nachfolgenden Wahrheiten.
Denn diese Wahrheiten erklären genau, warum und wie alles und jedes der energetischen Herrschaft des Geistes unterworfen ist.
Dabei offenbaren sie die wahre Natur vom Fluss der „Energie" und „Stoff", dem Warum, und wie der Geist durch seine Gedankenenergien über alles regieren kann. Ohne diesen Hauptschlüssel ist Meisterschaft unmöglich, und der Schüler pocht vergeblich an die vielen Tore des inneren Tempels.
Erst wenn wir diesen Meisterschlüssel fest in der Hand halten, können sich die Pforten zur Ordnung des Universums für uns öffnen. Zuletzt kann damit der Schüler die vielen Tore des geistigen und psychischen Tempels des Wissens öffnen und ihn frei und verständnisvoll betreten.

Es geht in dieser ersten und einfachen Wahrheit simpel darum, seine eigene Göttlichkeit zu akzeptieren und nachfolgend zu denken wie ein Gott.

Das Bewusstsein bestimmt das SEIN. Gedanken schaffen und sind Mittel zur Veränderung. Gedanken sind reine schöpferische Kraft. Die mentale Vorstellung schafft die Gedankenformen. Und wie der Schöpfer, erschafft auch unser Wort – als die Tat der Gedanken.

Das mächtigste Werkzeug des gesamten Universums ist somit der bewusste reine Geist in dem Wissen seines energetisch wirkenden Selbst. Erkennen wir uns als Geist, so erkennen wir, dass wir unvergänglich und unsterblich sind. Es gibt keinen Tod mehr. Das Einzige, was stirbt, ist der Tod selbst und seine kalte Angst. Das, was bleibt, ist die Liebe, denn Liebe ist die Verbindung und ist Einssein.

> *Die Kraft der Anziehung zieht nur etwas*
> *zu uns, der Geist aber verbindet.*

Es gibt keine isolierte Kraft oder Wahrheit, alles ist eins im Geist der mentalen Verbindung.
Das ist der Grund, weshalb viel von dem guten Samen auf unfruchtbaren Boden fällt – Verbindung, nicht Anziehung!

2 Die Wahrheit von Ursache und Wirkung

Symbolbedeutung – Kausalität als die Bewegung des Bewusstseins

Jede Veränderung beginnt mit einer kausalen Entscheidung.

- Jede Ursache hat eine Wirkung.
- Jede Wirkung hat eine Ursache. Jede Aktion erzeugt eine bestimmte Energie, die mit gleicher Intensität zum Ausgangspunkt zurückkehrt.
- Alles geschieht gesetzmäßig, Zufall ist nur die Bezeichnung für ein unbekanntes Gesetz.
- Es gibt viele Ebenen der Ursächlichkeit, aber nichts entgeht dem Gesetz.

Dies ist die Wahrheit von Ursache und Wirkung, auch „Kausalität" (lat. *causa*: „Ursache") genannt.

Das Gegenstück dazu ist unerklärliche Mystik, Aberglaube, auch blinder Glaube an ein willkürliches Schicksal und missverstandenes Karma.

Jedes Denken und Handeln ist nur ein beständiges Setzen einer sich auswirkenden Ursache. Der Wirkung geht immer ein entsprechender Impuls der Ursache, eine Entscheidung, voraus.

Kausalität ist das Verhältnis, in dem Wirkung und Ursache zueinander stehen. Die Physik zum Beispiel versucht bei Ereignissen den Zusammenhang zwischen Wirkungen und Ursachen systematisch darzustellen. Durch physikalische Gesetze werden Ereignisse (Wirkung) auf zeitlich früher liegende Ursachen zurückgeführt. Das heißt, die Ursache liegt logischerweise zeitlich immer früher als ihre Wirkung. Erst setzt der Geist eine Ursache, die dann eine Auswirkung im Erleben finden muss.

Der besagte Geist ist das, was als Ursache das Wirken im Sichtbaren (Materie, Licht, Wärme usw.) wie im Unsichtbaren (morphogenetische Felder, Vormaterie, Wahrscheinlichkeitsfelder usw.) ist und die Dinge schafft.

Jede Aktion hat eine gleiche Reaktion
in die andere Richtung zur Folge.

Oder: Aus dem, was wir ursächlich los-schicken, formt sich unser Schick-sal.
Wir alle können durch bewusstes Handeln, indem wir neue konstruktive Entscheidungen treffen, unser sogenanntes Schicksal verändern. Denn „Glück", „Zufall" und „Paradox" sind nur Bezeichnungen für die noch nicht erkannte Wahrheit dahinter.
Jeder Mensch ist in der Tat wahrhaftiger Schöpfer, Träger und Überwinder seines Schicksals und kann dieses durch rechte Erkenntnis zu einer aktiven Bestimmung wandeln. Wir haben deshalb tatsächlich die liebevolle Verantwortung für unser eigenes Leben und das unserer „Mitmenschen".
Jeder Gedanke, jedes Gefühl, jede Tat ist eine Ursache, die eine Wirkung hat.

„Jede Ursache hat ihre Wirkung,
jede Wirkung ihre Ursache. Alles, was geschieht,
geschieht gesetzmäßig, Zufall ist nur der Name
für ein unbekanntes Gesetz."

Der Meisterweg des Kybalion

Das Gesetz kann wie folgt zusammengefasst werden: „Auf jede Aktion folgt eine gleich starke und der Aktion entgegengesetzte Reaktion."

Die Wirkung entspricht der Ursache in Qualität und Quantität. Gleiches muss Gleiches erzeugen.

Formel: Aktion = Reaktion

Dabei kann die gesetzte Ursache als Aktion auf vielen Ebenen liegen, sei es mental durch unser Denken oder emotional durch unser Fühlen. All das sind Energien, in Aktion gesetzt, welche eine entsprechende Antwort als Reaktion darauf haben. Es gibt somit keinen Zufall und keine Willkür.
Gedanken, Worte und Taten sind genauso ursächliche Energien wie Gefühle. Diese Energie dehnt sich aus und zieht sich wieder zusammen und bringt per Resonanz Entsprechendes mit sich.

Alles geschieht in Übereinstimmung mit dieser Gesetzmäßigkeit. Jeder Gedanke und jede Tat setzen eine Ursache, die unvermeidlich Wirkungen nach sich zieht – angenehme wie weniger angenehme.

„Alles, was der Mensch ist, entsteht aus seiner Weis-
heit, und alles, was er sein wird, verursacht er selbst."

Smaragdtafeln XI

Würde allein nur diese eine Wahrheit von Ursache und Wirkung in den Schulen gelehrt werden, wäre unsere Welt eine völlig andere.

Durch dieses Versäumnis bleibt der Schüler unwissend und weiß nichts darüber, dass er sich allein durch das Setzen entsprechender Ursachen leicht ein gutes Leben erschaffen könnte.

Wie kam es nur dazu, dass man heute tatsächlich glaubt, dass Mais wachsen würde, wenn man Weizen aussät?!
Früher wusste doch jeder einfache Bauer, dass das nicht geht. Man kannte noch das Gesetz von *Saat und Ernte* aus dem alltäglichen Leben. Es wird Zeit, dass dies den Schülern wieder gelehrt und ihnen diese Wahrheit nicht weiter vorenthalten wird.

Es gibt keine Wirkung, keinen Erfolg, kein Geschehen und keine Folge ohne eine vorausgehende, dem entsprechende (analoge) Ursache.

> *„Ein wissender Mensch wird nicht glauben,*
> *dass Glück und Leid ohne Ursache entstehen!"*
>
> Siddhartha Gautama

Auf den Trobriand-Inseln im Südpazifik lebte ein Volk, das keinen Bezug zwischen der Geburt eines Kindes und der Zeugung herstellen konnte. Und so meinten sie, Kinder würden durch göttliche Umstände im Leib der Frauen „entstehen", wenn diese ein bestimmtes Alter erreicht hätten.
Wie sollte es denn auch anders sein? Die neun Monate von der Zeugung bis zur Geburt waren nach dem Verständnis dieses Volkes ein viel zu langer Zeitraum, als dass es die Zeugung und das Neugeborene in einen kausalen Zusammenhang hätte bringen können.

Jeder, dem ich bisher diese Geschichte erzählt habe, sah mich verständnislos an, so als ob der weiße Mann es besser wüsste. Doch der arme zivilisierte Mensch ist sich in den meisten Bereichen genauso wenig bewusst über Ursache und Wirkung. Denn gerade in unserer aufgeklärten Gesellschaft gibt es genug Beispiele dafür, dass wir mental nicht gerade viel weiter sind als unsere Brüder abseits der Zivilisation.

Lässt man den Stein los,
fällt er zu Boden.

Auch in unserer so zivilisierten Welt glaubt man ja, dass manche Wirkung aus dem Nichts käme.

Wie kann es zum Beispiel sein, dass das Bankkonto leer ist, obwohl noch so viele Tage von diesem Monat übrig sind?! Dass es mit dem neuen Partner doch nicht der erhoffte Himmel auf Erden ist und das Glück seltsamerweise vor einem flieht.

Der weiße Mann weiß es nicht besser, egal wie sehr er sich verzivilisiert, so hat er doch das Gesetz von Ursache und Wirkung genauso vergessen.

Doch: Was der Mensch sät, das wird er auch ernten dürfen. Wie man in den Wald hineinruft, so schallt es auch heraus. Karma. Saat und Ernte. Ursache und Wirkung. Kausalität. Kismet. Es gibt viele Möglichkeiten, diese Wahrheit in Worte zu fassen. Jeder kann sich das aussuchen, was ihm am besten gefällt ...

Es ist mit allem dasselbe gemeint. Zum Beispiel *Karma*: Im Westen verstehen wir *Karma* meistens völlig anders als das, was das Wort von der ursprünglichen Wurzel her bedeutet. *Karma* ist ein Wort aus dem Sanskrit und bedeutet einfach „*Wirken, Tat*": die energetische Tat des Bewusstseins im Denken, im Sprechen und im Handeln. Das ist eine völlig neutrale Sache und hat nichts zu tun mit „etwas abbüßen" oder sonst irgendetwas Religiösem. Es bedeutet einfach nur, dass eine Tat, in welcher Form auch immer, eine Ursache gesetzt hat, welche als Wirkung wieder zu uns zurückkommen muss. Und dass auch eine Wirkung erfolgt, wenn man deren Ursache vergessen hat. *Karma* ist also nichts anderes, als ein anderes Wort für „Kausalität".

> „Alle Dinge entstehen aus einer Ursache.
> Wer dies erkennt, der sieht die Wahrheit."
>
> *Siddhartha Gautama*

Dabei ist, um ein praktisches Beispiel zu verwenden, das *Karma* eher mit einem Bankkonto für Energien zu vergleichen: Jede die Frequenz erhöhende positive Handlung gemäß der 7 Wahrheiten in Gedanken, Worten und Taten füllt das Konto mit Haben. Doch jede niedere Handlung führt zu Chaos: „Zufall" leert das Bankkonto und kann es sogar ins Soll bringen. Das Ziel ist nun, die positiven Energien überwiegen zu lassen und darauf zu achten, wie wir dadurch Wirkungen des „Schicksals" formen.

Am genauesten könnte man Karma frei mit „Aufgabe" übersetzen. Eine Aufgabe, die wir uns hier gesetzt haben, um bestimmte Erfahrungen zu machen.
Es hat also, kurz gesagt, rein gar nichts mit Schuld zu tun, sondern mit einem Ausgleich der Energien.

Entscheidend ist das Wissen darum, dass der Kosmos und auch unser Unterbewusstsein absolut wertfrei und neutral sind. Für beide existiert kein menschliches Denken in Kategorien – kein Gut oder Schlecht, kein Positiv oder Negativ, kein Schön oder Hässlich, kein Wertvoll oder Wertlos, eben keine Dualität, wie sie gewöhnlich erlebt werden muss. Die genannten Bezeichnungen geben wir den Dingen erst durch duales Denken.

Es gibt keine Sünde, keine Schuld, keinen Zufall und kein Glück an sich, sondern nur Ursache und Wirkung.

Alles ist gut,
alles dient zur Vervollkommnung.

Denn dazu müsste es ja ein Gut und Böse geben, wie die Medien es gern vermitteln – doch alles ist nur fraktal, alles besteht nur in unterschiedlichen Aspekten. Auch das Verständnis von Schuld ist nur ein Produkt der Unwissenheit bezüglich der kausalen Tatsachen und der augenscheinlichen Trennung (Dualität).

„Glück" und „Zufall" sind deshalb nur Bezeichnungen für die noch nicht erkannte Wahrheit der Kausalität. Nichts geschieht uns einfach „zufällig"!

Wir sind keinesfalls Opfer der Umstände, sondern in Wirklichkeit deren alleinige Ursache und somit die verantwortlichen Schöpfer. Auf jede Aktion erfolgt immer nur eine entsprechende energetische Reaktion. Das klingt zwar für zarte Ohren sicher hart, ist aber absolut gerecht, und es spricht nichts dagegen, dass man von einem Opfer zu einem Schöpfer wird, wenn man das will!

Früher half mir der folgende Gedanke, wenn etwas als unerwünschte Wirkung auf mich zurückschlug: *„Das habe ich selbst erschaffen und es gefällt mir nicht. So wie ich es eben erschaffen habe, kann ich es auch umerschaffen – einfach durch ein bewusstes Setzen einer neuen Ursache."* Eine simple Sache, die nur etwas Disziplin im Denken erfordert.

Ganz gleich, welche Form wir der Energie geben, wir werden sie zurückbekommen – „positiv" oder „negativ".

Die Energie, die ich durch einen entsprechenden Gedanken erzeuge, ist auch für mein Unterbewusstsein ein Befehl, und der Kosmos wird diesen Befehl zu 100 Prozent ausführen, da er nicht wertet. Da weder das Unbewusste noch der Kosmos Angst oder Negativität kennen, unterscheiden sie auch nicht zwischen „positiv" und „negativ". Ich liefere eine Energie, einen Befehl, und mein Unterbewusstsein arbeitet damit. Die Idee von Positivem oder Negativem, von Gut und Böse, entstammt als Frucht nur vom Baum (der Erkenntnis von Gut und Böse) der Dualität.

Alles, was passiert, hat einem bestimmten Grund.

In den Templer-Schriften wird erklärt, dass die Wahrheit der Kausalität kein willkürlich festgelegtes Gesetz, sondern ein metaphysischer Ablauf ist, der bewirkt, dass alles, was wir denken, von uns selbst in Erscheinung gerufen und somit materialisiert wird. Und dazu gehört ausnahmslos jede Lebenssituation.

Deshalb ist das Ziel die vollkommene Beherrschung der Frequenz der Gedankenkraft und dessen, mit was sie dabei in Resonanz tritt.

Da jedoch der Mensch nur erkennen kann, was er mit der Erschaffung von Gedankenformen bewirkt, wenn er alle – die positiven und die negativen – Auswirkungen am eigenen Leibe erfährt, sind wir der Wahrheit von Ursache und Wirkung und so dem Karma unterworfen. Dies, damit wir lernen in liebevollem Bewusstsein mit unseren Gedankenmächten umzugehen.

Die Schöpfung gab uns den freien Willen, damit wir das Leben selbst in seiner gesamten Fülle erfahren können. Hierbei ist es jedoch nicht so, dass uns das Leben vorschreibt, welche Dinge wir erfahren müssen. Es steht uns absolut frei, zu erfahren, was wir erfahren möchten. Ob wir uns dessen bewusst sind oder nicht, spielt hierbei keine Rolle, denn die Wahrheiten haben ihre Gültigkeit, auch ohne dass man sie kennt oder ihren Mechanismen entsprechend handelt.

> *„Schaue auf die Ursache,*
> *die Du schaffst und Du wirst sicherlich sehen,*
> *dass alles Wirkung hat."*
>
> *Smaragdtafeln XII*

Vielmehr ist es so, dass viele sich als Opfer der Umstände fühlen und nicht merken, dass sie dadurch selbst – auf energetischem Wege (= durch die Energie ihrer Gedanken, Worte oder Taten) – zu einem Opfer ihrer selbst geworden sind. Es gibt da, wie gesagt, keine Schuld, es gibt nur Unwissenheit aufgrund nicht gesetzmäßigen Denkens und eingeschränkter Denkgewohnheiten.

Jemand, der eine neue Ursache setzt, wird auch neue Ergebnisse erzielen. Wer sich <u>traut</u>, *metanoid* mit dem göttlichen SELBST zu denken, wird ganz sicher das Glück in seinem Leben ernten, da dies einfach immer nur erhebende und positive Ursachen setzt und setzten kann. Das ist kein Wunschdenken, sondern eine Tatsache, welche man jederzeit nachprüfen kann, und genau das sollte man auch dringend tun!

Sobald wir nun beginnen zu lernen, wie wir in Energien denken, wird das Ganze noch verständlicher werden: Reine Energie des Geistes ist an sich völlig wertfrei und liegt so außerhalb der engen Zwänge der Dualität. Hierbei bleibt es nur uns selbst und unserem Denken überlassen, wie wir die Energie einsetzen und mit welcher Frequenz wir diese aussenden. Die Frage ist: Machen wir aus ihr eine positive oder eine negative Energie, setzen wir sie konstruktiv oder destruktiv ein?

„Nimmst Du jemanden, wie er ist,
wird er bleiben, wie er ist, aber gehst Du mit
ihm um, als ob er wäre, was er sein könnte,
wird er zu dem werden, was er sein könnte."

Johann Wolfgang von Goethe

Jede Aktion zieht eine energetische Reaktion nach sich. Wenn ich jemanden ans Schienbein trete, kann ich keine Rosen erwarten. Esse ich zu viel Pizza, muss ich mich nicht wundern, wenn die Hose kneift.

Eigentlich alles logisch, aber es gibt einen Grund, weshalb oft genau das Gegenteil geglaubt wird: Gleichgültigkeit. Gleichgültigkeit ist der Virus, der uns die Wahrheit der Kausalität so richtig vernebeln kann. Eine Egal-Einstellung ist das Schlimmste im Universum. Denn Leben ist Bewegung, ohne Bewegung ist der Tod. Gleichgültigkeit ist ein unbewusster Zustand niedrigster Energie ohne Bewegung: Stillstand, Tod, von Außen gelebt werden oder von inneren Ticks und Verletzungen.

Gleichgültigkeit ist ein wandelndes Grab!

Dieser Zustand sollte unbedingt vermieden werden. Besser ist es, man übt den Urschrei, als dass man gar keine Ursache setzt!

Es ist immer der besagte Geist, also das jeweilige Bewusstsein, das eine kontinuierliche Ursache durch Gedanken und Worte setzt. Wenn wir agieren, wird es reagieren. Wenn wir die entsprechende Ursache setzen, bestimmen wir die Wirkung! Immer!

Jeder Gedanke, jedes Gefühl, jede Regung des Wesenskerns folgt einer analogen Ursache, welche sich gedankenschnell kugelförmig in rhythmischen Wellen ausbreitet. Diese umfasst zuerst die drei Dimensionen – Länge, Breite, Höhe. Des Weiteren umfasst sie auch die vierte und die fünfte Dimension. Das bedeutet, dass alles zu jeder Zeit möglich wird, genauer: schon abrufbar vorhanden ist, noch bevor wir es gedacht haben!

Zur Erklärung:
In der höheren vierten Ebene der Dimension, der Zeit, ist jede gesetzte Ursache wie die der Gedanken nicht zeitlich gebunden, sondern omnichronolog, also in der Zeit allgegenwärtig wie die Akashachronik (siehe Glossar) oder das Massenbewusstsein. Man könnte sagen, dass in höheren Ebenen deshalb Ursache und Wirkung eins sind. Sie sind zur gleichen „Zeit". Man kann also schon haben, bevor man hat. Das entspricht dem „Ich-bin-Gedanken", also einem schöpferischen Gedanken im Jetzt der Gegenwart. Ein Meister weiß darum. Deshalb setzen auch die gewünschten Wirkungen bei ihm schneller ein als bei denen, die in zeitlichen Abfolgen denken.

> „Wisse, dass Du ständig weitergehst,
> getrieben durch das Gesetz
> von Ursache und Wirkung,
> bis am Ende beide eins werden."
>
> *Smaragdtafeln XII*

Im feingliedrigen Griechischen ist das schön zu sehen, denn da gibt es für unser einziges Wort „Zeit" zwei Worte: *Chronos* und *Kairos*. *Chronos* bedeutet die lineare Abfolge der „Zeit", wie die meisten sie im Alltagsbewusstsein kennen und allein an der Bewegung des Uhrzeigers sehen, wogegen *Kairos* für einen genau definierten Zeitpunkt steht, in der die Ursache ihre vorherbestimmte entsprechende Wirkung hat. Nicht vorher und nicht nachher.

Das bedeutet für uns: Nachdem sich unsere Gedanken als Ursache auf den Weg gemacht haben, treffen sie in der scheinbar linearen Zeit auf etwas von gleicher Resonanzfrequenz und verbinden sich. Aber in Wirklichkeit und im unsichtbaren Energetischen passiert das schon in dem Moment (eigentlich schon lange davor), in dem der Gedanke denkend losgeschickt wurde. Zur bestimmten Zeit, also im besagten *Kairos*, erfolgt die entsprechende Wirkung. Je höher das Bewusstsein des Denkenden schwingt, desto präziser und schneller seine Wirkung. Es ist jetzt und deshalb ist der höchste Ausdruck dafür „Ich bin" – eine Ursache mit einer im Idealfall gleichzeitigen Wirkung!

Sind wir dadurch im Fluss des Lebens, also in der noch folgenden fünften Wahrheit der Harmonie, werden wir deshalb zu genau dem richtigen Zeitpunkt im *Kairos* am richtigen Platz sein, wo das höchste Potenzial für uns bereitsteht, entsprechend unseres ausgesandten Gedankens. Das ist programmierter Erfolg!

Als Nächstes offenbart sich dadurch die besagte fünfte Dimension, welche die Verbindung mit allem ist und in der sich die ersten vier Dimensionen auflösen zu einem Schein. Dies geschieht, da hier die Erkenntnis liegt, dass alles Eins ist. Dies ist die Ebene des **Prinzips**. Kausale Meisterschaft ist das Verständnis vom machtvollen „Ich bin" und so vom „Haben, bevor man hat".

Man nennt das auch den Matthäus-Effekt:

> *„Denn wer da hat, dem wird gegeben werden,*
> *dass er Fülle habe; wer aber nicht hat,*
> *von dem wird auch genommen, was er hat."*

Jesus in Matthäus 25,29

Das **Prinzip** ist so einfach, wie wir es verkomplizieren. Ich habe einen bestimmten Gedanken, und je mehr ich über diesen bestimmten Gedanken nachdenke, umso stärker wird er, da sich seine Energie dadurch addiert, sich dabei geradezu aufschaukeln kann. Mit diesem Gedanken setze ich die Ursache. Die Folge dieser gesetzten Ursache ist – was auch immer der Gedanke war –, dass er einmal als Wirkung in mein Leben eintreten wird.

Wenn man nun des Öfteren eine gleiche Ursache setzt, spricht man von Kontinuität. Das ist eine fortgesetzte Ursache für eine ebenso fortgesetzte Wirkung.
Darum ist Kontinuität schon immer das Rezept der Erfolgreichen gewesen.

> *Wisse, dass die Zukunft*
> *nicht festgelegt oder stabil ist,*
> *sondern sich immer verändert,*
> *wenn eine Ursache eine Wirkung hervorbringt.*

Smaragdtafeln XII

Zufall – etwas, dessen Ursache wir nicht kennen, nennen wir „Zufall". Umgangssprachlich wird dann der Begriff „Zufall" verwendet, wenn ein Ereignis nicht kausal erklärbar ist. Hinter der Zeit, die einen das Vergessen der ehemaligen Ursache lehrt, liegt das Gesetz von Ursache und Wirkung verborgen. So erscheint uns manches als ein zufälliges Geschick.
Es fällt einem wieder zu, was man als Ursache gesetzt hat. Zufall ist nur eine verschleierte Wirkung.

Zufall ist so gesehen verwandt mit dem Gedanken des unvermeidbaren Schicksals, eines „Karmas", das es abzutragen gilt, denn beides steht außerhalb unserer Kontrolle und trifft uns scheinbar völlig willkürlich. „Willkür" ist wieder nur ein anderes Wort für „Ungerechtigkeit". Und Ungerechtigkeit widerspricht dem Gedanken des Ur-Schöpfers in seiner Liebe.

Doch „Schicksal", in positiver Weise verstanden, bedeutet nur, man schickt etwas, was als Er-folg wieder in Folge zu uns zurückkehrt. Es ist neutralen Inhalts. Aus dem, was wir los-schicken, formt sich unser Schick-sal. Erfolgt das bewusst, entschwindet das Schicksal und an seine Stelle setzt sich die Wahrheit unserer freudigen Bestimmung. Es folgt ja immer nur etwas auf unsere Aktion, unsere Worte, unsere Gefühle und Gedanken. Jede Tat bringt nur – in völliger Gerechtigkeit – das, was wir als Ursache setzten, zu uns zurück. Das ist gerecht und hilft uns, selbstverantwortliche Wesen zu sein und ist doch letztlich das Salz in der Suppe des Lebens.

> „Ziel des Lebens ist die Selbstentwicklung.
> Das eigene Wesen völlig zur Entfaltung
> zu bringen, das ist unsere Bestimmung."
>
> Oscar Wilde

Dies alles beinhaltet, dass der Zufall nicht existieren kann und dass, da es verschiedene Ebenen von Ursache und Wirkung gibt, von denen die jeweils höhere Ebene die jeweils darunterliegende Ebene bestimmt, nichts gänzlich dem Gesetz entgehen kann.

Die Eingeweihten kennen aber die Kunst, sich über die gewöhnliche Kausalitätsebene zu erheben. Sie tun dies, indem sie sich geistig auf eine höhere Ebene erheben. So werden sie zur Ursache, statt der Wirkung unterworfen zu sein.

Die gewöhnlichen Menschen lassen sich fügsam leiten. Sie gehorchen allen Einflüssen, denen sie ausgesetzt sind: dem Willen und den Wünschen derjenigen, die mehr Macht besitzen als sie; ihren Erbanlagen; dem, was man sie glauben macht – und allen anderen äußeren Einflüssen, von denen sie gelenkt werden wie Bauern auf dem Schachbrett des Lebens.

Die Weisen hingegen erheben sich auf die nächsthöhere Ebene und haben Macht über die Ursächlichkeit ihrer Gefühle, ihres Charakters, ihrer Eigenschaften und verborgenen Kräfte und auch über ihre Umgebung. Sie werden zu Weisen und zur Elite des Geistes anstatt Bauern zu bleiben.

Sie spielen selbst das Spiel des Lebens, statt zum Spielball der anderen und der äußeren Einflüsse zu werden. Sie machen sich das **Prinzip** zunutze, statt nur ein unbewusstes Werkzeug zu sein.

> „Du bist Deine eigene Grenze.
> Erhebe Dich darüber."
>
> *Muhammad Sham ad-Din Hafes*

Im Kapitel „Neutralisation, mentale Transmutation und Karmaausgleich" werden wir dieser hohen Kunst, sich über die Grenzen zu erheben, noch genau auf den Grund gehen.

Ein Wissen, das bisher nur wirklich Eingeweihten zugänglich war!

3 Die Wahrheit von Analogie und Entsprechung

Symbolbedeutung – die fraktale Realität alles Erscheinenden

Was innen ist, wird außen.
Was war, muss wieder sein.

- Wie oben, so unten, wie unten, so oben.
- Wie innen, so außen, wie außen, so innen.
- Wie im Großen, so im Kleinen, wie im Kleinen, so auch im Großen.

Dies ist das Gesetz von Analogie und Entsprechung.
Das Gegenstück dazu ist die Rationalisierung, welche es unmöglich macht, größere Zusammenhänge zu verstehen und den Aufbau des Universums oder des eigenen Geistes zu erfassen. Das Gegenteil von Analogie ist somit der Gedanke der Einteilung in ein Schwarz und Weiß und ist einfach furchtbar antifraktal ...

Analogie (griech. Αναλογία: „Verhältnis") bezeichnet eine Form der Übereinstimmung von Gegenständen hinsichtlich gewisser Merkmale. Analogie bedeutet, dass etwas im Verhältnis zu etwas anderem steht. Für alles, was es auf der Welt gibt, gibt es auf jeder Ebene des Daseins eine Entsprechung.

Diese dritte Wahrheit besagt, dass es in allen Dingen auf allen Ebenen eine Analogie gibt. Wie es oben ist, so ist es auch unten, wie es innen ist, so ist es auch außen, wie es im Kleinen ist, so ist es im Großen und umgekehrt.

> *„Schau nach oben und nach unten.*
> *Du wirst das Gleiche finden.*
> *Denn alles ist nur ein Teil des Eins-Seins,*
> *das am Ursprung des Gesetzes liegt."*

Smaragdtafeln XI

Analogie begründet die besagte Fraktalität allen Seins und hilft uns, in die Augen unseres wahren großen Seins zu blicken, wenn wir seiner Spur folgen. Denn auch wir als „Individuen" sind Teil des großen Ganzen und nur eine analog „verkleinerte" Form dessen. Wir sind in Allem-was-ist und das Alles-was-ist, ist in uns.
Alles, was das Meer ausmacht, ist auch in einem einzigen Tropfen enthalten. Und alles, was dem Tropfen seine Eigenschaft verleiht, ist im Meer enthalten. Alles ist miteinander verbunden.

Der Mensch auf der Straße ist auch ich, so wie auch ich er bin. Alles ist in Wahrheit eins und ein und dasselbe, nur die Form des Ausdrucks variiert. Darauf ist unsere Welt des Scheins gebaut. Analogie erscheint – oberflächlich gesehen – wie eine Trennung durch diese unterschiedliche, mannigfaltige Auffächerung. Doch in Wahrheit stuft sich eben alles nur von einer Sache, von Allem-was-ist, ab und zeigt sich als jeweils individueller Ausdruck.

Es ist ein universelles Gesetz, denn es besitzt Gültigkeit auf allen Ebenen, im Materiellen, im Emotionalen und im Geistigen. Diese Wahrheit ist ein wichtiges Werkzeug, mit dem der Mensch die Hindernisse beiseiteschaffen kann, die durch den Schleier des Vergessens dem klaren Blick entzogen wurden.

„Das Bewusstsein, in seiner Selbstprüfung aufrichtig zu sein, ist die größte Form des Glücks."

All unsere täglichen Situationen entsprechen unserem „Inneren", unseren Gedanken, unseren Ausrichtungen und Überzeugungen. Es begegnet uns absolut gar nichts, was nicht irgendetwas in uns entspricht und mit uns zu tun hat. Ob von uns bewusst hervorgerufen oder nicht, alles hat einen Bezug zu uns, sonst würden wir nicht damit in Berührung kommen können.

Wir können daher das Große im Kleinen und das Kleine im Großen erkennen. Wie man innerlich ist, so erlebt man seine Außenwelt. Umgekehrt ist die Außenwelt ein Spiegel des inneren Zustands. Wenn sich das Bewusstsein einer Person verändert, so verändert sich entsprechend, zu einer gesetzten Zeit alles um diesen Menschen herum. Wenn wir diese Wahrheit verstanden haben, können wir dafür sorgen, dass uns nur noch das begegnet, was wir erwünschen.

Die Analogie ist am deutlichsten in der Physik zu erkennen:
Der für uns lange Zeit kleinste bekannte Baustein der physischen Materie war das Atom. Das Atom selbst setzt sich aber wiederum im Wesentlichen aus noch kleineren Protonen, Neutronen und Elektronen zusammen. Den Kern oder auch Nukleus des Atoms bilden Protonen und Neutronen und zuletzt kommt die Elektronenhülle, welche den Kern umgibt. Die „feste" Hülle entsteht auch nur durch die unglaublich schnellen Schwingungen der Elektronen um den Kern. Zusammengehalten wird das Ganze schließlich durch eine heute noch mystische elektromagnetische Kraft.

Was für eine Art Materie etwas ist, bestimmt also nur die Anzahl der jeweiligen Protonen, Neutronen und Elektronen. Alles besteht tatsächlich aus der gleichen Substanz. Wir unterscheiden die verschiedenen Atome also nur aufgrund ihrer jeweiligen Anzahl der Elektronen und

Protonen. So sprechen wir von 105 Grundelementen, von denen jedes nur dadurch existiert, dass es eine andere Zahl von Elektronen und Protonen aufweist, was auch aus dem Periodensystem der Elemente aus unserer Schulzeit ersichtlich ist. Das ist das Einzige, was die Elemente voneinander unterscheidet.
Doch auch das Elektron beispielsweise besteht aus etwas – nämlich aus energetischer Schwingung.

Der Mensch ist ein Universum in einem Universum.

Auch die Größenverhältnisse in unserem Universum stehen in dieser abgestuften Analogie zueinander. Im Makrokosmos wie im Mikrokosmos herrschen die gleichen Gesetzmäßigkeiten und es regieren die gleichen Systeme. Die Architektur ist immer dieselbe: So wie unser Sonnensystem einen Kern hat (die Sonne), so hat auch jede Zelle und jedes Atom einen Zell- beziehungsweise Atomkern. Genauso hat eine Galaxie eine Zentralsonne oder ein schwarzes Loch, um das die Spiralarme rotieren, Analogie findet sich vom Großen bis zum Kleinsten und so geht es weiter bis es sich unserem Blick entzieht.

Aber alles scheint eine Schale zu haben und alles hat einen Kern wie manche Früchte. Das ist Analogie – der Aufbau unterscheidet sich nicht, nur die Größe! (Wie beim Romanesco, unserem fraktalen Gemüse.)

Dabei ist alles in Bewegung und pulsiert. Wie das Herz und der Atem in einem entsprechenden Rhythmus pulsieren, so tun es auch die Jahreszeiten in ihrem Wechsel bis hinauf zum gesamten Kosmos.
Alles tanzt in einem bestimmten Rhythmus. Und je größer etwas ist, desto langsamer erscheint sein Takt. Von der Planckzeit (siehe Glossar) bis zum Pulsieren des Universums.

Wie die Elektronen um den Atomkern kreisen, so kreisen die Sterne um die Sonnen.

Die Elektronen eines Atoms bewegen sich schneller um den Kern, als die Planeten sich um die Sonne bewegen. Aber es ist dasselbe. Wie im Kleinen so im Großen. Alles ist nur ein Fraktal vom anderen und von einer anderen Ebene, so wie die russischen Figuren *(Matrjoschka)* aus ausgehöhltem Holz. Die Figuren sehen alle gleich aus, nur stecken sie verschachtelt ineinander und unterscheiden sich lediglich in ihrer Größe.

Der Wissende kann dadurch auch für geistige Dimensionen ein Verständnis entwickeln.

Will man also auf das All schließen, muss man sich oft nur bücken und die Natur am Wegesrand beobachten. Die 7 Wahrheiten übersetzen uns die verborgenen Botschaften in der Natur durch die Wahrheit der Analogie.

Das Begreifen dieser Wahrheit gibt einem die Mittel an die Hand, manch unklaren Widerspruch auf allen Ebenen und manch verborgenes Geheimnis der Natur zu lösen. Es gibt Ebenen jenseits unseres Wissens, aber wenn wir die Wahrheit der Entsprechung auf sie anwenden, können wir viel verstehen, was sonst unbegreiflich für uns wäre. Wie Einstein, der seine Relativitätstheorie durch das Gedankenexperiment mit dem Lichtstrahl in einem fahrenden Zug durchführte und so auf das Verhältnis der Entsprechung – also der äquivalenten Analogie von Masse zur Lichtgeschwindigkeit und Materie zu Energie – schloss. So entstand die Relativitätstheorie. Albert Einstein, der gute alte Hermetiker, bewies mit seiner weltberühmten Formel $E=mc^2$, dass Energie und Materie äquivalent sind, also Materie auch analog als Energie aufzufassen ist.

Diese Wahrheit der Analogie und Entsprechung ist die Wahrheit der Wissenschaft. Man müsste nur diese Grundsätze anwenden: Wie im Kleinen so im Großen, wie im Großen so auch im Kleinen. Wie oben so unten, wie unten so oben.

Die Alten betrachteten diese Wahrheit als eines der wichtigsten geistigen Werkzeuge, mit denen der Mensch all die Hindernisse beiseiteschaffen konnte, die sich als das Unbekannte dem Blick entzogen.

So vermag diese Wahrheit unverständliche Paradoxa aufzulösen und verborgene Geheimnisse auf seelischer, geistiger und auch auf körperlicher Ebene zu lüften. Es gibt Ebenen des Lebens, über die wir nichts wissen, doch wenn wir die Wahrheit der Analogie auf sie anwenden, reicht unser Verständnis viel weiter als zuvor.

So befähigt die Kenntnis dieser Wahrheit der Entsprechung und Analogie den Menschen, seine Schlüsse zu ziehen – vom Bekannten zum Unbekannten. Zum Beispiel: Indem man das reine Bewusstsein des menschlichen Geistes erforscht, lernt man auch, das göttliche Bewusstsein zu verstehen, da alles eins ist und eine Abstufung des Einen darstellt. Paracelsus hatte das schon erkannt, als er sagte: „Mikrokosmos ist gleich Makrokosmos!!!"

Indem wir uns selbst kennenlernen,
lernen wir Gott kennen.

Alles wiederholt sich nur auf jeder Stufe, in jedem Grad und in jedem Größenverhältnis. Doch von was stuft es sich ab?
Vom ersten Gesetz, der Wahrheit des Geistes und seines Bewusstseinsfrakmentes. So ist alles in Wirklichkeit fraktaler Natur und besteht immer nur aus der gleichen einen „Substanz" des reinen Geistes, nur unterschieden in der Dichte und in der entsprechenden Anordnung: Alles ist so eine Abstufung der einen Sache. Gravitation, Magnetismus, Elektrizität, Photonen, das gesamte Lichtspektrum und letztlich die Materie – alles ist ein Ding! Alles entspringt dieser einen Sache, die denkend schafft.

Der Anfang ist der Gedanke, der auch das „leichteste Element" ist. Durch das „Heruntertransformieren" des Gedankens entstehen Vormaterie, dann Materie und Umstände.
„Alles ist Eins und Eins ist Alles" besagt nur, dass alles nur eine Abstufung des Einen ist. Von der Hintergrundstrahlung über die Gammastrahlung bis zum materiellen Tischbein.

Dabei handelt es sich zuletzt um das vereinte Feld oder auch die Welt-formel!

> *„Wie im Himmel, so auf Erden."*
>
> Jesus von Nazareth

Bei einem Meister dieser Wahrheiten beginnt immer alles zuerst oben, auf den höheren Ebenen der Wahrheiten, und bringt diese einfach herunter auf die niederen Ebenen der Materiewelt. Das werden wir noch näher betrachten.

Am Ziel unserer Reise durch die Dimensionen und Ebenen, wenn wir zum kosmischen Ursprung zurückkehren, werden wir alles wieder in uns selbst vereinigen und ein neues spannendes Spiel in der Abstufung der Analogie beginnen, um uns selbst zu erfahren.

Doch hier, für unseren Alltag heute, bedeutet das: Jede gesetzte Ursache ist ein Spiegel des vorherrschenden Bewusstseins. So wie Sie sich selbst erkennen – das, was Sie im Inneren (Bewusstsein) vorfinden –, das bestimmt, was Sie als Wirkung im Außen erfahren!

Wie innen, so außen.

Unsere Energien der inneren Emotionen, Ängste etc. spiegeln sich in Situationen im Außen wider. Wenn zum Beispiel Aggressionen nicht gelebt werden und sich im Inneren aufstauen, wird sich das im Außen in Situationen widerspiegeln, in denen eine Form der Aggressivität auf uns zukommt und energetisch ausgeglichen werden will. Ist dagegen innerer Frieden vorhanden, wird sich auch das Leben friedvoller gestal-ten. Das was innen ist, wird außen werden.

Unser energetisches Gefüge unseres Seinszustandes und unsere mentalen Ebenen des Geistes bestimmen die uns entsprechende Reali-tät in unserer persönlichen und weiter in der globalen Welt.

Dabei hilft uns die erste Wahrheit des Geistes.

Das Psychische ist so gesehen nur ein Abbild des Geistigen. Das Gehirn ist ein Abbild dessen, was denkt!

Wenn wir begreifen, dass ausschließlich der Geist, der im Karton des kleinen Körpers steckt, die alleinige Ursache setzt, so ist es nur logisch, dass wir einfach die Sicht unseres Geistes, also unsere bewusste Wahrnehmung von uns selbst und der uns umgebenden Welt verändern können, entsprechend dem, was wir gern haben wollen.

So verändert sich dieser Wahrheit entsprechend alles Äußere analog dazu – entsprechend unserer Ausrichtung, wie es den Wahrheiten des Lebens entspricht. Dies formiert unsere Gedankenenergien, um das schaffen zu können, was wir wünschen.

Von innen nach außen, von oben nach unten, das ist der Tanz der Gezeiten des Seins.

4 Die Wahrheit von Anziehung und Resonanz

Symbolbedeutung – die Resonanz des ausstrahlenden Bewusstseins

„Um Eure Stimmung oder Euren mentalen Zustand zu ändern, ändert Eure Schwingung."

Der Meisterweg des Kybalion

- Gleiches zieht Gleiches an und wird durch Gleiches verstärkt.
- Ungleiches stößt sich ab.
- Nichts ist in Ruhe, alles bewegt sich, alles ist in Resonanz zu etwas Anderem mit gleicher Frequenz.
- Alles hat eine bestimmte Frequenz und steht in Resonanz zu etwas.

Resonanz von lat. *resonare*: „Widerhall"

Dies ist die Wahrheit von Anziehung und Resonanz. Das Gegenstück dazu ist Abstoßung und Stillstand. Eine Täuschung durch die besagte augenscheinliche Trennung der Dinge.

Abstoßung entsteht durch ungleiche Frequenzen, sodass keine Resonanz zum entsprechenden Objekt aufgebaut werden kann. Stillstand ist die erwähnte Gleichgültigkeit, wodurch jede Bewegung und jede Erfahrung unmöglich gemacht wird. Diese Gleichgültigkeit kommt dem Gedanken des Todes am nächsten.

Im Oxford-Wörterbuch wird der Begriff „Resonanz" folgendermaßen definiert: „Reaktion einer Schwingung auf ihre eigene Frequenz." Das menschliche System, seine Mentalität, ist ein reines Schwingungssystem auf jeder Ebene. Sei es körperlich, seelisch oder im Bereich des Geistes. So steht das ganze System immer unweigerlich in Resonanz zu etwas, da nichts ohne Frequenz sein kann und immer etwas aussendet und demzufolge entsprechend mit Sogwirkung anzieht. Wie diese Sogwirkung funktioniert, wird später noch erklärt.

Wir leben in einem in unzähligen Abstufungen schwingenden Universum. Diese Tatsache wurde von der modernen Quantenphysik inzwischen teilweise nachgewiesen. Alles hat eine einzigartige Frequenz in sich.

Wenn man bedenkt, wie viel Forschungsarbeit sich die Wissenschaft hätte sparen können, wenn sie einfach diese hermetischen Lehren miteinbezogen hätte, dann wäre sie heute vielleicht schon zu wesentlicheren und fundamentaleren Erkenntnissen vorgedrungen.

> *„Wer die Wahrheit der Schwingung versteht,*
> *hat das Zepter der Macht ergriffen."*
>
> *Der Meisterweg des Kybalion*

Diese Wahrheit erklärt, dass alle Unterschiede zwischen den verschiedenen Manifestationen der Materieerscheinung, der Energie, der Gedanken und sogar des Geistes selbst, im weitesten Maße von den verschiedenen Graden der Schwingung abhängen. Vom reinen Geist bis hinunter zur gröbsten Form der Materie ist alles in Schwingung einer jeweils bestimmten Frequenz. Je höher die Schwingungsfrequenz ist, desto höher die Position in der Skala, die von der Materie bis zum Geist reicht.

Genauso verhält es sich auch mit den Farbfrequenzen: Rot hat die längste Wellenlänge, dann folgen Orange, Gelb, Grün, Blau, Indigo und zum Schluss kommt Violett. Weitere Farben kann unser Auge nicht wahrnehmen ebenso wenig wie die elektromagnetischen Wellen.

Wellentyp	Wellenlänge
Radiowellen	> 30 cm
Mikrowellen	1 mm - 30 cm
Infarot	700 nm - 1 mm
Sichtbares Licht	350 nm - 700 nm
Ultraviolett	10 nm - 350 nm
Röntgen	0,01 nm 10 nm
Gamastrahlen	< 0,01 nm $1 nm = 10^{-9} m$

Wellenlängen

Die unterschiedlichen Frequenzen kann man sich auch so vorstellen wie bei einem Ventilator. Je schneller die Rotation, desto weniger sieht man die Rotorblätter. Es dreht sich so schnell, dass das physische Auge die einzelnen Rotorblätter nicht mehr wahrnehmen kann. Genauso können wir nur einen bestimmten Bereich der uns umgebenden Frequenzen wahrnehmen.

Unsere langsamen physischen Sinne können höhere Frequenzen nicht wahrnehmen. Je höher die Frequenz, desto weniger ist ein Objekt mit unseren Sinnen erfassbar. Aber es ist noch immer da, nur in einer anderen „Dimension" – von uns aus betrachtet. Kein Messgerät kann es mehr erfassen, obgleich es irgendwo existent ist.

Wir haben keine Wahrnehmung für Töne, die über einer Frequenz von 20 000 Hz oder unter einer Frequenz von 20 Hz liegen. Dort aber existieren durchaus Töne, nur haben wir als Menschen kein Sinnesorgan das dafür geeignet ist, sie wahrzunehmen, eine Fledermaus dagegen schon, genauso wie ein Elefant, weil beide über ein ganz anderes Wahrnehmungsspektrum verfügen.

Je schneller sich nun ein Objekt – wie beispielsweise ein Rad – dreht, desto höher wird der Ton, den man dabei hört. Der Ton wird mit Erhöhung der Drehzahl höher, bis wir ihn schließlich gar nicht mehr hören können. Aber er ist noch da, er liegt nur außerhalb unseres menschlichen Wahrnehmungsspektrums.

Je langsamer die Drehung, desto tiefer der Ton. In Ruhe vernimmt man aber keinen Ton. Doch nichts Erscheinendes ist in völliger Ruhe; wir nehmen es zwar nicht wahr, doch auch die einzelnen Atome sind in stetiger Bewegung der Eigenschwingung.

> *„Alles ist in Bewegung!"*
>
> *Nikola Tesla*

Da alles Energie ist und Energie immer Bewegung sein muss, um energetisch sein zu können.

Dabei täuschen wir uns, wenn wir meinen, dass es nur das gibt, was wir auch sehen können. Denn dann dürfte es auch keine Liebe, keine Radioaktivität und kein Ultraviolett geben, weil wir diese auch nicht mit unseren Augen erfassen können.

Daher: Je höher etwas schwingt, desto transzendenter und spiritueller erscheint es uns.

Die Schwingung des transzendenten Geistes ist so fein, so subtil und dabei das Mächtigste überhaupt. Während am anderen Ende der Skala die groben Formen der Materie stehen, welche doch nur eine Folge des feinen Geistes sind.

Je transzendenter also die Frequenz ist, desto höher die Stellung (und die Wirkung) der Erscheinungsform auf der Stufenleiter des Daseins.

Zwischen diesen Polen auf der Skala gibt es unzählige Grade verschiedener Frequenzen. Vom Festen im Atom bis zu den Welten im Universum, über elektromagnetische Wellen wie Licht und Wärme und am Ende die geistigen Ebenen ist alles in höherer schwingender Bewegung.

Wie genau funktioniert Resonanz?
Resonanz setzt eine Frequenz voraus. Eine Frequenz von was? Das Einzige, was eine Frequenz schaffen kann, ist ein Bewusstsein. Das ergibt sich aus der ersten Wahrheit, der des Geistes.

Alles hat eine Frequenz. Atome schwingen immer in ihrer Frequenz. Ein Wasserstoffatom schwingt in einer anderen Frequenz als ein Goldatom.

Alles, was eine Frequenz hat, steht somit auch in Resonanz zu etwas, hat also eine Resonanzfrequenz. Die Stärke der Resonanz ist die Stärke des Ausschlags (Amplitude) der Schwingung. Diese steht in Abhängigkeit zur eingebrachten Energie aus Gefühl und wahrem Wissen.

Bewusstsein ist eine statische Frequenz, einem Sender vergleichbar, der fähig ist, ein bestimmtes Programm zu senden. Gedanken und Gefühle sind dabei die ausgesandte dynamische Frequenz, also der Inhalt des Programms. In diesem Falle das schöpferische Programm. Diese dynamische Schwingung der Frequenz ist es, die Materiewellen bildet, welche sich zur entsprechenden Materie verdichten.

Gewöhnlich denken wir bei Schwingungen und Frequenzen an Töne, die vom Ohr wahrgenommen werden. Die Ohren erfassen aber nur einen kleinen Bruchteil des Spektrums. Die Vibrationen aller Dinge bilden ihr eigenes Energiemuster: Felsen, Stecknadeln und Pflanzen unterscheiden sich nur voneinander durch ihre eigene Schwingungszahl. Jedes Molekül im Körper wird im Zusammenhang mit allen anderen deshalb an seinem Platz gehalten, weil es auf seine Frequenz programmiert ist. Wir wissen, dass subtile Materie, von der wir früher glaubten, dass sie aus kleinsten Teilchen bestünde, jetzt als eine Wellenerscheinung identifiziert ist. Schwingungen der Frequenz sind einfach sogenannte Materiewellen, welche sich zu Materie verdichten.

Aus Masse wird Energie –
das bedeutet Druck/Entropie.
Aus Energie wird Masse –
sie entsteht durch den Gedanken.

Faraday hat als Erster das elektromagnetische Feld der Resonanz als erschaffendes Element der physikalischen Realität begriffen. Heute wird von der Wissenschaft diese unsichtbare Erscheinung der nichtlinearen Bindung als Resonanz anerkannt.

Resonanz ist das gemeinsame Schwingen von Dingen oder Wesen. Wir kennen die Analogie aus der Musik. Eine angeschlagene Stimmgabel zum Beispiel überträgt ihre Schwingung auf eine andere Stimmgabel gleicher Größe beziehungsweise eine Instrumentensaite desselben Tons.

Wenn jemand ein hohes C singt, kann es sogar passieren, dass es die Eigenfrequenz eines Glases so aufschaukelt, dass es in der Tat zerspringt. Das versinnbildlicht, wie stark eine Resonanz wirken kann.

Um es noch plastischer zu machen: Schlage ich einen einzelnen Ton auf dem Klavier an, so schwingen die anderen Saiten des Klaviers, welche auf denselben Ton gestimmt sind, immer mit.

Wenn ich in einem Musikgeschäft mit vielen Instrumenten kräftig genug eine A-Ton-Frequenz, in diesem Falle mit 440 Hz anschlage, so schwingen alle Saiten, welche auf A gestimmt sind, mit, egal ob bei einer Gitarre, einem Bass oder bei einem anderen Klavier. Dieses Mitschwingen ist Resonanz. Denn alle auf A gestimmte Saiten, stehen in Resonanz zum Ton A.

Auch wenn die Töne eine Oktave höher oder tiefer in den Ebenen der Harmonie mit dem angeschlagenen Ton sind, solange sie in Resonanz zueinander stehen, fangen sie an zu schwingen.

Ist der jeweilige Ton A bei einem Instrument verstimmt auf sagen wir 432 Hz, werden die Saiten der anderen Instrumente beim Anschlag nicht so stark resonieren können, als wenn sie genau gestimmt wären. Deshalb ist eine reine Frequenz – oder man könnte auch blumiger sagen ein „reines Herz", das ganz sich selbst ist –, wichtig für eine eigene starke Frequenz, die man anschlagen kann und so in eine große Resonanz geht zu dem, was dieser Resonanz entspricht.

Man muss wissen, was man will, damit man Resonanz dazu haben kann!

Das persönliche Verhalten bestimmt die persönlichen Verhältnisse und die gesamten Lebensumstände. Wir sind, was wir tun. Wir ziehen all das in unser Leben, was den täglichen Handlungen, Gedanken und Emotionen entspricht.

> *„Im Herzen eines Menschen*
> *ruhen der Anfang*
> *und das Ende aller Dinge."*
>
> *Leo Tolstoi*

Da jeder Gedanke, jede Emotion und jede daraus resultierende Tat einer bestimmten Frequenz entspricht, zieht diese bestimmte Erfahrungen oder Umstände an, die ähnlich schwingen.
Stehen so nun zwei Dinge miteinander in Resonanz, müssen sie nach dieser Wahrheit einander anziehen.

Resonanz und Anziehung sind deshalb ein und dasselbe, da es ohne Resonanz keine Anziehung gibt. Gleiches zieht immer Gleiches an und nur Gleiches bringt – durch die Resonanz – Gleiches zum Schwingen und verstärkt es so. Alles, was dieselbe Frequenz in seiner Schwingung trägt, alles also, was in Resonanz zueinander steht, muss sich anziehen und verbinden.
Auch könnte man sagen, ein Magnet steht in Resonanz zu Eisen oder zu einem anderen Magneten: Er sucht Verbindung. Verbindung ist vielleicht die typischste Eigenschaft des Universums in seiner Liebe.

Es wird immer nur die Eigenfrequenz der Gedankenenergie ausgesandt, welche sich wellenförmig hyperschnell durch den Raum bewegt. Diese Energie dehnt sich aus, und so weit, wie sie sich ausdehnt, muss sie sich auch wieder zusammenziehen. Das Ausgesendete strebt dabei als natürliche Konsequenz zur Verbindung mit einem Gegenstand derselben Resonanzfrequenz und schafft letztlich so die eigentliche

Anziehung. Es ist, als ob man dadurch ein Lasso auswirft und dann das, wozu man in Resonanz steht, zu sich herzieht.

> *„Glücklich ist nicht,*
> *wer anderen so vorkommt,*
> *sondern wer sich selber dafür hält."*

Seneca

Die Art der Frequenz des Bewusstseins bestimmt also demnach die Manifestation, wobei jeder einzelne Gedanke seine eigene Frequenz hat, welche die entsprechenden Dinge miteinander verbindet.

Die Gedanken eines Menschen ähneln in ihrer Funktion einem Radioempfänger. Der Senderwahlknopf wird am Tag einige tausend Mal auf andere Frequenzen eingestellt, eben genauso oft, wie verschiedene Gedanken gedacht werden. Bei diesen Tausenden von Gedanken täglich merkt man oft gar nicht mehr, welcher Sender auf Empfang geschaltet wird oder war.

Aus diesem wirren Gedankenchaos werden einige der Gedanken zu Worten und diese Worte manifestieren sich dann als „Zickzack"-Alltagsgerede, was als Folge logischerweise, dazu analog den sogenannten „Zufall" hat.
Es gibt aber keinen Zufall. Alles, was ein Mensch denkt oder in Worten ausdrückt und was immer er tut, kommt irgendwann zu ihm zurück. Nur sieht er meistens keinen Zusammenhang zwischen dem Gedachten und dem Gesagten und dem, was dann als Folge daraus auf ihn zukommt, so wie die bereits erwähnten Eingeborenen auf den Trobriand-Inseln im Südpazifik.

Ein Radioempfänger, welcher auf UKW (Ultrakurzwelle) eingestellt ist, kann auf dieser Frequenz unmöglich Langwelle empfangen.
Will man nun ein bestimmtes Programm empfangen, muss man einfach nur die richtige Frequenz am Radioempfänger einstellen. Dann hat man

Empfang (= die richtige Resonanz) und kann gemütlich der Musik lauschen.

Ein Beispiel: Ist ein Mensch verärgert, ist er für Liebe nicht empfänglich und umgekehrt kann er auch keine Liebe geben. Sender und Empfänger müssen die gleiche Wellenlänge wählen, um einen Austausch haben zu können. Dabei nehmen wir immer nur die Bereiche der Wirklichkeit wahr, mit denen wir in Resonanz stehen.

Auch die Aussage: „Jeder sieht nur das, was er sehen will", beruht auf der Resonanz. Man sieht nur, was man in sich selbst schon hat. Und so „zieht Gleiches auch wieder Gleiches an". Man pflegt auch zu sagen: „Die Umwelt ist ein Spiegel deiner selbst." Wir haben das um uns, womit wir in Resonanz stehen.

Das gesprochene Wort erzeugt Schwingung und dadurch entsteht Polarität, denn jede Bewegung des Geistes in der Begrenzung erzeugt Gegensätze (entgegengesetzt gerichtete Bewegungen und somit die augenscheinliche Dualität). Das Aussprechen eines Wortes ist ein Werkzeug der Macht, denn es gibt dem Gedanken Form und Ausdruck. Worte bekleiden einen Gedanken mit einer Matrix von Schwingungen, verstärken ihn und erleichtern ihm den Weg in die duale physische Welt der Materie und des Handelns.

Man erntet jeden Tag das, was man gestern gesät hat. Gutes wie weniger Erfreuliches.

Spricht man nur Dinge aus, die von positiver Energie und erhebend sind, dann wird genau das zu uns zurückkehren.

Eine gute Übung ist es daher, seine Gedanken eine Zeit lang, vielleicht ein paar Tage, zu beobachten. Man wird dann sehr bald merken, dass man schon immer sein Leben selbst geschaffen hat. Da ist keine Spur vom Schicksal mehr!

Je stärker und reiner die Denkfrequenz ist, desto schneller und stärker das Resultat als Resonanz zum Gegenstand des Begehrens. Praktisch bedeutet das für unser neues Denken: Alles, worauf Sie einen Augenblick lang Ihre Aufmerksamkeit richten und worauf Sie sich konzentrieren und es dann gleich einem Pendel wieder loslassen, wächst und resoniert.

Dauerhafte Anziehung entspringt einem dauerhaft anziehenden Bewusstsein!

> *„Wenn Du aufhörst,*
> *es zu suchen,*
> *findest Du das Glück."*
>
> Johann Wolfgang von Goethe

Wichtig ist es, zu wissen, um wahre Verantwortung übernehmen zu können: Nicht die Umstände bringen Gedanken hervor, sondern die Gedanken bringen die Umstände hervor! Gedanken sind die Macht des Universums und wir können sie nur durch die 7 Wahrheiten kontrollieren und für uns bändigen. Es scheint gerade so, als ob wir ein Spiel der Reife spielen wollen, um uns dadurch selbst an unsere Verantwortung als Mitschöpfer zu erinnern. Als ein schöpferischer Geist!

Die stärkste Resonanz und somit die stärkste Sogwirkung der eigenen Gedanken hat letztlich das SEIN. Man sollte daher mit allen Konsequenzen völlig man SELBST sein (nicht das Ego ist gemeint), denn je stärker die eigene Frequenz und je reiner diese sich entfalten kann, desto stärker die ausgesandte Energie, zu der etwas in Resonanz stehen kann. Das bestimmt entscheidend die Wunschfrequenz und die Wunschgeschwindigkeit.

Versuchen Sie erst gar nicht, etwas zu werden, seien Sie. Was nicht die gleiche Energie und Frequenz in sich hat wie Ihr Sein und was nicht dem entspricht, was im Kern Ihres Selbst vorherrscht, wird nicht angezogen, sondern abgestoßen. Liebe zieht an, Angst stößt aber das Gewünschte ab.

Ohne die entsprechende Affinität kann es niemals zu einer Manifestation kommen.

Für unser neues Denken bedeutet das praktisch: Alles, worauf Sie Ihre Aufmerksamkeit richten und worauf Sie sich konzentrieren und es dann wieder loslassen, wächst und verstärkt sich. Es resoniert und kehrt zu Ihnen, als dem Ausgangspunkt, zurück. Das geschieht immer, denn alles strebt zur Harmonie. Auch die persönlichen Wünsche in ihrer eigenen Bestimmung.

Das bringt uns zu einer weiteren Wahrheit über die Ströme der schöpferischen Energien.

Die Wahrheit von Harmonie und Ausgleich

Symbolbedeutung – wenn zwei Dinge/Potenziale eine Unendlichkeit bilden, strebt es nach oben.

„Der Fluss allen Lebens heißt Harmonie."

Der Meisterweg des Kybalion

- Alles strebt zur Harmonie und zum Ausgleich.
- Der Anziehung geht immer eine Leere (Vakuum, das durch Loslassen entsteht) voraus, die sich ausgleichen muss.
- Das Stärkere bestimmt das Schwächere und gleicht es sich an.

Harmonie, von griech. *harmonia*: "Vereinigung von Entgegengesetztem zu einem Ganzen". Dies ist die Wahrheit von Harmonie und Ausgleich. Das Gegenteil dazu ist Chaos und Dissonanz durch verschiedene Energiepotenziale der Polaritäten.

„Wisse, dass Weisheit nie vergeht, sie existiert, seit die All-Seele begann. Sie erschafft Harmonie aus dem Chaos durch das Gesetz, das auf dem Weg besteht."

Smaragdtafeln IX

Jede durch eine Ursache erzeugte Resonanz strebt auch immer nach einem energetischen Ausgleich durch die Vereinigung mit der gegenläufigen Polarität. Das bedeutet, schöpferische Resonanz sucht die Verbindung gleicher Frequenz, um sich dann in Manifestation zu wandeln; dies ist der Ausgleich. Dieser fließende Prozess wird „Fluss des Lebens" genannt.

Das Leben besteht nicht in einzelnen Akten, es ist ein stetiger Fluss ...

Finden nun zwei Pole zueinander, kann erst ein Ausgleich durch Verbindung entstehen. Sie passen sich entweder einander an oder aber sie heben die gemeinsame Frequenz an, bis sie gleich schwingen, so lange, bis letztlich Harmonie entsteht. Vollendete Harmonie ist Frieden.

Ausgleich ist ein Aspekt des Karmas. Findet Ausgleich jedoch nicht statt, so entsteht „Karma". Dies ist einfach eine nicht ausgeglichene Polarität, die als reine Energiedifferenz erhalten bleibt bis Erlösung in einem Ausgleich, zum Beispiel durch die Manifestation eines Wunsches, stattfindet. Das ist der Grund, weshalb ein Wünschen mit Erfolg eine gute Möglichkeit ist, Leid und besonders bindendes Karma und Anhaftung abzutragen.

Diese entstandene Spannung des Karmas ist es, die dafür sorgt, dass wir so lange mit immer wiederkehrenden, gleichartigen Problemen konfrontiert werden, bis wir diese gelöst haben.
Unsere Gefühle, unsere Gedanken und Wünsche werden hierbei zu ursächlichen Auslösern, die irgendwann auf uns zurückfallen oder erfüllt werden müssen, so lange, bis sich alles ausgeglichen hat und man lebenssatt in der selbstgeschaffenen Harmonie ruhen kann.

Das bedeutet glücklicherweise, dass, ganz egal, was Sie bisher erlebt haben mögen, alle Dinge im Begriff sind, sich auszugleichen – wenn man sich dem Fluss des Lebens nicht in den Weg stellt. Und man stellt sich nicht in den Weg, indem man zum Beispiel nicht an Vergangenem festhält oder indem man vergeben oder loslassen kann.

Man könnte sagen: Alles wird irgendwann immer vollkommen durch Ausgleich.

Alles ist am Ende gut,
und wenn es nicht gut ist,
ist es nicht das Ende.

Hierdurch haben wir allerdings auch zwangsläufig in vollem Umfang die eigene Verantwortung für unser Leben, auch wenn die meisten Menschen dies von sich weisen, egal wie offensichtlich es durch die kosmischen Gesetze auch wird.

Das ist verständlich, doch wir selbst haben uns einmal ganz bewusst für dieses Spiel entschieden und so können wir sicher sein, dass alles, was noch eines Energieausgleichs bedarf, sich erfüllen wird. Nichts geht verloren, Energie verschwindet nicht, sie wandelt sich nur um. Alles ist vollkommen und strebt nach Vollkommenheit! Unsere Wünsche und Sehnsüchte und auch das, was wir noch lernen wollen – sogar das Leid – alles wird sich so erfüllen. Das muss es aber nicht, wenn man weiß wie die Wahrheiten wirken …

Auch hier sieht man wieder die absolute Gerechtigkeit der kosmischen Gesetze. Eine Gerechtigkeit, die selbst nicht wertet, sondern neutral den Gesetzmäßigkeiten folgt.
Schieße ich einen Ball gegen eine Mauer, kommt er mit derselben Wucht zurück. Wie man in den Wald hineinruft, so schallt es heraus. Schreie ich laut, kommt ein lautes Echo zurück. Rufe ich nicht ganz so laut, kommt auch ein leiseres Echo zurück.

„Glück ist es, wenn sich das,
was Du denkst, sagst und tust,
in Harmonie befindet."

Mahatma Gandhi

Den Ausgleich zur Harmonie sehen wir in der vollendeten Natürlichkeit der uns umgebenden Schöpfung. Diese Wahrheit erzeugt in der Schöpfung stetig eine unweigerliche Tendenz, dass sich zwei Dinge (Pole) mit verschiedenen Potenzialen ausgleichen wollen. Zum Beispiel haben Säuren den Drang, sich mit Basen auszugleichen und so zu Neutralsalzen wie unserem Speisesalz zu werden, das aus saurem Chlor und basischem Natrium besteht. Wenn wir kaltes und warmes Wasser zusammenschütten, verbindet es sich miteinander. Heißes und kaltes Wasser harmonisiert sich sofort – ohne irgendeine Abgrenzung – auf diese Weise zu lauwarmem Wasser. Auch ein Gewitter ist nur ein Zusammentreffen von kalten und warmen Luftmassen. Durch Blitz und Donner schaffen sie sich den Ausgleich. Durch Ausgleich entsteht immer große Harmonie. Auch ein Elektronengefälle (elektrochemische Spannungsreihe) sucht immer seinen Ausgleich, indem es Elektronen austauscht. Die Spannung eines durch die Sehne gespannten Bogens, gleicht sich aus durch das Abschießen des Pfeils. Die Spannung steht für den „Druck" des Vakuums, der dem Sog immer vorausgeht. Diese Wirkung des Sogs wird gleich näher erklärt.

„Die Schwierigkeit einer Sache beruht nicht auf ihrer Größe, sondern darauf, die rechte Zeit zu erkennen."

Lü-Shin Ch'un Ch'iu

Das Gesetz des Ausgleichs finden wir so überall in der unberührten Natur, in der Physik und in der Chemie, einfach überall, sogar in unserem eigenen Körper: Ernähre ich mich artgerecht, so werde ich auch gesund sein. Esse ich Dinge, die zum Beispiel den Säurespiegel im Körper erhöhen, entstehen saure Potenziale, die wir „Schlacken" nennen. Doch können diese Säuren und die daraus entstandenen Schlacken durch entsprechende Basen wieder ausgeglichen werden, um sie so aus dem Körper zu leiten. Das nennen wir dann „Entschlackung".

Die Basenbäder aus meinem Buch *Stopp – Die Umkehr des Alterungsprozesses* wirken allein aufgrund dieser Wahrheit verjüngend, in diesem Fall in Form der Osmose, die reiner Ausgleich ist.

Hier zeigt sich diese Wahrheit als osmotischer Sog (Unterdruck) im biologisch-chemischen Bereich.

Stellt man der Gesundheit nichts in den Weg, so kommt es von ganz allein zu einer Homöostase, also der Selbstregulierung der Gesundheit: durch Ausgleich ungleicher Potenziale zur körperlichen Harmonie.

Das Universum funktioniert nur durch Unterdruck, Vakuum und Sog – alles das ist Energieausgleich und die Herstellung einer Harmonie. Es zieht immer alles zu sich hin ohne Anstrengung und ohne Entropie, sofern Bewusstsein da ist, das aufbauend denkt.

Und so funktioniert alles in der Natur erfolgreich nach dem Sog der Resonanz und seiner Anziehung. Dies ist die ergänzende weibliche, empfangende Wahrheit.

Energien müssen sich immer ausgleichen – auf allen Ebenen. So ist diese Wahrheit ein großer Aspekt der schon behandelten Kausalität, da sich die Ursache durch ihre Wirkung energetisch Ausgleich verschafft.

> *„Zu wissen, was man weiß, und zu wissen, was man tut, das ist Wissen."*
>
> *Konfuzius*

Das Leben besteht aus dem harmonischen Miteinander, dem Geben und Nehmen der Elemente und der Kräfte, die in der Schöpfung wirken. Durch Horten und Festhalten entsteht aber ein Stau, der auf Dauer sogar zu Krankheit und Tod führen kann. Leben ist Austausch, Bewegung. Verschiedene Wirkungen gleichen sich immer aus, sodass stets so schnell wie möglich Harmonie und Ausgleich hergestellt wird. Das Leben ist ständiges Geben und Nehmen. Das Universum lebt durch dynamischen Ausgleich in Leichtigkeit, Harmonie und Liebe. Geben und Nehmen sind verschiedene Aspekte des kosmischen Energiestromes.

Solange kein Ausgleich der Energien stattfindet, bleibt vieles in einem Zustand der Spannung und des Stresses. Doch wenn man die Wahrheiten nutzt, kann man den nötigen Ausgleich schaffen und die Erfüllung zur völligen Harmonie beschleunigen.

Sog ist nur möglich, wenn vorher ein Vakuum erzeugt wurde. Eine Anziehung kann deshalb nie ohne „Vakuumdruck" entstehen. Das ist entscheidend.

Das bedeutet: Ohne Energie aufzuwenden, um eine Ursache zu setzen, kann man keinen Sog erzeugen.

Wir wissen, wie schwer es sein kann, ein Marmeladenglas zu öffnen, wenn der Unterdruck darin zu groß ist. Haben wir diesen Druck mit unserer Muskelkraft aber überwunden, macht es „Pflopp" und das Glas ist offen. Und so wie die Luft plötzlich mit einem Mal in das Glas strömt, so löst sich auch die Spannung der Resonanz in ihrem Ausgleich. Das Hervorbringen eines bewussten Vakuums ist unabdingbar für den darauffolgenden Ausgleich.

> „Das Herz hat eine Vernunft,
> die der Verstand nicht begreift."
>
> *Blaise Pascal*

Vakuum steht für den Erwartungsrahmen, für Loslassen, für ein Tun-als-Ob, für das „Ich bin", aber auch für Dank:
Warum, zum Beispiel funktioniert Dankbarkeit so gut beim Manifestieren und beim Erschaffen der Realität?
Weil Dank das Haben bedeutet. Und wenn man hat, bevor man hat, sucht diese ausgesandte „Energie des Habens" einen Ausgleich durch die Verbindung im Außen mit der Sache, für die man dankbar ist. Alle 7 Wahrheiten werden dadurch in ihrer Funktion berührt!

Dank hält uns so in einer entspannten Haltung des Habens und nicht in einem Ringen um etwas, was nur logischerweise wieder eine Abstoßung provozieren würde. Wer hat, lässt los. Wer loslässt, ist in der

Ruhe der Gewissheit. Gewissheit ist Frieden, an dessen Ende immer Harmonie ist. Die Energien werden ausgeglichen. Von selbst! Je mehr Vakuum, also Unterdruck, Sie durch dieses Loslassen erzeugen, desto lauter „pfloppt das Marmeladenglas"!

Nur eine leere Form kann man füllen.

Ein Unterdruck ist natürlich das Gegenteil von Druck. Und ein Vakuum zu erzeugen bedeutet nichts anderes, als eine Leere zu schaffen. Das bedeutet, dass wir oft nur etwas aus der Hand legen, es einfach loslassen müssen, wenn es uns davon abhält, das Neue zu empfangen. Oder besser: Wir gehen einen Schritt im „Glauben", in Gewissheit (also wissend), und tun dadurch so, *als ob* es schon so wäre, weil wir wissen, dass die Ursachen schon gesetzt wurden. Das kann sich auch schon durch eine Haltung der Dankbarkeit ausdrücken.
Sog ist nur möglich, wenn vorher ein Vakuum erzeugt wurde. Das ist entscheidend. Das Hervorbringen eines Vakuums ist unabdingbar und auch gar nicht schwer. Es ist unsere natürliche Fähigkeit. Es hat viel mit Entspannung zu tun.

So ist ja auch Einatmen nur möglich, wenn die Lunge leer ist. Vakuum bedeutet loslassen, das Pendel loslassen. Ohne Kontrolle, wissend!

Harmonie ist, wenn das Pendel „stillsteht".

Eine kausale Ursache zu setzen ist auch immer damit verbunden, einen Unterdruck zu schaffen. Tue ich etwas über den „gesunden Verstand" hinaus, dafür aber in dem inneren Wissen, indem ich zum Beispiel meiner Berufung, meiner Bestimmung, meinen Wünschen, meinem Bauchgefühl, der Intuition oder meinem Herzensanliegen folge, wird sich das „Schicksal" dem stellen müssen.
Das vermeintliche Schicksal ist dabei manchmal wie ein bellender Hund, der die Zähne zeigt, und man weiß nie, ob er einen sofort an-

springt und zubeißt. Doch wir wissen, wenn wir keine Angst zeigen und schnurstracks auf den Hund zugehen, wird er sich mit eingezogenem Schwanz zurückziehen.

Darum ziehen oft die Ängstlichen den Kürzeren; sie lassen sich ein fremdes „Schicksal" aufzwingen, anstatt einfach einen großen Schritt in Bereiche jenseits der Vernunft zu wagen.

Die Energie des Stärkeren bestimmt die Kraft der Spannung des Unterdrucks. Die Stärke ist hier das Loslassen-Können, weil man in sich schon hat, bevor man hat („Ich bin!").

Je mehr wir also etwas loslassen können, weil wir es wissend schon haben, desto schneller kann es sich durch Ausgleich erfüllen.

Denn Energie gleicht sich immer aus. Immer!

Jeder Phönix braucht etwas Asche,
um aus ihr aufsteigen zu können.
Nur aus Chaos kann Ordnung entstehen.

Man bedenke: Nur durch den Druck und die Energiedifferenzen in dieser Welt ist es uns überhaupt möglich, schöpferisch zu sein und jede Schwierigkeit oder Krise zu meistern. Ohne etwas Chaos könnte man keine Ordnung schaffen.

Eine Krise ist deswegen immer eine Chance für uns. Oft erwächst aus dem größten Chaos dabei die schönste Ordnung, da auch Chaos und Ordnung wieder nur zwei Extreme einer einzigen Sache sind. Es gilt deshalb nur, das energetische Pendel (siehe mentale Transmutation) in die Richtung zu bewegen, die uns gefällt – in diesem Falle in Richtung Ordnung.

Das Stärkere bestimmt das Schwächere. Das bedeutet, dass der Intensität der Energie, die die Krise oder das Chaos bereitet hat, mit einer größeren Kraft von einer höheren Ebene der Ordnung aus entgegengewirkt werden sollte.

Liegt die Ehe in Trümmern, weil zum Beispiel der Ehemann seiner Frau zu wenig Aufmerksamkeit gegeben hat und deshalb die Scheidung droht, so schaffen wir den Ausgleich durch stärkeren Energieeinsatz in die andere Richtung: durch mehr Aufmerksamkeit. Das kann geschehen, indem wir uns mehr auf das konzentrieren, was uns am Partner anzieht, als auf das, was uns abstößt. Wir agieren so von einer höheren Ebene der Liebe aus.

Dabei ist der höher schwingende Partner immer auch der Stärkere (außer er wird geschwächt, zum Beispiel durch Stress) und dieser verändert und erhebt das, was weniger hoch schwingt. Wenn unsere Kraft größer ist als die Energie unserer Umstände, erfolgt immer ein Ausgleich gemäß unserer Absicht.

Der reine Geist, seine bewussten Gedanken, ist immer höher schwingender und somit stärker als die der Materieumstände, da er von einer höheren Ebene aus agiert. Und so ist es sehr viel leichter möglich, durch Gedanken unsere Welt zu verändern, sie in eine große Harmonie zu bringen.

Betrachten wir zum Beispiel eine Tasse Tee: Der heiße Tee wird kühler, während der Raum aber nur minimal wärmer wird. Die kleine Tasse Tee mit ihrem geringen Inhalt hat aber proportional mehr ihrer Energie eingebüßt als der Raum im Verhältnis mit seinem wesentlich größerem Volumen aufgenommen hat.

Der Raum ist nämlich nicht im Verhältnis 20 Grad wärmer geworden, während die Tasse Tee 20 Grad kälter wurde.

Das Größere, das Stärkere und das mit mehr potenzieller Energie bestimmen so das Kleinere, das Schwächere, das im Verhältnis weniger Energie hat. Diese Wahrheit ist besonders wichtig in unserem Alltag, denn unsere Stärke und unser Potenzial am Arbeitsplatz, in der Partnerschaft und in allen anderen Disziplinen des Alltags bestimmen unseren Erfolg und unsere Souveränität. Doch ist dies kein Mittel zu egoistischer Machtausübung, sondern ein Mittel zur Bewegung in einer liebevollen Harmonie mit unserer Umwelt.

Die Energie, um das Stärkere zu sein, beziehen wir daher allein aus der Ur-Liebe, von ihrer besagten höheren Ebene aus und aus der Identifikation mit dem **Prinzip** in uns.

6 Die Wahrheit von Rhythmus und Schwingung

Symbolbedeutung – Im Pendelschwung bewegt sich der Lauf des Lebens.

> *„Wer das Gesetz der Schwingung versteht,*
> *hat das Zepter der Macht erlangt."*
>
> *Der Meisterweg des Kybalion*

- Alles fließt hinein und wieder heraus.
- Alles besitzt seine Gezeiten. Alles steigt und fällt.
- Alles ist wie eine Pendelschwingung.
- Der Ausschlag des Pendels nach rechts entspricht dem Ausschlag des Pendels nach links.
- Nichts ruht, alles ist in Bewegung, Schwingung, Veränderung und in einer Umwandlung.
- Rhythmus ist ausgleichend.

Rhythmus von griech. ῥυθμός, *rhythmós*, beschreibt die Zeitstruktur und Abfolge, zum Beispiel in der Musik oder in der Biologie.

Dies ist die Wahrheit von Rhythmus und Schwingung. Das Gegenstück dazu ist Stillstand und Gleichgültigkeit, gleichbedeutend mit dem Tod.

Diese Wahrheit enthält das Wissen, dass in allem, was ist, sich eine Bewegung zeigt. Die eigentliche Konstante im Universum ist, dass sich alles verändert, alles schwingt, und dass es seine Schwingung durch Identifikation und deren Angleichung ändert. Nichts ist „in Ruhe", alles ist in Bewegung und Schwingung. Vom Größten bis in das Kleinste. Dies bestätigt uns der heutige Stand der Physik. Egal, ob wir in den Atomen nachschauen oder in der Bewegung der Galaxien.

„Alles fließt aus und ein, alles hat seine Gezeiten,
alle Dinge steigen und fallen,
das Schwingen des Pendels zeigt sich in allem,
das Maß des Schwungs nach rechts
ist das Maß des Schwungs nach links.
Rhythmus gleicht aus."

Der Meisterweg des Kybalion

Gut verdeutlicht wird dies durch die Schwingungen eines Pendels. Hier gibt der Ausschlag des Pendels oder das Maß des Schwungs auf der rechten Seite, den Schwung oder das Maß auf der linken Seite vor. Wie ein Pendel, welches ständig hin- und herschwingt von Plus zu Minus, auf und ab, hinein und hinaus, vor und zurück. Eine Pendelbewegung ist wie Ebbe und Flut, die in allen Bereichen der physischen, der astralen, der mentalen und der geistigen Ebene sich zeigt und wirkt.

Diese Wahrheit besagt, dass alles in einem ewigen gezeitenähnlichen Rhythmus hin- und herfließt. Wie das Ein- und Ausatmen. Diese Pendelbewegung vollzieht sich zwischen den beiden Polen der jeweiligen Extreme.
Nichts bleibt ewig bestehen, alles verändert sich.
Denn da alles Energie ist, muss die Energie, ihrer energetischen Natur gemäß, immer in Bewegung sein. Bewegung heißt aber auch an einem Punkt immer Veränderung. So spricht diese Wahrheit von dem Übergang der Energien in andere Energieformen.

Die Qualität der Energie bestimmt die Qualität der Erfahrung.

Alle Energien sind daher im Wandel, von absoluter Ordnung und Intelligenz bis zum Chaos der Entropie (zweiter thermodynamischer Hauptsatz). Eine Glühbirne wandelt beispielsweise die Elektronen des elektrischen Stroms über den Glühfaden in energetisch feinere Photonen und in Wärmestrahlung um. Die Energien werden nun also durch diese Abfolge nur umgewandelt in eine andere Daseinsform, um am Ende als diffuse unkohärente Energie zu verstrahlen, die nur darauf wartet, wieder durch Ordnungskräfte wie die des Geistes zu neuen Daseinsformen destilliert zu werden. Manifestieren ist also immer nur die Umwandlung vorhandener Energieformen in eine neue Energieform.

Die Einheit der Schöpfung manifestiert sich bei ihrer ständigen Ausweitung immer perfekt in Teilungen ihrer selbst. Und das erzeugt zwei Grundkräfte des Pendelschwungs: Ausdehnung und Zusammenziehung. Alles Geschaffene unterliegt dadurch einem ständigen Wandel durch Wachstum. Es gibt keinen Stillstand, nur unentwegte Bewegung.

Das Leben mit allem, was dazugehört, dehnt sich so in einer Progression von Zyklen aus und zieht sich ebenso wieder zusammen. Diese Zyklen sind von spiralförmiger Natur, sie verschmelzen in ständigen Wirbeln der Kraft und der Trägheit miteinander und wandeln sich um. Alles verkehrt sich zu gegebener Zeit in sein augenscheinliches „Gegenteil". Das ist eine Ebene der Wahrheit der Polarität.

Polare Energien als einander entgegengesetzte Teile, können nur durch bewusstes Zusammenführen harmonisiert oder in ihrer Frequenz verändert werden. Erfolgt kein Wandel von polarer Energie in Frequenz oder zu einer Einheit, entsteht als Folge Karma, welches sich zu seiner Zeit Ausgleich schafft.

Betrachten wir die Natur, so erleben wir überall einen Rhythmus von Werden und Vergehen, von Blühen und Welken, Tag und Nacht, Sommer und Winter, Leben und Tod, Wachen und Schlafen, Aktiv-Sein und Ruhen, Einatmen und Ausatmen, Lachen und Weinen, Geben und Nehmen. Alles vollzieht sich in einem ewigen Wechsel.

„Nichts ist so beständig wie der Wandel."

Heraklit

Es gibt in der gesamten Natur keine Erscheinung mit einem Anfang und einem Ende, ohne dass dieses Ende nicht gleichzeitig Anfang von etwas Neuem, etwas Gegenpolarem wäre. Auf jedes „Auf" folgt zwangsläufig ein „Ab". Alles atmet. Alles hat Rhythmus, der sich Ausgleich schafft. Es besagt, dass nichts stehenbleibt. Alles ist ein Fließen. Alles wechselt, aber nichts vergeht. Jedes Festhalten-Wollen von Dingen oder Situationen, auch von Schönem, führt irgendwann zum Unglücklichsein, da man dem Schönen nachtrauert. Aus vollem Herzen genossen und losgelassen, ist aber dieses Gefühl der Freude und der Harmonie des Glücks stets wieder fühlbar und sofort abrufbar.
Man überwinde Starrheit und lebe Flexibilität. Alles, was starr ist, muss zerbrechen.

„Wer ständig glücklich sein möchte,
muss sich oft verändern."

Konfuzius

Es ist gerade dieser Wechsel zweier Polaritäten, der „Lebendigkeit" im weitesten Sinne ausmacht. Ein Vorgang, der lediglich einen Anfang und ein Ende besäße, wäre gar nicht einzuordnen in ein Ganzes, wie es unser Universum ist. Erst durch das zyklische Geschehen entsteht eine Verbundenheit zum Ganzen.
Dadurch wird – zu seiner „Zeit" – aus der Polarität eine vollendete Einheit, die beide Pole umfasst.

Das ganze Universum kann in der Tat allein durch Begriffe wie „Vibrationen", „Rhythmen" und „Wellen" definiert werden, also durch Zustände der Energie als eine Folge von strukturierten, periodischen Phasen, die jedem Ereignis innewohnen. Dieses zyklische Geschehen sehen wir ebenso bei elektromagnetischen Wellen oder bei der Sinuskurve der Elektrizität, bis hin zur festen Materie, nur unterschieden in der jeweiligen Höhe der Frequenzen. So unterliegen auch Raum und Zeit dem Rhythmus mit dem Wechsel der Jahreszeiten, von Tag und Nacht, von Ebbe und Flut usw.

Manche östlichen Kulturen haben diesen Vorgang schon lange verstanden und haben diese wechselnden Kräfte, die sich gegenseitig ergänzen und doch augenscheinlich abstoßen, zum Beispiel als „Yin" und „Yang" bezeichnet.

Yin und Yang als die beiden Pole, zwischen denen das Pendel schwingt. Wer das Gesetz der Polarität verstanden hat, weiß, dass man jedes Ziel nur über den Gegenpol erreichen kann und nicht auf dem direkten Weg, wie die meisten Menschen es erfolglos versuchen. Wie das funktioniert, erfahren Sie in dem Kapitel „Wünschen" in Teil 2.

Endziel sollte es jedoch immer sein, beide Pole zu vereinen. Denn beide Seiten der Pole gehören untrennbar zusammen. Nur so können Einheit, Ganzheit, Gesundheit und Frieden entstehen.
Es gibt immer Aktion und Reaktion, Fortschritt und Rückschritt, einen Hoch- und einen Tiefpunkt. Das gilt für alle Bestandteile des Universums, die Sonnen und die Welten, die Menschen und die Tiere, den Geist, die Energie und die Materie.
Diese Wahrheit zeigt sich ebenso in der Entstehung und im Untergang von Welten, von Kulturen und Weltreichen in den vergangenen und in den kommenden Epochen (*A-Omega-Projekt*, siehe *Glossar*), im Fortschritt und im Niedergang von Nationen, im Leben aller Kreaturen und schließlich in den Gefühlen des Menschen.
Auch das oben erwähnte „*A-Omega-Projekt*" ist eine Folge des Pendelschwungs, was bedeutet, dass der Mensch letztlich erkennen muss, dass

er – da im Besitz der Gedankenkraft – selbst schöpferisch ist und alle seine Lebenssituationen selbst erschafft und nur durch Vereinigung der scheinbar gegensätzlichen Pole in Wirtschaft, Religion und im ganzen globalen Miteinander, eine fortwährende Hochkultur Bestand hat.

So wie die Yugas der indischen Zeitaltereinteilung, wonach ein Zeitalter das Ein- und Ausatmen des Schöpfers Brahman sein soll, und wie im griechischen Pendant zu den Yugas, den sogenannten Äonen (Äon, griech. αιών, aioon: „Ewigkeit", allgemein als Zeitalter bezeichnet).

> *„Das Alles, was ist, schafft in seinem unendlichen Bewusstsein zahllose Universen, die durch Äonen bestehen – und doch, für das All ist Erschaffung, Entfaltung, Verfall und Tod von Millionen von Universen nicht länger als ein Augenblick."*

Der Meisterweg des Kybalion

Das Pendel schwingt immer zu uns zurück. Außer man verändert so geschickt seine Eigenfrequenz, dass die Frequenz des ehemals Losgeschickten uns im Pendelschwung nicht mehr treffen kann. Denn durch die Änderung der Frequenz haben wir eine andere Resonanz.

Letzteres war für die Eingeweihten der wichtigste Anwendungsbereich dieser Wahrheit. Diese Wahrheit vom Rhythmus und vom Schwingen des Pendels zwischen den Polaritäten wurde zusammen mit den Methoden, wie diese neutralisiert werden können, von den Eingeweihten auf das Genaueste studiert. Ihre Verwendung ist grundlegend für die hermetische Alchemie zur Steuerung der Energie der Gefühle.

Derjenige, der in der Lage ist, diese Wahrheit zu erkennen, kann durch das Verändern der ausgesandten Frequenz den Rhythmus verändern. Diesem wichtigen Punkt ist im Verlauf des Buches ein ganzes Kapitel gewidmet.

*„Rhythmus kann durch die Anwendung der Kunst
der Polarisation neutralisiert werden."*

Der Meisterweg des Kybalion

An einem bestimmten Punkt – am sogenannten Bifurkationspunkt (das
ist der Tropfen, der das Fass zum überlaufen bringt) – kocht der Topf
über und bringt uns das Entsprechende.

„Negatives", das uns begegnet, ist nur wieder ein Anlass für neue Gedanken anderer, wünschenswerter und positiver Polarität. So schwingt
das Pendel in die gewünschte Richtung.

Deshalb ist Gleichgültigkeit so schädlich für den Fluss des Lebens:
Wenn die Bewegung aufhört, hören auch das Leben und das Erleben
auf!

*Alle Begrenzung besteht nur im Stillstand
der Bewegung des Geistes.*

Ein Beispiel für Gleichgültigkeit:
Angeregt durch die Forschungen Masaru Emotos, haben japanische
Schüler drei Behälter mit Wasser gefüllt und mit Reis bepflanzt.
Den ersten beschrifteten sie mit einem positiven Begriff wie „Liebe".
Den zweiten beschrifteten sie aber mit dem negativen Begriff „Dumm-
kopf".
Den dritten beschrifteten sie einfach gar nicht.
Das Ergebnis war: Im ersten Behälter wuchs sehr schmackhafter Reis.
Im zweiten Behälter wuchs fader Reis. Im dritten Behälter aber ver-
rottete erstaunlicherweise der Reis.
Nach Emoto ist nichts negativer als Gleichgültigkeit. [6]

Die schlimmste Krankheit überhaupt ist die Gleichgültigkeit. Die
Ansteckung kommt durch die Furcht: die Furcht, Dinge nicht ändern zu
können.

Konzentrieren Sie sich nicht auf das Problem, sonst können Sie die (vielleicht darin enthaltene) Lösung nicht sehen. Man muss weiter sehen als nur bis zum Problem. Man muss sehen, was sonst niemand sieht. Das sehen, vor dem alle anderen die Augen verschließen und zwar aus Furcht, Konformität und Faulheit. Man kann so leben, dass man die Welt jeden Tag aufs Neue erlebt.

Das Leben erkennt man an
Bewegung und Veränderung!

Der negative Gegenpol zu der Wahrheit des Rhythmus ist demnach Gleichgültigkeit (= Stillstand und Festhalten). Der positive Gegenpol ist Gleichmut, was auch „Stillstand" bedeutet, aber einer des Friedens und In-sich-selbst-Ruhens. Doch apathische Gleichgültigkeit ist der Grund, weshalb nicht viel passieren kann, wenn jemand versucht sein Leben auf diese Weise zu meistern. Meist entsteht das aus einem ständigen Abwägen statt aus einer aktiven Bewegung.
Aus dem einseitigen Verstand kommt das Abwägen, aus dem Abwägen die Unterscheidung. Durch die Unterscheidung kommt die Auffassung von Gut und Böse und dadurch kommt die Trennung. Trennung lähmt den Fluss der Energien.

Energie muss sich aber immer von einer Form zur anderen wandeln, um am Ende völlige Vereinigung der Harmonie zu schaffen.

„Wer das Sterben nicht gelernt hat,
kann das Leben nicht lernen."

Tibetanisches Totenbuch

Wie es ohne die Erfahrung des Süßen kein Saures gibt, so kann man auch kaum wirklich wissen, was Liebe ist, wenn man nicht auch einmal die Angst wahrgenommen hat. Wer nicht weiß, was Abstoßung ist, kann ihre Gegenkraft der Anziehung nicht erfahren.

Leben ist auch Erfüllung von Wünschen und Bedürfnissen. Erst wenn alle unsere Wünsche Erfüllung gefunden haben, kehrt das Pendel zum Stillstand in Gleichmut und wir kehren somit zur Quelle zurück.

Am Ende wird jedes Weinen zu einem Lachen und jedes Leid sich in Freude wandeln müssen. Letztlich gleicht die Wahrheit des Rhythmus die Polarität zur Einheit und unsere Wünsche zur Erfüllung aus.

> „Zwischen Weinen und Lachen
> schwingt die Schaukel des Lebens.
> Zwischen Weinen und Lachen
> fliegt in ihr der Mensch."
>
> *Christian Morgenstern*

7 Die Wahrheit von Polarität und Geschlecht

Symbolbedeutung – Polarität ist letztlich Einheit.

> *„Alles ist zweifach."*
>
> Der Meisterweg des Kybalion

- Alles besitzt zwei Pole und hat zwei Seiten.
- Alles besitzt ein Paar von Gegensätzen.
- Alles hat einen männlichen und einen weiblichen Anteil.
- Gegensätze sind ihrem Wesen nach identisch, nur verschieden im Grad. Extreme begegnen einander.
- Alle Paradoxa können in Übereinstimmung gebracht werden.
- Gleich und Ungleich sind Abstufungen von EINEM.

Dies ist die Wahrheit von Polarität und Geschlecht. Das Gegenstück dazu ist Unterscheidung innerhalb der dualen Trennung.

Wir leben in einer „polaren Welt" – in einer Welt der augenscheinlichen Gegensätze. Diese Wahrheit besagt nun, dass alles zwei Pole hat, wie Tag und Nacht, Heiß und Kalt, Hell und Dunkel.
Die genannten Gegensätze sind aber immer nur extreme Grade von ein und derselben Sache (also auf höherer Ebene nondual). So handelt

es sich in Wahrheit beispielsweise bei Heiß und Kalt in beiden Fällen nur um zwei verschiedene Pole der Temperatur. Doch wo beginnt das Heiße und wo endet das Kalte?

Diese Wahrheit beinhaltet ergänzend die „Kraft des Ausgleichs" der beiden in allem Sein vorhandenen energetischen Pole. Die beiden überall vorhandenen polaren Seiten wie Positiv und Negativ sind die energetische Grundlage der Materie und beide sind Teil der Vollständigkeit des Geistes. Das Licht kann sich nur durch die Dunkelheit erfahren und umgekehrt. Beides sind die zwei Seiten der gleichen Medaille und gehören als Teile des Ganzen immer zusammen.

> „Alle Dinge haben im Rücken das Weibliche
> und vor sich das Männliche.
> Wenn Männliches und Weibliches sich verbinden,
> erlangen alle Dinge Einklang."
>
> Laotse

Polarität besagt, dass jeder Aspekt dieser Welt aus einem Gegensatzpaar besteht: Hell und Dunkel, Schwarz und Weiß, Heiß und Kalt, Mann und Frau, Nord- und Südpol, Liebe und Hass (das ist eine Form von Angst), Sympathie und Antipathie, Arm und Reich, Krank und Gesund, Kathode und Anode, Säure und Base etc.

Wobei keine Wertung vorgenommen wird: kein Pol ist gut oder schlecht. Die Pole sind nur die zwei gegenüberliegenden Enden ein und derselben Sache, untrennbar in einer, dem Uneingeweihten verborgenen Einheit verbunden. Sie bedingen einander und unterscheiden sich nur graduell.
Denn es gibt keinen Tag ohne eine Nacht, kein Heiß ohne Kalt, keine Armut ohne Reichtum. Erst durch die Polarität wird Vielfalt möglich. Sie eröffnet einen Handlungsspielraum mit unendlichen Möglichkeiten.

Alles im Universum hat zwei Pole.
Die Pole sind gegensätzlich,
aber ihre Skala ist dieselbe.

Der Übergang von einem Pol zum anderen ist fließend. Die Bandbreite der Pole ist spektral und in sich fraktal.

Das jeweilige Gegenstück der Polarität ist nicht etwa antagonistisch (= zwei verschiedene Dinge), sondern komplementär, also zwei Sachen, die immer Teil des Ganzen sind. Ihr Gegensatz ist relativ, niemals absolut, wie etwa im Sinne der primitiven Vorstellung von Gut und Böse.

Positive und negative Pole sind zwei Klassen von Eigenschaften und von Aspekten der Wirklichkeit, auf deren unterschiedlicher Kombination alle Erscheinungen beruhen. Positiv und Negativ ergänzen und bedingen einander und lösen einander nach der Wahrheit der Schwingung im rhythmischen Wechsel und im Flug des Pendels ab.

So steht die eine Seite stellvertretend für das Feminine, für Ruhe und Erholung und die andere Seite steht immer für das Maskuline, die Aktivität und das Schaffen. Das eine kann nicht ohne das andere existieren. In ihrem Wechselspiel und Zusammenwirken zeigt sich die Ordnung des Universums. So betrachtet, erscheint keine der beiden Seiten als wichtiger oder als moralisch überlegen.

„Polaritäten sind Unterschiede,
in welchen die Unterschiedenen untrennbar sind."

Georg Wilhelm Friedrich Hegel

Alles hat zwei Pole. Jeder Aspekt dieser Welt besteht aus einem Gegensatzpaar. Das ist eine einfache und offensichtliche Wahrheit.

Überall findet man daher zwei Seiten der Medaille. Die Pole sind die zwei gegenüberliegenden Enden derselben Sache, untrennbar zu einer Einheit verbunden.

Diese scheinbaren Gegensätze schließen sich nicht aus, vielmehr bedingen sie einander. Kein Pol ist gut oder schlecht. Sie sind die beiden gegenüberliegenden Extreme derselben Sache und bilden zusammen eine harmonische Einheit.

Die Welt, in der wir leben, ist offensichtlich aus einer Unzahl dieser Polaritäten aufgebaut, zwischen denen sich ein Spannungsfeld auftut. Das hat einen Grund, denn anders wäre ein augenscheinlich duales Universum wie das unsere nicht möglich.

Stellen Sie sich doch nur vor, es gäbe nur Weiß. Kein Schwarz und keine Farben. Stellen Sie sich vor, es gäbe nur Glück auf der Welt. Alle wären glücklich und könnten gar nichts dagegen tun. Das hätte ein verheerendes Resultat: Wir wären gefangen in einer Welt, in der keine Veränderung möglich ist und kein Wandel des Rhythmus.

Erst durch die Spannung zwischen den Polen bekommen wir die Freiheit, zu wählen, so dass alle Möglichkeiten gelebt werden können, abhängig von unserer Wahl. Polarität gibt uns in der Welt der Begrenzung durch drei Dimensionen (Länge, Breite, Höhe) also die Freiheit, zu wählen.

Bewegung kommt erst durch diese Wahrheit zustande und Bewegung steht, wie gesagt, für Leben.

> *„Wir brauchen nicht so fortleben, wie wir gestern gelebt haben. Macht Euch nur von dieser Anschauung los, und tausend Möglichkeiten laden uns zu neuem Leben ein."*
>
> Christian Morgenstern

Ohne Polarität wäre einfach alles festgelegt und unveränderbar. Erst die Polarität erschließt uns eine Spielwiese mit unendlichen Erfahrungsmöglichkeiten. In dieser Welt der Gegensätze haben wir die Freiheit, Entscheidungen zu treffen, uns zu verändern und zu entwickeln. Und genau darum geht es doch in diesem Leben hier.

Dieses Gesetz beinhaltet darum die Wahrheit, dass alles ein Geschlecht hat. Es gibt nichts Geschlechtsloses. Die maskuline (männliche) und die feminine (weibliche) Seite sind ständig aktiv.
Alles besitzt jeweils männliche und weibliche Elemente in sich. Alles ist männlich und weiblich zugleich, in allen Graden.
Ohne Geschlecht wäre schlicht kein körperlicher, geistiger oder spiritueller Schöpfungsvorgang möglich.
Geschlechtlichkeit drängt immer zur Einheit – Geschlechtlichkeit ist so letztlich Einheit, denn Einheit enthält das Männliche und das Weibliche als Anteile.

Dies gilt nicht nur für die körperliche Ebene, sondern auch für die geistige, die seelische und die spirituelle Ebene. Auf der körperlichen Ebene zeigt sich diese Wahrheit durch unser Geschlecht, auf der höheren Ebene nimmt es höhere Formen an, doch es bleibt im Grunde immer dasselbe.
Diese Wahrheit bringt Licht in viele Bereiche, in denen die Menschen bisher im Dunkeln tappten. Das Gesetz des Geschlechts ist dazu da, Neues zu schaffen und Altes zu regenerieren. Jede Sache und jedes Individuum enthält beide Elemente, das Maskuline und das Feminine, in der Regel in sich getrennt oder aber es bildet auf höheren Ebenen das vereinte große Eine selbst. Zu jedem maskulinen Element gehört ein feminines Element. Die feminine Seite enthält immer auch das maskuline Gegenstück (besser wäre „Mitstück").
Das weibliche Gegenstück bewegt sich immer in Richtung des Empfangens, der Intuition und der Kreativität. Das männliche mehr zum Pragmatischen, zum Offenbarenden und in Richtung des Verwirklichens.

Männlich: Aggression = das aktive objektive Bewusstsein
Weiblich: Empfänglichkeit = das passive subjektive Bewusstsein

Diese Wahrheit versinnbildlicht symbolisch sehr schön das Hexagramm: Das Hexagramm bildet sich durch zwei ineinandergelegte Dreiecke oder Pyramiden, bei der die eine nach oben zeigt – wie eine Speerspitze (männlich, aggressiv), während die andere wie ein Kelch (weiblich, empfangend) nach unten zeigt. Symbolisch steht dies bildlich für den männlichen Phallus und die weibliche Vulva in ihrer schöpferischen Vereinigung.

Dieses Gesetz entfaltet sich offensichtlich immer in Richtung Zeugung, Neubildung und Schöpfung. Ohne Geschlecht sind schlicht kein Schöpfungsvorgang und kein Wünschen möglich, keine Neuerschaffungen, keine Erneuerung. Ohne Zusammenführung des männlich-pragmatischen Wissens, was man will, und der intuitiven inneren Führung der Energien des Lebens gibt es kein Manifestieren.

Geschlecht in allem ist männlich und weiblich. Nur gemeinsam ist Manifestation möglich.

In allem, auch in uns Menschen, sind Anteile beider Geschlechter vorhanden. Zu jedem femininen Element gehört ein maskulines Element. Dieses hat zur Folge, dass in einer Frau ebenso beide Elemente vorhanden sind wie in einem Mann. Es ist nur ein Zusammenspiel von den sich ergänzenden Polen. Jeder Mensch trägt beide Geschlechter in sich, aber jeder ist mit einer der beiden Rollen schwerpunktmäßig betraut.

> *„Geschlecht ist in allem; alles hat sein*
> *männliches und sein weibliches Gesetz in sich;*
> *Geschlecht offenbart sich auf allen Ebenen."*
>
> *Der Meisterweg des Kybalion*

Auch ein Atom besteht ja aus Teilchen von entgegengesetzter polarer Ladungen und doch bilden sie ergänzend eine Einheit, die sich als Materie ausdrücken kann. Genau so verhält es sich mit den Extremen einer Sache – sie sind doch eins.

Es gibt daher auch keine Wahrheit ohne eine Wahrheit, die das Gegenteil besagt. Nur durch das Zusammenführen von Plus und Minus, also von Weiblichem und Männlichem, kann Strom fließen oder Fortpflanzung geschehen. Elektronen beispielsweise können nur fließen, wenn es eine Spannung durch „unterschiedliche Pole" gibt. Erst in dem Moment, wo man beide Pole zusammenführt, fließt die Kraft.

Ein Magnet verdeutlicht: Wenn etwas in sich ausgerichtet eins ist, kann auch der Gegenpol tatsächlich eine Anziehung haben. Die Extreme berühren sich auch hier.

Polarität bedeutet zwei Extreme, die sich berühren. Dualität heißt augenscheinliche Trennung.

Polarität ist deshalb nicht Dualität! Das wird öfters verwechselt.

Es geht nicht um eine Trennung, sondern um genau das Gegenteil – es geht um Verbindung!

In der Polarität sind es zwei Seiten einer Sache. Sie gehören zusammen.

Auf niederen Bewusstseinsebenen wird jedoch die Polarität immer auch als eine scheinbare Dualität erfahren. Alles erscheint dadurch getrennt und kompliziert. Existenz auf dieser Ebene ist immer augenscheinlich dual.

Doch je höher die Ebene, desto mehr löst sich die Dualität auf und gibt den Blick frei auf die göttliche Polarität, in der das Gegenstück zum Mitstück und weiter schließlich zur Einheit wird.

Das Dunkel dient dem Licht als Hintergrund.

Dualität hingegen heißt Zweigeteiltheit. Die Dualität aber beruht auf einen Illusion, um diesem System, der Matrix, der Maya, dem A-Omega-Projekt, die Leinwand zu geben, damit all das möglich wird, was wir die „Realität" nennen.

Diese Leinwand ist die Zeit. Nur die Zeit vermittelt Trennung. Denn wo Zeit existiert, existiert auch zwangsläufig Raum. Doch nur durch die Vorstellung des Raums, kommt es zu einer Trennung in ein Hier und ein Dort.

Dieser permanente Zeiteinfluss, der als Illusion allgegenwärtig ist, hält uns konstant in der Trennung, der Distanz, zur Einheit aller Dinge. Würde sich dies auflösen, würde unser Bewusstsein in der fünften Dimension erwachen, in der alle Dinge völlig eins sind und sich die Polarität in der Einheit erfüllt hätte. Die Vorstellung der Dualität ist glücklicherweise allein beschränkt auf die dreidimensionalen Ebenen und reicht gerade ein Stückchen in die vierte Dimension der Zeit hinein.

Gegensätze sind deshalb ihrem Wesen nach identisch, sie tragen nur entgegengesetzte Vorzeichen und haben unterschiedliche Frequenzen. Alle Wahrheiten sind deshalb darin nur halbe, subjektive Wahrheiten aufgrund der Dualität. Jedes Paradoxon kann in Einklang gebracht werden – in die Mitte.

Was die These und die Antithese anbelangt, so muss an deren Reibungspunkten schließlich immer die Synthese hervortreten.

Die Polarität begegnet uns zwar überall, doch auf der höheren Ebene der Wirklichkeit des **Prinzips** berühren sich die Extreme und werden eins. In dieser Einheit liegt die eigentliche Schöpferkraft, in der jedes Objekt und jeder Umstand zu uns in die Einheit gezogen wird. Sind wir in uns EINS, können wir auch mit allem, was uns beliebt, eins werden.

> *„Die Tiefe und die Höhe sind näher zueinander,*
> *als die Mitte zu beiden."*
>
> *Khalil Gibran*

Hier sind wir der einen Wirklichkeit am nächsten, die eins in sich ist und in der alles eins ist.
Gegensätze sind nur zwei Extreme einer einzigen Sache und somit nur für das Auge des uneingeweihten Betrachters ein paradoxer Widerspruch. Alles ist eins, Trennung ist eine Täuschung.

Darum ist es nur von Vorteil, nicht zu urteilen, denn Dualität entsteht, wenn wir urteilen, also das Ur-teilen. Es ist gut, auch den Gegenpol und die Andersartigkeit in wahrer Toleranz zu respektieren, ohne wertend zu verurteilen. Alle haben, vom ihrem jeweiligen Standpunkt aus gesehen, recht. Beurteilung ist letztlich ohne wirklichen Sinn. Es ist vielmehr eine kosmische Beschäftigungstherapie für gelangweilte Götter im Fleisch.

Diese Wahrheit der Polarität umgesetzt, ist nun die Vereinigung von Objekt und Subjekt zu Einem (= empfangen). Denn es gab in Wahrheit noch nie ein Hier oder ein Dort oder eine Trennung. Mittels dieser Wahrheit werden, auf höheren Ebenen des Geistes, die Dinge eins, die auf niederer Ebene getrennt zu sein scheinen. Die Verbindung zu allem wird wiederhergestellt.

Die Bestimmung der Vergeistigung der Materie wird so vollbracht!

Passive und aktive Gesetze

„Der Himmlische Vater ist das eine Gesetz,
das die Sterne formte, die Sonne,
das Licht und die Dunkelheit und auch
das Heilige Gesetz in unseren Seelen."

Aus den Essener Schriften des wahren Lehrers

Alle Kräfte treten paarweise auf. So offenbaren sich diese Wahrheiten des Lebens auch immer abwechselnd als aktive/männliche Wahrheiten und wiederum als dazugehörige passive/weibliche. Diese müssen zusammenwirken. Mythologisch kennen wir diese paarweise Zusammensetzung auch aus der chinesischen Kultur als Yin und Yang, in der indischen tantrischen Kultur als Shiva und Shakti und sogar Jesus nannte den weiblichen Aspekt des Göttlichen „Heiliger Geist" und den männlichen Aspekt „Vater".

Beide sind jeweils nur Symbole des Einen.

Man kann die Gesetze nicht voneinander abtrennen, sie überlappen sich ständig. Könnte man sie trennen, wären sie nicht die Reflexion der einen schöpferischen Wirklichkeit.

> *„Wenn ihr zwei zu eins macht und wenn ihr den inneren Teil wie den äußeren Teil und den äußeren Teil wie den inneren Teil und den oberen Teil wie den unteren Teil und wo ihr das Männliche und das Weibliche zu einem Einzigen macht, dann werdet ihr in die Herrschaft hineinkommen."*
>
> Vers 2,2 Das Thomasevangelium

Erst wenn wir wahrhaftig erkennen, dass diese scheinbar getrennten Wahrheiten eine einzige Sache widerspiegeln, sehen wir diese Wirklichkeit dahinter. Diese Wahrheiten sind zuletzt nichts! Kein Dogma oder gar Gebot! Sie sind nur der Finger, der uns die Richtung weist.

- Es gibt keine Frucht ohne die Vereinigung von Männlich und Weiblich.
- Es fließt kein Strom ohne einen Plus- und einen Minuspol.
- Es kann kein Ausgleich stattfinden ohne eine vorausgehende Spannung.
- Es kann keine Anziehung geben ohne vorausgehendes Vakuum der Resonanz.
- Es kann keine Wirkung entstehen, ohne dass eine Ursache dafür gesetzt wurde.
- Es gibt nichts, was nicht gleich Innen und Außen ist.
- Es gibt nichts, was nicht Geist wäre.
- Es gibt nichts ohne Bewegung und Veränderung.
- Es gibt nichts, was nicht Eins wäre, und nichts, in dem das Eine nicht enthalten wäre.

„Es mag sein,
dass wir durch das Wissen anderer gelehrter werden,
weiser werden wir nur durch uns selbst."

Michel de Montaigne

Durch all diese Ebenen zeigen die 7 Wahrheiten des **Prinzips** ihre Funktion auf jeder Ebene, wobei sie mit zunehmender Ebene wieder in eine Einheit zurückgleiten. So wird aus diesen 7 Wahrheiten wieder eine einzige werden und aus dem Spektrum der Quelle ein in sich vereinter Strahl der bewussten Schöpfung.

Das Verstehen und Anwenden dieser Wahrheiten benötigt deshalb viel mehr als es der normale Intellekt verlangt, es lehrt uns vielmehr ein intuitives Erkennen einer bestimmten Ebene des Seins, damit diese Gesetze lebendig bleiben, fern jeden Dogmas.

Die 7 Wahrheiten sind eine vollkommene Wirkeinheit!

Diese Wahrheiten versinnbildlichen einfach, dass alles, was ist, nach einem energetischen Plan abläuft. Dieser Planet in seiner beschränkten Wahrnehmung der ganzen Bandbreite dieser Energien, wurde lange Zeiten hindurch fast ausschließlich von den männlichen Energien dominiert. Vom einseitigen Verstand eines blinden Intellekts bis zur Leugnung der eigenen schöpferischen Kraft durch die fast ausschließlich einseitige Benutzung der linken Gehirnhälfte. Doch wie die Kräfte paarweise auftreten, sind sie auch wirksam durch die Paarung der Geschlechter zu Einem.

Damit diese Wahrheiten in Funktion kommen, benötigen wir das weibliche Gegenstück – Intuition – durch den Ausgleich mit der rechten Gehirnhälfte. Die Verbindung mit den weiblichen Energien wird begünstigt durch die holistische Anwendung der 7 Wahrheiten, wie wir sie in der Ur-Liebe finden.

Darin besteht die stille Revolution zum fortwährendem Glück, der Einheit und Vergeistigung sowie die Selbsttranszendierung der göttlichen Liebe in uns zur Einheit aller Dinge.

Alles ist Eins und Eins ist alles.

Teil II

Praxis der Revolution

„Eine Wahrheit kann erst wirken,
wenn der Empfänger reif dafür ist!"

Christian Morgenstern

Im Folgenden erfahren wir anhand von Beispielen, wie wir die 7 Wahrheiten ganz handfest in den Alltag integrieren können. Reichtum, Gesundheit, Glück, vollkommene Partnerschaft hängen von der Kenntnis der Lebensgesetze ab, dem Wissen, dass wir Geist sind und dass der Geist die Ursache jeder Schöpfung ist. Dann erfassen wir auch, wie dieser Geist ganz bewusst Wirkung auf seine Umgebung und Umstände haben kann.

Warum erreichen manche ihr Ziel so einfach, andere mit Schwierigkeiten und wiederum andere gar nicht? Die Ursache kann nicht körperlicher Natur sein, denn sonst wären die körperlich perfekten Menschen auch die erfolgreichsten. Der Unterschied muss geistiger Natur sein. Er muss im Bewusstsein liegen. Dementsprechend muss der bewusste Geist die schöpferische Kraft sein, die den alleinigen Unterschied zwischen den Menschen ausmacht.

Nach all dem, was wir in Teil I dieses Buches erfahren haben, verwundert es sicher nicht mehr, dass das menschliche Leben oft nur noch ein Bruchteil dessen ist, was es an seinem höchsten Punkt, in einem fernen Goldenen Zeitalter, war oder zukünftig sein könnte.

„Doch wisse, in einer Zeit weit in der Zukunft
wird das Licht alles sein,
und die Finsternis wird untergehen."

Smaragdtafeln XII

Wir wissen schon lange, dass der Mensch nicht das wahrnimmt, was da ist, sondern nur das, wovon er glaubt, dass es da sei. Jeder hat eine andere Brille auf und jedem erscheint diese Welt anders. Alles, was wir wahrnehmen, nehmen wir nicht mit den Augen, sondern mit unserem Gehirn wahr. Dabei existieren da draußen weder Farben noch Formen. Denn alles ist nur eine Interpretation verschiedener Schwingungen, die durch unsere individuelle Auffassung gefärbt wird. Wir sehen, was wir sind. Alles, was sich in uns spiegelt, ist das, was wir fähig sind zu reflektieren. Die Realität ist demnach keine festgegossene Sache, sondern eine Frage der Interpretation.

Realität ist wirklich ein sehr dehnbarer Begriff.

Wie ist es also möglich, ein wirklich funktionierendes und wiederholbares Programm zu schaffen, das möglichst alle Lebensbereiche abdeckt und zum Erfolg führt?
Ich sage es Ihnen. Es gibt kein solches Programm. Vielmehr ist es eine Frage der Übung, mit der man „seine" eigene Methode entsprechend dem persönlichen Stand entwickelt. Ich gebe nur Beispiele zur Schulung der Weisheit, biete Inspiration für mögliche Vorgehensweisen in jedem denkbaren Bereich des Lebens. Mit der Zeit kann man dann jede Situation selbstständig meistern.

> *„Nicht alle Augen haben die gleiche Sicht."*
>
> *Smaragdtafeln III*

Die nachfolgend behandelten Themen werden in jeweils zwei Teilen dargestellt:
Zuerst kommt eine Übersicht zum allgemeinen Verständnis und darauf folgen mögliche Lösungsansätze als Grundrezepte für die Meisterung des jeweiligen Themas.

> *„Erzähle mir und ich vergesse.*
> *Zeig mir und ich erinnere mich.*
> *Lass mich tun und ich verstehe."*
>
> *Konfuzius*

Durch die verschiedenen Themen hindurch kann man die Wirkschemata der 7 Wahrheiten gut erkennen. So verhilft uns diese Vielfältigkeit der Sichtweisen zu einem ganzheitlichen Verständnis der Geheimnisse. Diese sind, näher betrachtet, heilig, einfältig und weise, und bei aller Abwesenheit von Kompliziertheit offenbaren sie uns den mächtigen und dabei einfachen Kern des **Prinzips**.

Grundsätzlich folgen diese Rezepte immer folgendem Schema (die Ziffern stehen für die einzelnen Wahrheiten, siehe Teil I):

* Bewusstsein (1) schafft durch seine mentale und emotionale Energie, die durch das Denken ausgesandt wird.
* Entsprechend (3) dieser Energie entsteht eine Frequenz (4), welche die Ursache (2) bildet, die immer in Resonanz (4) zu etwas steht.
* Diese Resonanz erzeugt eine Art Vakuumsog (= ein Vakuum, von dem eine Sogwirkung ausgeht), der den Ausgleich (5) sucht durch Verbindung (7) und so die Anziehung schafft.
* Der Ausgleich zur Harmonie (5) erfüllt sich durch das Loslassen des Pendels des Rhythmus (6).
* Steht das Pendel (6) still und ist ausgeglichen, ist die Polarität (7) in sich erfüllt und hat sich mit ihrem Gegenstück ergänzt und verbunden. Wir haben empfangen.

Das ist der Weg der vollkommenen Identifikation des „Ich bin". Sagen wir: „Ich bin", so geschieht es immer nach diesem Ablauf. Es ist in der Tat die Verschmelzung von Subjekt und Objekt, also von Beobachter und Beobachtetem, in eins. Es geht um Verbindung. Wird dies im Leben erkannt und ausgeweitet, führt es zum Ziel unseres Daseins: zur Vergeistigung der Materie, zur Transzendenz aller Dinge.
Die Vergeistigung der Materie ist das Ziel, wie es die Schriften der alten Templer sagen:

„Voraussetzung, um diese mächtige Kraft zu nutzen,
ohne dass den Kindern Gottes
ein Leid zugefügt wird, ist,
dass Ihr Euch den Geboten [den 7 Gesetzen]
unseres Ur-Schöpfers unterstellt,
denn nur dann kann die göttliche Energie,
die unbegrenzt im Raum existiert,
ohne Schaden eingesetzt werden
zur Vergeistigung der Materie." [3]

Eine Wahrheit, die weder eine Auswirkung hat noch eine Anwendbarkeit im persönlichen Alltag besitzt, ist keine wichtige Wahrheit. Was nutzen uns Quantenphysik und Bewusstseinsforschung, wenn sich dadurch unser Leben nicht verändert?

Dabei wird mein Bemühen sein, unseren Blick auf das Wesentliche und Vollkommene zu lenken, da die Erfahrung zeigt, dass es weit besser ist, einfach ein Licht anzuzünden, als die Dunkelheit zu beklagen. Das Licht des „Ich bin", das ist, bevor es ist!

„Man muss schon da sein,
bevor man angekommen ist!
Der ganze Körper ist
von einer Flügelspitze zur anderen
nichts anderes als Gedanke.
Geist in sichtbarer Gestalt.
Durchbrecht die Beschränktheit Eures Denkens,
und Ihr zerbrecht damit auch
die Fesseln des Körpers!"

Die Möwe Jonathan

Erstaunliches erwartet uns hinter der Tür zum Glück!

Des Öfteren ist im Folgenden von verschiedenen Ebenen die Rede, die alle Dimensionen des Seins umfassen:

1. physisch – Materie
2. emotional – astral
3. mental – kausal
4. 7 Wahrheiten – Zeit oder über der Zeit
5. Ur-Liebe – Verbindung
6. Das **Prinzip** – alles ist Eins und Eins ist alles

Dies sind die verschiedenen Dimensionsebenen, in denen sich das Bewusstsein bewegen kann. Auf welche Ebene sich das Bewusstsein großteils konzentriert, ist die Ebene, auf der das jeweilige Bewusstsein agiert. Ist unsere mentale Ebene, die unsere Gedanken enthält, im Einklang mit den Ebenen der 7 Wahrheiten, so erfolgt die Hinführung zur höchsten Ebene des schöpferischen **Prinzips** automatisch, da in den 7 Wahrheiten eine Spirale der Kraft des schöpferischen Geistes liegt. Die Kraft der Veränderung ist das Wissen um die eigene Schöpfermacht.

Die 7 Wahrheiten sind ausgegossene Metaphysik der Wirklichkeit, wirkend auf jeder Ebene.

Es ist zu empfehlen, sich auch die Bereiche anzusehen, die mit dem eigenen Leben keine sofort ersichtliche Verbindung haben. Die Themenbereiche wurden so gewählt, dass jeder Inspiration für sein Leben finden kann. So hilft uns der Wechsel der Sichtweisen, das gesamte Spektrum zu erfassen. Die Darstellung der Vorgehensweise in den einzelnen Lebensbereichen ist natürlich in diesem Rahmen nur abstrakt möglich. Aber wir wissen: erst abstrakt verstanden, dann exakt umgesetzt.

Diese komprimierten Wahrheiten bieten neue Perspektiven für den persönlichen Lebensweg, die es einem endlich ermöglichen, erfolgreich, souverän meisterlich sein Leben zu führen. In einer stillen Revolution, die im Kinderzimmer beginnt und im Globalen noch lange nicht endet!

Grundrezepte

Wichtig: Kann man für sich selbst feststellen, an welchem Punkt man die 7 Wahrheiten richtig anwendet? Dann, wenn das Bewusstsein des Kindes wieder hervorkommt, das offen, unvoreingenommen, neugierig und in Leichtigkeit diese Welt erforscht, nun aber mit den heiligen Gesetzmäßigkeiten der Reife, welche uns zum Erfolg führen und unser Leben zu einem wundervollen Spiel machen. Unser Spielplatz ist dieser Planet!

Erziehung

> *„Niemand kann Euch etwas eröffnen,*
> *das nicht schon im Dämmern*
> *Eures Wissens schlummert."*
>
> *Khalil Gibran*

Allgemeine Sicht

Kinder, die in wahrer Weisheit und im Wissen aufgezogen werden, haben viel eher eine Zukunft als starke Persönlichkeiten und Gewinner vor sich. Wahres Wissen erklärt, wie das Leben wirklich funktioniert, wie man zum Wohl der Allgemeinheit Dinge schafft und sich selbst vervollkommnet. Wir haben das Wissen in den Köpfen unserer Kinder vermehrt, aber das Herz schrumpft dabei. Das Ziel der Schulen heute ist es nicht, die Schüler zu starken, autonom denkenden Menschen zu machen, sondern man bildet sie eher aus zu guten Konsumenten.

Unser ganzes Schulwesen dreht sich nur um die Ausbildung der linken Gehirnhälfte, die analytisch, logisch und vom berechnenden Verstand regiert wird. Die Liebesfähigkeit, die Empfindungen der Intuition und das ganzheitliche Denken unterliegen dabei einer Art Schrumpfungsprozess. So schafft man vom ersten Schultag an Kinder, deren ursprüngliche Geisteskraft genauso ruhig sitzen lernt wie ihr Körper, eingeklemmt hinter der Schulbank. So zöge man nicht Menschen groß, wenn man erkennen würde, welches Potenzial in so einem kleinen Geschöpf steckt. Stattdessen erschafft man sich Konsumsklaven, die nur von der Steuererklärung zum Briefkasten, zur Bank, zum Psychotherapeuten, zum Supermarkt und zur Stillung der auflodernden natürlichen Bedürfnisse denken können.

Glück ist der Sinn des Seins.

Mathematische Fähigkeiten und eingepauktes leeres Kopfwissen allein schaffen keine glücklichen Menschen, sondern nur genormte Menschen, die innerlich im Stechschritt laufen, anstatt den Tanz der Freiheit als wahre einzigartige Person zu tanzen.

Kennen Sie jemanden, der, nachdem er den Zwang der heutigen Schulen endlich hinter sich gebracht hat, Jahrzehnte seines Lebens in einem Korsett der täglichen Arbeit steckt und dabei glücklich ist? Daran ändert auch der Armani-Anzug nichts, der als blendende Hülle für einen leeren Inhalt dient.

„Wissen" ohne die Weisheit, wie man mit dem Wissen umgeht, kann nicht zu persönlichem Glück führen. Nur wenn beide Gehirnhälften gleichwertig zusammen aktiv sind, kann ein Mensch wirklich ein wahrer Mensch sein. Ein aufrechter, intelligenter, weiser und im vollen Umfang liebesfähiger göttlicher Mensch. Alles andere ist einfach nur unwürdig.

„Nicht an der Wahrheit liegt es daher,
wenn die Menschen noch so voller Unweisheit sind."

Christian Morgenstern

Viele Jugendliche schaffen es heute doch kaum mehr, einen vollständigen sinnvollen Satz zu formulieren. Was lernen denn die Kinder in der Schule?! Ein Jahrzehnt verbringen sie sitzend hinter Mauern und lernen etwas aus Zwang! Und alles, was übrig bleibt, ist ein Loch im Herzen und ein mattes Hirn, das nie die Chance bekommen hat, entsprechend seiner Fähigkeiten und Bestimmung lernen und leben zu dürfen. Wissen Sie, warum das so ist?

Originale sind einfach zu gefährlich und unangenehm für einen eingefahrenen Status quo! Originale sind die, welche aus dem Käfig ausbrechen würden und vielleicht andere dazu anregen könnten, es ihnen gleich zu tun. Was wäre das für ein Chaos für unser derzeitiges System in Schule, „Beruf", Gesundheitswesen usw.

Aber eines ist sicher: Aus diesem „Chaos" würde die schönste Ordnung erwachsen, und es würde mit Sicherheit Menschen hervorbringen, die aus unserer heutigen Sicht mehr als elitär wären. Keiner würde sich dümmliche Talkshows ansehen wollen oder versuchen, den derzeit angesagten Idolen nachzueifern. Jeder könnte seinen einzigartigen Beitrag als bewusstes Individuum zum Allgemeinwohl leisten und den eigenen Bedarf decken.

Manche Lehrer machen nur leerer.

Sollte man Schule also abschaffen?
Nein, keinesfalls. Nur das, was gelehrt wird, sollte man überdenken. Stellen wir uns vor, die Kinder und Jugendlichen würden beispielsweise die einfache Weisheit der 7 Wahrheiten gelehrt bekommen. Genau genommen würden ihnen nur geholfen werden, sich zu erinnern, was schon verborgen in ihren Herzen ruht. Sie würden lernen, wie man mittels dieser pur ausgeschenkten Wahrheiten seinen Lebensplan gemäß seiner Bestimmung schafft. Was es bedeutet, ein mächtiger Geist in einem Körper zu sein, der alle Ursachen für seine erwünschte Zukunft setzen kann. Ein Geist, der weiß: Wie die Dinge innen sind, so werden sie auch außen. Der weiß, wie alles fraktal zusammengefügt ist,

und so den wahren Schlüssel zu echter Wissenschaft besäße. Der erkennen würde, dass Harmonie ein Zustand der vollkommenen Ruhe ist und der das Wort „Stress" endgültig zum Fremdwort machen würde. Ein Geist, der weiß, dass alle Dinge zwei Seiten zu haben scheinen und doch in Wirklichkeit eins sind, wenn man sie mental zusammenfügt. Der durch diese Verbindung Kräfte freisetzt, um die höchsten Höhen zu durchwandern. Der letztlich als ein Meister weiß, wie man „negative" Ursachen in positive Wirkungen umwandelt.

Jeder Gedanke, den Du denkst, beeinflusst Dein Leben.
Jeder Traum, den Du träumst,
ist ein Weg auf Deiner Suche nach dem Sinn.
Jedes Gefühl, das Du wahrnimmst,
ist eine Antwort auf Deine Wünsche.
Gehe bewusst die Straße Deines Lebens,
die Dich zu Dir selbst führt, dort bist Du zu Hause.

Unser Ziel sollte ein machtvoller Geist sein, der die höchste Liebe versteht und so seine Liebesfähigkeit bis zu ihrer ganzen Größe, bis zu der ichlosen Einheit aller Dinge entfaltet. Der sich als diese Liebe selbst erkennt, aus der wahre Selbstverwirklichung geboren wird. Der zurückkehren würde zu der wahren Religion des Herzens, der Mathematik des befreiten Geistes, der Grammatik des Himmels und einer Weisheit, welche die Geheimnisse von Himmel und Erde durchdringt – von der astralen bis zur materiellen Ebene. Das alles schenkt eine ganz andere Perspektive für das junge Leben und eine Zukunft, für die sich das Atmen lohnt. Pubertät ist doch nur das Resultat einer entsprechenden Erziehung. Erziehen wir unsere geliebten Nachkömmlinge nicht entsprechend einer umfassenden natürlichen Ordnung, so wird es unausweichlich zu Generationskonflikten und hässlichen Abspaltungsprozessen führen müssen. Leben die Eltern nach den Wahrheiten des Lebens, so werden die Kinder an ihnen sehen, wie das Leben funktioniert. So werden die Kleinen bestrebt sein, von ihnen diese Geheimnisse zu erfahren.

Jeder, der Kinder hat, weiß, wie schnell sie eine Lebensheuchelei durchschauen und sich nicht mit Sprüchen abspeisen lassen wie „Das macht man eben so", „Du musst das tun, weil du es tun musst", „Andere machen das auch so" usw.

„Bildung ist das, was übrig bleibt,
wenn man alles vergessen hat, was man gelernt hat."

Werner Heisenberg

Man sagt den Kindern, sie sollen nicht lügen, die Eltern tun es. Die Eltern sagen, man soll nicht streiten, streiten aber selbst. Ein Kind unterscheidet nicht zwischen dem Gesagten und dem Erlebten. Sieht das Kind beide Dinge im Widerspruch zueinander, so wird es verwirrt nach einem Weg suchen, der sein Verlangen nach Echtheit befriedigt. Findet es ihn nicht und niemand klärt es über die Wirklichkeit der Dinge auf, so wird es zwangsläufig versuchen, Ersatzbefriedigung in Sucht oder konträrem Handeln zu finden oder aus allem auszubrechen. Das nennen wir dann eine „normale Pubertät".

Hätte ich nicht schon Familien erlebt, in denen eine kosmische Ordnung gelebt wird, weil wirkliche Einheit und völlige Harmonie in der Familie herrschen, so wäre es eine Utopie, zu hoffen, dass dies möglich ist. Eine mir bekannte Familie hat zwölf Kinder, gebildet und fit im logischen wie im intuitiven Denken. Diese Kleinen wirken sehr elitär, aufrecht und ihre Eltern ehrend mit jedem Atemzug. Eine Familie gleich materialisierter Liebe. Was für ein Kontrast zur Norm!

Die Lösung

Es ist möglich, eine neue Welt zu schaffen, und es beginnt mit unseren Kindern. Doch die stille Revolution beginnt zuvor bei uns, die wir Verantwortung für unsere Kleinen haben und Verantwortung für die zukünftige Welt unserer Lieben.

Lehren wir unseren Kindern wahre Werte und die wahren Geheimnisse des Lebens durch unser Reden und Handeln, so gibt es nichts Besseres, das man ihnen mit auf den Weg geben könnte. Dies ist die kosmische Liebe, die unsere Kinder Menschen der Zukunft und des Erfolgs im Glück des Lebens sein lässt.

Ich plädiere hiermit für einen neuen Bildungsplan, der in spielerischer Weise die 7 Wahrheiten in den Unterricht mit einbezieht – als ein Hauptfach. Wir benötigen heute neue Schulen für ein neues Zeitalter des Geistes. Des Geistes, der über die Materie regiert. Wir benötigen Lehranstalten, die wahres Wissen und ewige Weisheit vermitteln. Eine Schule für Götter, für unsere lieben Kleinsten bis zu den „Großen" der Menschheit!

Und ich fordere meine Leser dazu auf, diese Wahrheiten in ihre Erziehung mit einfließen zu lassen, indem sie sie persönlich leben und sie ihnen im Mitteilen nahebringen.

Meine Hoffnung besteht darin, dass entsprechende Schulbücher geschrieben werden und ebenso Literatur für Kinder und Erwachsene, welche abseits der heutigen Literatur diese Wahrheiten in Romanen und Sachbüchern verarbeitet.
Diese Dinge werden kommen müssen und die Zeit ist schon da, denn wenn man die kosmischen Wahrheiten einmal erfasst hat, so werden sie schnell zum Lauffeuer werden, das die Spreu der skurrilen Komödien dieser Welt noch im Fluge verbrennt!

Der Unterscheid zwischen einem „Gott" und einem Menschen liegt in seiner Art des Denkens.

Auch kann man seine Kinder lehren, dass sie keine Vergeltung üben müssen, wenn ihnen Unrecht geschieht durch andere Menschen. Sondern dass sie in Ruhe den Dingen ihren Lauf lassen, bis sich die Energien von allein ausgleichen. So wird das Kind in Ruhe bleiben, völlig erhaben und souverän und sich nicht verstricken in einen Ursache-Wirkungs-Strudel, in dem nur neues Karma produziert werden würde. Das Kind lernt so zu vergeben, wie es in der einen göttlichen Wirklichkeit immer gemeint war, und wird am Ende immer triumphieren! Und wer wünscht sich das nicht für sein Kind?

Eltern haben eine besondere und natürliche energetische Verbindung zu ihren Kindern. Diese kann man nutzen, um den Kindern die Zukunft zu ebnen. Mit handfesten Wahrheiten kann man seinem Zögling so am besten helfen.

Gehen wir Schritt für Schritt vor:

1. Mentalität
Man lehre die Kinder durch eine liebevolle Erziehung, dass sie mehr als nur ein Körper sind, dass sie vielmehr auch ein mächtiger Geist sind, welcher durch seine seelischen und mentalen Kräfte wirkt. So werden sie frei und ungezwungen diese Kräfte in ihrem Leben nutzen, ohne unter fremden Gewalten zu stehen. In dieser Freiheit wissen sie, wer sie selbst im Kern sind.

2. Kausalität
Kinder sollen lernen, die Leichtigkeit der Verantwortung zu tragen für ihr eigenes Leben. So wird jede Opferhaltung vermieden und eine Stärke entwickelt sich, die sich immer aufbauend auslebt. Die Angst vor der Willkür, die das Märchen vom „Schicksal" und vom „Zufall" verbreitet, verschwindet. An ihre Stelle tritt spielerisch-zielstrebiges Denken im Rahmen der Wahrheit von Ursache und Wirkung.

3. Analogie
Wir wollen Kindern beibringen, dass es auf jeder Ebene des Seins Entsprechungen gibt, die auch auf jeder Ebene wirken, sodass auch das innere Träumen ein äußeres Erleben werden kann und ihre geistigen Kräfte immer auch die niederen Kräfte dieser Welt überwinden. Wie innen so außen, wie oben so unten.

4. Resonanz

Wir sollten sie lehren, ihre Frequenz im Denken und im Fühlen zu kontrollieren, was ihnen durch die Wahrheiten ungleich leichter fallen würde als den Kindern, die ohne die entsprechende Erziehung aufwachsen. Wie sie dadurch leicht Dinge zu sich herziehen können und eine Verbindung zu dem schaffen, dessen sie bedürfen.

5. Harmonie

Kinder sollen verstehen, dass sich früher oder später alles harmonisch anpassen wird und es unnötig ist, gegen etwas zu kämpfen, dass es vielmehr wesentlich effektiver ist, für etwas zu SEIN! Dass sie so das Stärkere höherer Ebenen bilden, welches die niederen Ebenen bestimmt. So wird Stress im Leben vermieden.

6. Rhythmus

Kinder brauchen Geduld, denn das ist es, was den Fluss des Lebens nicht stört und diesem nicht im Wege steht. Alles strebt nach Ausgleich, und die Konzentration auf den erwünschten Pendelschwung kann ohne Krampf zu bleibendem Erfolg führen. Die Energien gleichen sich immer aus. Das Verständnis dafür führt zu einem Leben ohne Stressrezeption.

7. Polarität

Wir sollten die Kinder das Wissen darum lehren, wie sie die eigene Polarität durch Verlagerung des Gewichts auf die männliche oder weibliche Seite ihrer Person kontrollieren. Und wie dadurch Schöpfung bewirkt wird, da beide Elemente in ihnen wirken und zeugend genutzt werden können.

Was für starke Menschen im Geist, an der Seele und im Körper, wenn Heranwachsenden der Segen der Weisheit in den Wahrheiten des Lebens zuteil wird! Etwas Besseres kann man seinen Zöglingen nicht mit auf den Weg geben.

Einige gute „Ich-bin-Affirmationen" sind:

Ich bin der beste Vater/die beste Mutter für mein Kind.

Ich bin ein guter Lehrer, der die natürlichen Fähigkeiten meiner Kinder erweckt.

Ich bin ein sehr gutes Vorbild in Weisheit, Wissen und Liebeskraft.

Partnerschaft

Liebe ist die Sehnsucht nach der Ganzheit, und das Streben nach der Ganzheit wird „Liebe" genannt.

Allgemeine Sicht

Da es keinen Zufall gibt, ist die Begegnung mit unserem Partner eher eine unbewusste Entscheidung als Willkür. Wir können nur mit Menschen und Situationen in Berührung kommen, mit welchen wir in Resonanz stehen und zu denen wir somit eine entsprechende Affinität haben.

In der dualen Welt haben wir immer Sehnsucht nach dem Einssein mit unserem anderen Pol. Darin gründet der Urtrieb für jede Vereinigung auf geistiger, seelischer und körperlicher Ebene. Danach streben wir, bewusst oder unbewusst, so lange, bis wir unsere eigene Einheit erkennen können und so den Partner nicht mehr nur einfach brauchen, sondern uns mit ihm ergänzen können zu einem Ganzen. So ist ein völliges Verschmelzen möglich, da der Partner nun nicht mehr nur ein „Du" ist, sondern ein „Ich". Das ist Einheit.

Die Geschlechter sind wie Spiegel zueinander. Sie spiegeln das vermeintliche Defizit des anderen Geschlechts. Das ist der Grund, weshalb ein Mann eine Frau anziehend findet und eine Frau einen Mann. Sie suchen im anderen Geschlecht nur die eigene Vervollständigung.

Mann und Frau sind zwei Seiten einer Sache, dabei sind sie aber in Wahrheit eine gleiche Sache, sonst gäbe es keine Attraktion zueinander (nur Gleiches steht miteinander in Resonanz). Das liegt daran, dass das Eine, der wahre göttliche Kern der beiden, weder weiblich noch männlich ist. Und da in unserer Welt auf niederer Ebene ein dualer Unterschied und eine Trennung zwischen den Potenzialen der Geschlechter zu herrschen scheinen, haben wir das Problem, dass der Mann oft nicht weiß, was die Frau will, und die Frau nicht versteht, warum ein Mann so ist, wie er nun mal ist. Sie spricht eben nur ungenügend marsianisch und er schlecht venusisch …

Diese oberflächlichen Unterschiede werden auf höheren Ebenen des Seins immer mehr eine offenbarte Täuschung. Sie zeigen sich als nur aufgeprägte Rollen, die aber in dieser Welt einen wichtigen Sinn haben. Nur sind sie alles andere als vollkommen. Vollkommen sind sie dann, wenn der Mann auch seine weiblichen Energien anerkennt, die sich typischerweise als Intuition, Feinfühligkeit, Anmut, Sinn für Ästhetik und eine gewisse Zartheit ausdrücken, ohne dass der Mann aufhört, ein „ganzer Kerl" zu sein, der auch mal einen Baum im Garten fällen kann oder der Frau die körperlich schwere Arbeit abnimmt. Genauso sollte die Frau ihre männlichen Energien anerkennen und in Verantwortung, Logik, Analytik, Pragmatik und Funktionalität wachsen.

> *„Pole" nennt man das,*
> *was aus der Einheit zu einem Extrem tendiert.*

Es ist nicht weiblich, wenn jemand wimmernd mit den Augen rollt, damit ein anderer die Erbsen unter der Matratze hervorpult. Genauso ist es nicht wirklich männlich, ein Macho zu sein und so wenig Gefühle zu zeigen wie das Gefrierfach eines Kühlschranks. Beides ist ein Grad der Unreife.

Das heißt aber nicht, dass die Frau Gummistiefel tragen sollte und der Mann Pumps, sondern dass beide Qualitäten im Menschen wirken müssen, damit er sich der Wahrheiten des Lebens schöpferisch bedienen kann. Das Weibliche wirkt erst weiblich, wenn die männlichen Energien, wie zum Beispiel Entschlossenheit, mitschwingen. Eine Frau, die weiß, was sie will und wie sie es bekommen kann, und die dabei ihre feminin empfangende Art bewahrt, ist wirklich ganz Frau.

Das weibliche Element empfängt Eindrücke, die das männliche aussendet. Der weibliche Pol erzeugt Ideen und ist im Bereich der Fantasie und Intuition zugegen, wohingegen sich der männliche Pol mit der Arbeit der praktischen Ausführung und des Willens auseinandersetzt. Der männlichen Willenskraft folgt das weibliche Loslassen. Das Männliche sieht einen Ausschnitt des Ganzen. Es sieht dabei scharf und analytisch in hoher Auflösung, doch nur das Weibliche sieht das Ganze, aber dafür weniger scharf im Fokus. Ist beides gleichwertig vorhanden und aktiv, sprechen wir (im mentalen Bereich) vom „Genie".

Vollkommene Anziehung zwischen den Geschlechtern ist erst dann möglich, wenn jeder Partner seine andere Seite anerkennt und so dem Gegenüber ähnlich ist. Denn nur Gleiches zieht das Gleiche an.

Wenn in den Geschlechtern diese Energien ausgeglichen sind, ist der Mann ganz Mann und die Frau ist ganz Frau – und erst dann. Der Mensch sollte für eine vollkommene Partnerschaft zuerst in sich selbst vollendet Eins sein, die Pole dabei ausgeglichen, damit er den Partner endlich selbstlos um seinetwillen lieben kann; der Liebe und nicht des Nutzens willen.

Wahre Partnerschaft ist,
wenn man den anderen mehr liebt als braucht.

Man kann und wird weiterhin in seiner jeweiligen Rolle aufgehen und doch ist endlich eine Grundlage da, damit beide ganz Eins sein können. Nur wer sich selbst liebt, kann jemand anderen lieben – nur wer mit sich selbst völlig vereint ist (Pole), kann mit jemand anderem verschmelzen. Das klingt paradox, aber nur so funktioniert es und gibt die Grundlage für eine dauerhaft befriedigende Partnerschaft auf allen Ebenen. Eine Partnerschaft, die auf Freundschaft und ehrlichem Verstehen gründet.

Für die Anziehung zwischen den Partnern gibt es im Griechischen drei Begriffe, nicht nur einen einzigen, wie bei uns:

- *Eros* – die körperliche Liebe, die auf körperlicher Lust und ihrer Befriedigung beruht
- *Philea* – die freundschaftliche Liebe in Zuneigung und Wohlwollen
- *Agape* – die Liebe, die einfach liebt, weil sie Liebe ist

Agape ist in sich selbst die eigene Quelle. Sie ist die wahre Liebe zu dem wahren Selbst, aus der später die wahre Liebe auch für das Gegenüber entspringt. Sie ist rein, ohne Erwartung, nur einfach weil sie ist. Jemand in der Agape muss lieben, sonst leidet er. Er benötigt einfach ein Gegenüber, auf das er seine Liebe richten kann, um sich selbst zu erfahren. Es ist die göttliche Liebe, die, wenn sie diesen Gegenstand nicht im Außen findet, sich zurückzieht und das Selbst liebt. Das ist der wahre Weg des Yogi.

Der Partner als Spiegel hilft uns, zwei grundlegende Fragen zu beantworten: „Wer bin ich?" und „Was ist die Liebe?" Denn der Spiegel wird entweder Vorhandenes stärken, weil Gleiches Gleiches verstärkt. Oder er wird Fehlendes ergänzen, da er das Defizit aufzeigt oder auszufüllen vermag. Oder das Andersartige wird uns helfen – vielleicht durch Leid –, die Person zu sein, die wir wahrhaftig sind, sodass wir uns selbst besser erkennen.

> „Die begrenzte Liebe sucht den Besitz des Anderen,
> doch die grenzenlose Liebe verlangt nichts anderes,
> als zu lieben."
>
> *Khalil Gibran*

In der Partnerschaft geht es um Energie und deren Austausch. Geschieht der Austausch freiwillig und in Fülle, fließt mehr Energie, was wir als Glück interpretieren. Mit dem Energielevel steigt die Freude am Partner.

Das **Prinzip** ist Verbindung, die spricht: „Ich bin du, und du bist ich."

Wenn sich die Energie der Liebe in der Partnerschaft nicht vermehrt, aus welchem Grund auch immer, so wandelt sie sich nur um.

Das heißt: Wenn die Liebe als Energie nicht richtig fließen kann, wird sie zu Angst. Sobald die Liebe wieder fließen kann, verschwindet die Angst. Liebende fürchten sich nicht. So überwindet die reine Liebe sogar den Tod und die Angst vor dem Tod.

Liebe, die aber irgendwo in der Schwebe gehalten wird, eine Liebe, die nicht durch den Liebenden zum Geliebten fließen darf, kann in einer Partnerschaft verschiedene graduelle Zustände durchlaufen: Aus Liebe wird Eifersucht, eine leichte Form der Angst, dann wird daraus Besitzergreifen. Und auch das ist ein Teil der Angst, sie kann sogar in Hass umschlagen. Wenn die Liebe nicht mehr fließen kann, verschiebt sie sich schnell auf der Skala in ihr Gegenteil, in die Angst und ihre graduellen Ausdrucksformen. Darum sollte das erste Gebot in der Partnerschaft sein, den verbindenden Energien der Liebe gleichberechtigt teilhaftig zu sein und diese in Fluss zu halten: nicht nur ein gegenseitiges Nehmen und Geben, sondern ein Sein, das geben und empfangen kann aus einer Vereinigung von Körper, Seele und Geist. Im Mentalen, im Fühlen und in den Freuden der körperlichen Verschmelzung, die ein Abbild des Himmlischen ist. Liebe muss fließen, um zu wachsen. Wenn man Liebe gibt, fließt neue nach. Immer! Sie ist das einzige Gut, das durch Verschwendung und Teilen mehr wird!

> Für die Welt bist Du irgendjemand,
> aber für irgendjemanden bist Du die Welt.

Weshalb bekommen manche immer wieder den gleichen Typ von Partner? Warum gerät eine Frau nach einer Trennung wieder an diesen heillosen Typ, der nicht treu sein kann oder das Geld sinnlos verpulvert? Warum hat ein Mann wieder den Typ Frau, der herrisch versucht, einen anderen aus ihm zu machen, und furchtbar streitsüchtig ist? Weil wir nur zu dem in Resonanz stehen können, was wir selbst in unserer persönlichen Frequenz ausstrahlen! Und oft zeigt uns eine Partnerschaft so die persönlichen „Defizite" auf, die wir irgendwann einmal aufweisen. Das Gegenüber wird dann zum verzerrenden Spiegel, entweder weil wir gleich dem sind oder weil wir durch einen Menschen, der genau in unsere versteckte Wunde schlägt, mit unseren Schwächen konfrontiert werden. Und warum? Damit aus den Schwächen Stärken werden. Schließlich wollten wir es doch so haben! Wir haben uns doch dafür entschieden, als wir diesen verrückten Abenteuerurlaub auf der Erde gebucht haben!

Schwächen sind etwas Wundervolles, die Würze des Lebens, damit wir das überwinden, was uns hindert, ganz der zu sein, der wir sind. Das wahre Selbst versteckt sich hinter der Illusion der menschlichen Unausgeglichenheit zwischen den zwei Polen der Extreme von Männlich und Weiblich.
Erst wenn diese eins werden, sind wir eine eigenständige Person, welche aus sich selbst schöpft, und erst so wird man zur echten Bereicherung für das geliebte Gegenüber. Durch die 7 Wahrheiten erhalten wir Einsichten, wie wir uns ohne Leid in die höchsten Höhen aufschwingen können.

Wer zur Liebe geworden ist,
muss lieben, um die Liebe zu bleiben.

Partnerschaft bedeutet immer auch Reibungswärme, auch einmal einen konstruktiven Streit, da dies nur eine Form von Bewegung ist – der Beginn einer positiven Veränderung. Angleichung entsteht durch Kommunikation auf gleich eingestellter Sender- und Empfängerfrequenz. Es wird nämlich oft nur noch über „Dinge" gesprochen, doch existiert kaum wirkliche Kommunikation zwischen den Menschen.

Bei Streit ist nur darauf zu achten, dass man den See des Karmas danach ruhen lässt, indem man ihn nicht von Neuem aufwühlt durch Schmerz und Missgunst der verstrichenen Vergangenheit.

Niemand hat recht, niemand hat unrecht, wir sind hier, um die Dualität zu transzendieren und die Polaritäten auszubalancieren!

Die Lösung

Das Männliche sieht einen scharfen Ausschnitt,
das Weibliche sieht das Ganze, aber weniger scharf.
Das Vereinte sieht das Gesamte scharf.

Der vollkommene Partner ist der, welcher keinen Partner benötigt. Das ist die Sorte Mensch, die sich ihrer zwei Seiten gewahr ist und erkennt, dass das eine in ihnen weder nur Mann noch nur Frau ist, sondern ein ausgeglichenes, in sich vereintes Wesen, das deshalb nicht hilflos der Dualität unterworfen sein muss. Wir alle existieren immer auf zwei Ebenen und beiden Seiten. Jede Seite ist der Spiegel der anderen Seite.

Sie selbst sind Eins und haben alles in sich verborgen, das sich durch Selbsterkenntnis über die eingeschränkte Einseitigkeit erhebt und sein ganzes Potenzial auszuleben vermag.

Doch wie geht das in der Praxis?
Das kann nur geschehen, wenn beide Gehirnhemisphären synchron sind und man dadurch sowohl intuitiv als auch extuitiv (pragmatisch) sein Leben meistert. Es ist die Vereinigung des männlichen und weiblichen Energiepotenziales. Das sogenannte Christusbewusstsein baut darauf auf, und das ist das Ziel von *Metanoia*.

Übrigens ist die wahre Bedeutung des Sanskritwortes *yoga* „Vereinigung". Auch partnerschaftliche Liebe ist Verbindung. Nennen wir es das „Yoga der Liebe". Techniken, die Verbindung zum Partner schaffen. Wenn jemand liebt, so sucht er ein Vereinigen mit dem Geliebten. Ein Einswerden, wodurch er sich als eine Einheit oder eine Wirkeinheit definiert.

Das Stärkere bestimmt das Schwächere.
Aber durch das Schwächere
wird auch allmählich das Starke schwächer.

Das Stärkere und Dominante bestimmt immer das Schwächere. Das hat aber nichts mit Machtgehabe zu tun. Denn das Schwächere profitiert immer auch vom Stärkeren, wobei das Stärkere meist etwas von seiner Energie einbüßt. Zwischen den zwei Polen wird immer die Tendenz herrschen, Ausgleich und Angleichung zu schaffen, was letztlich auf Harmonie abzielt.

Treffen die Partner aufeinander, so wird das Stärkere, das sich vielleicht gerade in einer Hochstimmung befindet, von dem Schwächeren angesaugt. Es ist wie bei einer Waage: Die Energiepotenziale werden sich in der Mitte ausgleichen – wenn es dem einen gut ging, geht es ihm nach dem Kontakt nicht mehr so gut, dafür hat der andere etwas von seiner Energie abbekommen.

Das ist ein normaler alltäglicher unsichtbarer Ablauf. Und wenn es freiwillig geschieht, dass man dem anderen in seiner Not hilft, ist das auch wunderbar natürlich. Wenn es jedoch zur Gewohnheit und das Fass ohne Boden nie voll wird, so werden sich beide – da immer ein Ausgleich erfolgen muss – auf eine gemeinsame komprimierte Ebene einschwingen. Nichts Halbes und nichts Ganzes wird die Folge sein.

Alles, was sich nicht anzieht, stößt sich ab.
Bleibt es dennoch zusammen, wird es geschwächt.

Die ideale Partnerschaft geht aber darüber hinaus und wird selbst zur Quelle der Energie, sodass man den Partner in dieser Hinsicht nicht mehr benötigt und man eine Partnerschaft erleben kann, die ganz dem Sinn des Wortes „Partnerschaft" entspricht: ein Part zu sein, sich zu ergänzen. „Ergänzen bedeutet": eine höhere Ordnung schaffen, mehr Energie, sich gegenseitig helfen, auf ein höheres Level des Bewusstseins und der Schöpferkraft zu gelangen.

Dazu müssen sich aber beide einig sein und einen gemeinsamen Fokus pflegen. Dieser kann auf jeder Ebene liegen: spirituell, im Genuss, Sport, Finanzen, altruistische Belange, Familie und Kindererziehung, die Anhebung des Massenbewusstseins oder ähnlich Geartetes. Es warten in jeder Beziehung Potenziale darauf, vereint zu werden für ein gemeinsames Ziel, das über das Bekannte und Geträumte hinausgehen mag.

Wer sich nicht selbst liebt, kann andere nicht lieben.
Wer mit sich selbst allein glücklich sein kann,
ist es auch mit dem Partner.

Liebe ist nicht auf menschliche romantische Gefühle begrenzt, denn diese führen unweigerlich zu Leid. Aber wahre echte Liebe, wie sie ursprünglich nach den Wahrheiten der Ur-Liebe gemeint ist, ist alles und führt zu großer Erfüllung.

Die 7 Wahrheiten sind die 7 Sprachen der Liebe, auch und gerade in der Partnerschaft.

1. Mentalität
Wenn wir uns in der Partnerschaft als Pole der einen Sache, des sich selbst polarisierenden Geistes, erkennen, haben wir die Möglichkeit in die Einheit mit dem Gegenüber, dem Partner, zurückzukehren – als ein vereintes Energiefeld aus manifestierenden, sich multiplizierenden Potenzialen.

2. Kausalität

Durch diese Einheit setzt man gemeinsame Ursachen und bekommt dadurch gemeinsam erwünschte Wirkungen. Wenn zwei sich zu Einem machen und ihre Energien auf eine Sache ausrichten, also eine gemeinsame Ursache setzen, multipliziert sich ihr erschaffendes Potenzial enorm!

3. Analogie

So spiegelt das gemeinsame Innere das äußere Gemeinsame: auf der materiellen, auf der emotionalen und auf der mentalen Ebene des Geistes sowie auf allen Graden der Ebenen des Seins. Sie werden auf Erden das Abbild des Himmlischen erleben können.

4. Resonanz:

Diese gemeinsame Resonanz macht zum einen anziehend füreinander und zum anderen für das, dessen man gemeinsam – auch materiell – bedarf. Je perfekter die gemeinsame Resonanzfrequenz übereinstimmt, desto stärker ist das gemeinsame Potenzial, die gewünschte Realität zu erschaffen. Die Energie der gemeinsamen Liebe mehrt sich und schaukelt sich auf.

5. Harmonie

Zu wissen, dass die gemeinsame Harmonie die erlebte Harmonie im Leben begünstigt und so Kampf und destruktiver Streit unnötig werden können. Dass sie als das Stärkere durch die Vereinigung das Schwächere niederer Ebenen kontrollieren können. Wenn zwei eine Sache wünschen, wird diese wahr, da sich ihre vereinten Potenziale in der Kraft multiplizieren.

6. Rhythmus

Zu verstehen, wie Loslassen und Entspannung den Ausgleich zur Harmonie schaffen und wie einem durch die gemeinsame Frequenz alles zufällt, dessen man bedarf, und wie man sein Leben auf höheren Ebenen genießen lernt. Wenn wir das Pendel (Kontrolle, Angst, Misstrauen, Enttäuschung) loslassen, muss alles in Harmonie enden.

7. Polarität

Polarität ist das Wissen, dass das Gegenüber uns spiegelt und dass es dazu da ist, uns an unsere Vollkommenheit zu erinnern. Uns selbst in dem anderen zu erkennen und die Pole zur gemeinsamen Mitte in Balance zu bringen durch Ausgleich der „Defizite" der beiden Partnerrollen.

> *„Denn wenn zwei Eins werden,*
> *wird das Eine Alles sein."*

Smaragdtafeln VII

Einige gute „Ich-bin-Affirmationen", die die 7 Wahrheiten zusammenfassen, sind:

Ich bin der vollkommene Partner.

Ich bin völlig eins mit meinem Gegenüber.

Ich bin ein Multiplikator unserer gemeinsamen schöpferischen Kraft!

Und noch etwas Wichtiges: Seien Sie so, wie Sie sind. Mit aller Konsequenz, auch wenn es Ihr Partner nicht mehr mit Ihnen aushält. Nur wer sich selbst treu ist und damit wirklich eine eigene starke Frequenz pflegt, kann in Resonanz zu etwas mit gleicher Frequenz stehen. So kann es sein, dass etwas aus dem Leben geht und etwas anderes, was uns wirklich glücklich macht, dafür kommen kann.

Sie sind ein Original, pflegen Sie sich, achten Sie auf sich und sehen Sie in Ihr Herz hinein. Dort ist alles, was Sie benötigen. Wenn Sie sehen, wie wundervoll Sie wirklich sind, werden Sie sich heiß und innig lieben. Dann wird das im Außen in Ihre Welt treten, was gleich Ihnen sich selbst liebt, und es kann vollkommene Verschmelzung geben. Erst wenn Sie niemanden mehr benötigen, zum Beispiel um sich nicht allein zu fühlen, kann das Vollkommene geschehen und aus zwei Eins machen.

Das Glück, das Sie suchen, sind Sie selbst.

Menschliche Liebe nur auf niederer Ebene ist ein täuschendes Ding und in seinen Fäden verheddern sich unzählige Seelchen, die auf der Suche nach der einen Liebe in sich selbst sind. Was Sie suchen, sind Sie selbst. Wenn Sie das leben, stoßen Sie alles ab, was nicht zu Ihnen gehört (Entschlackung) und ziehen dafür Ihr persönliches Glück an, und das auf jeder Ebene.

Was Du liebst, das lass gehen –
kommt es zurück, gehört es Dir für immer.

Finanzen

Haben, bevor man hat.

Allgemeine Sicht

Nun beziehen wir diese Wahrheiten einmal auf das wichtige Thema „Finanzen", auf das liebe Geld. Geld ist eine perfekte Möglichkeit, Energien auszutauschen. Die Energie der Arbeitszeit wird mit dem Geld ausgeglichen, das man als Lohn bekommt. Und durch das erhaltene Geld können wir wiederum den Preis der benötigten Waren in einem Supermarkt ausgleichen (bezahlen).

Geld ist also nur ein Mittel zum Energieausgleich. Es ist ein sehr gutes Bild dafür, wie die Wahrheiten funktionieren: Unsere Arbeitskraft setzt die Ursache für die Auszahlung des Lohns für unsere geleistete Arbeit. Der Lohn ist die Wirkung. Wir erhalten ihn analog und entsprechend unserer Fähigkeit. Die Zeit zwischen unserer vollbrachten Arbeit und dem Erhalt des Geldes ist gleich dem Schwung des Pendels.

Sehr wichtig ist es, das Geld im Fluss zu halten. Denn wenn wir Geld ausgeben, können wir durch die Anwendung der Wahrheiten dafür sorgen, dass es entsprechend nachfließt.

Wenn wir uns nicht zu knauserig verhalten, weil wir an Mangel glauben, können wir im Fluss des Lebens bleiben und das Geld wird zu uns hin- und wieder von uns wegfließen, in einem immerwährenden harmonischen Strom. Und wenn man will, in fortwährender Fülle!

Doch durch übertriebenes Horten und Sparen schafft man sich bald einen Stau, der den Fluss abschneidet. So entsteht schnell Armut. Besser ist es, einen gesunden harmonischen Ausgleich stattfinden zu lassen. Das Sparen von Geld ist eine wahre Tugend, nur – und das ist hier gemeint – sollte man es nicht aus Angst vor einem Mangel tun, sondern um vielleicht ein größeres Projekt realisieren zu können.

Von Anthony de Mello *(Gib Deiner Seele Zeit)* gibt es die Geschichte vom Geizhals.

Sie berichtet von einem sehr geizigen Mann, der sein Gold unter einem Baum in seinem Garten zu verstecken pflegte. Jede Woche ging er einmal zu dem Baum, grub das Gold aus und betrachtete es stundenlang.
Eines Tages aber fand er nur ein leeres Loch.
Der Mann heulte vor Kummer so laut, dass die Nachbarn zusammenliefen, um zu sehen, was geschehen war. Als sie erfuhren, was dem Mann widerfahren war, fragte einer: „Hast du das Gold denn zu etwas gebraucht?"
„Nein", heulte der Geizhals, „ich habe es mir immer nur jede Woche einmal angesehen."
„Also", sagte der Nachbar „wenn du das Geld nicht direkt gebraucht hast, kannst du doch genauso gut weiterhin kommen und das Loch betrachten."

Das Ziel des **Prinzips** ist ja nicht, dass man sich jeden Kram anschafft, sondern dass das Materielle seine übertriebene Wichtigkeit verliert.

Am wichtigsten ist es doch immer dem, der inneren Mangel hat und versucht, ihn durch materiellen Besitz auszugleichen.

„Es gibt nur eine Gesellschaftsschicht, die mehr ans Geld denkt als die Reichen: die Armen."

Oscar Wilde

Und man bedenke: Wer ist abhängiger von Geld und Materie, der Arme oder der Reiche? Gewöhnlich doch der Arme, denn er kämpft um das Überleben.

Der Mensch, der hat, bevor er hat, kann es sich leisten, gleichmütig zu sein. Die Illusion der Materie vergeht, wenn man zu sich selbst zurückkehrt. Wenn wir mit Geld großzügig umgehen und nicht daran kleben, signalisieren wir, dass Fülle da ist. Diese Einstellung fördert den Geldfluss, da man Geld loslässt, anstatt dass man versucht, es aus Angst zu kontrollieren, was immer misslingt.

Von der Fülle des Lebens bekommt man nur so viel, wie man sich selbst der Fülle gegenüber öffnen kann. Der Mensch öffnet sich, indem er alle bewussten und unbewussten Gedanken an Mangel und Begrenzung in sich auflöst, sich von allen alten Begrenzungen trennt und Neues, Unbegrenztes wagt. Wer Fülle nicht lebt, dem bleibt sie letztlich versagt.

Beobachten wir einmal vielleicht verdeckte „Glaubenssätze" in Bezug auf Geld, die meist tief in die Vergangenheit zurückgehen, sodass es schwer sein kann, sie zu erkennen. Und dann kauft man sich ein Buch darüber, wie man Geld manifestiert, oder belegt eines der Erfolgsseminare, insbesondere solche, die das Thema „Gesetz der Anziehung" anbieten. Dann kollidiert man oft gerade beim bewussten Anwenden des Gesetzes der Anziehung mit dem Gesetz der Polarität. Das bringt auf einmal genau gegenteilige Resultate hervor. Wie gesagt, die Wahrheiten sind eine Wirkeinheit. Hat man den gemeinsamen Nenner erfasst, sieht man alle 7 Wahrheiten automatisch in seinem Leben erfüllt.

Alle 7 Wahrheiten funktionieren so, dass wir haben, bevor wir haben. Das ist die Herrschaft über die vierte Dimension. Aus Mangel heraus zu agieren, ist nicht der Weg der Wahrheiten und diese können sich dadurch sogar gegen den Anwender richten. Wenn wir etwas unbedingt brauchen oder zu brauchen meinen, dann ist die abstoßende Kraft einfach oft viel größer als die anziehende. Das ist der Grund. Es geht nicht nur um ein bloßes Loslassen als Technik, es geht vielmehr um ein Haben, bevor man hat. Nur dann können wir völlig konsequent das Pendel loslassen, welches Wohlstand zu uns zurückbringen kann.

Man gebe, um zu bekommen.

Wenn ich Geld „liebe" (als Mittel zum Zweck), wird es gern zu mir kommen. Ja, es wird mir nachfolgen wollen! Doch wenn ich Geld als schmutzig empfinde oder gar im Geld die Wurzel allen Übels sehe, wird es wegbleiben. Wenn ich das Leben liebe, wird mich das Leben lieben und mich reich beschenken. Geld ist nur Energieausgleich! Ohne Wertung. Es ist praktisch und erleichtert vieles. Sympathie, nicht Abhängigkeit! Man muss Geld in gewisser Weise mögen, ohne davon abhängig zu sein.

Nicht loslassen zu können ist ein Zeichen für Mangelbewusstsein. Wenn man aber loslässt, weil man hat, tut man das aus Füllebewusstsein und bekommt dadurch mehr. Wir bekommen immer nur, was wir in uns schon sind!

Die Lösung

Liebe das Leben, und das Leben liebt Dich!

Sie könnten durch die Anwendung der Gesetze wohlhabend werden, genau wie es dadurch auch damals die Templer wurden. Glück kann man zwar nicht am Kontostand ablesen, aber eine gesicherte äußere Existenz gehört unmittelbar dazu. Bitte verlernen Sie nicht, den Bedürftigen zu geben. (Wer gibt, dem wird gegeben.)

Die 7 Wahrheiten sind der Weg zu (bleibendem) Wohlstand. Es geht mehr um ein Empfangen aus Sog anstatt aus Druck. Es geht also mehr um die weiblichen Energien. Wir sehen in dieser Wahrheit, wie das heutige System in die Knie gezwungen wurde und versagt hat, da es nur einseitig auf Druck und männliche Energie aufgebaut war. Nur Sog in der Kraft der Verbindung schafft Wohlstand und Glück für alle.

Materie ist für uns so lange zentral, bis wir erfassen, wie man sie zu unseren Gunsten manipuliert. Und so verliert sie ihre Wichtigkeit für das Überleben. Die Überwindung der Materieabhängigkeit ist das Ziel des **Prinzips** in der Vergeistigung der Materie durch die 7 Wahrheiten. Auf diesem Wege wird man frei von ihr.
Denn wer der Materie anhaftet, weil er nicht weiß, dass er die Macht darüber hat, muss ihr immer sklavisch dienen. Wir dürfen aber frei von ihr sein, indem sie fortan uns dient. Materie soll nicht über uns herrschen, sondern wir über sie. Und in diesem Moment der Erkenntnis verliert sie ihre Macht über uns und somit ihre Wichtigkeit für uns.

Sie dürfen wissen: Wenn Sie das Pendel (Kontrolle, Angst, Misstrauen, Enttäuschung) loslassen, muss das alles in Harmonie enden. Es ist das Stärkere auf höherer Ebene, welches die unteren Ebenen der materiellen Welt bestimmt.

1. Mentalität
Der Geist bestimmt die Materie, je mehr sich dieser seiner selbst bewusst wird. Ein Bewusstsein der Fülle im Rahmen der 7 Wahrheiten hilft dem Geist, sich über die Materie zu stellen und herrscht über sie von dieser höheren Sphäre hinunter zu der niederen, der rein materiellen Welt.

2. Kausalität

Das, was man in seinem Geist zulässt, ist die Ursache für die finanzielle Auswirkung. Jeder Gedanke ist ein Impuls, der entweder zur Fülle oder aber zu Mangel beiträgt. Setzt man bewusst die Energien auf mentaler und emotionaler Ebene in der Ordnung der 7 Wahrheiten frei, ist Wohlstand unvermeidlich!

3. Analogie

Die innere Einstellung bestimmt, was wir im Außen erleben. Wir wissen, dass wir von oben nach unten regieren und Materie, insbesondere finanzieller Erfolg, von der inneren Fülle ausgeht und analog sich im Außen manifestieren muss.

4. Resonanz

Man schafft eine Resonanz zu Wohlstand, indem man „hat, bevor man hat". Dieses „Ich bin" ist der beste und einfachste Weg zur machtvollen Resonanz, da es alle 7 Wahrheiten in sich natürlich vereint. „Ich bin wohlhabend" ist deshalb die Kraft der Ur-Liebe, die eine Verbindung schafft und so uns alles zufallen lässt, dessen wir bedürfen.

5. Harmonie

Es ist gut, jede Kontrolle aufzugeben und die Wahrheiten wirken zu lassen. Wurden die Ursachen gesetzt, ist es gut, das so entstandene Vakuum zu fördern durch das Loslassen von Dingen, die uns daran hindern, finanziellen Erfolg zu haben. Das kann verstecktes Mangelbewusstsein sein oder eine andere Form der Angst. Sie dürfen wissen, dass alles sich zur Harmonie ausgleicht.

6. Rhythmus

Die entsprechend der 7 Wahrheiten ausgesandte Energie des Geistes setzt eine Bewegung frei, welche sich im Pendelschwung manifestiert, der bald als Echo das widerhallen lässt, was man als Ursache gesetzt hat. Die Kunst ist, das Pendel in seinem Schwung nicht zu stören, etwa durch zu vieles Grübeln.

7. Polarität

Auf der Skala des materiellen Wohlstandes sind Armut und Mangel nur ein anderes Extrem, das dem Reichtum gegenüberliegt. Durch (entspannte!) Konzentration auf den Pol, den man manifestiert haben möchte – in diesem Falle Wohlstand –, verlagert sich die schaffende Energie des Geistes darauf, verbindet sich damit und ruft diesen Wohlstand in die erlebbare Realität.

Letztlich ist Reichtum eine Frage des inneren Reichtums!

Einige gute „Ich-bin-Affirmationen" sind deshalb:
Ich bin reich.
Ich bin ein Geldmagnet.
Ich bin in jeder Hinsicht wohlhabend und immer wohlhabender!

Arbeitsplatz und Erfolg

„Muße, nicht Arbeit,
ist das Ziel des Menschen."

Oscar Wilde

Allgemeine Sicht

Was ist das Ziel der Arbeit? Geld! Natürlich ist es das – nebst der Freude an der Arbeit, wenn man sie denn hat. Also ist der Erfolg der Arbeit, dass man mit möglichst großer Leichtigkeit genug Geld verdient und man dabei noch Spaß hat und sich den „Luxus" der Muße gönnen kann. Sodass die Arbeit keine Last ist, sondern vielmehr eine Freude, die wiederum entsprechend der gesetzten Ursachen für die Erfolgsfaktoren mehr Geld und mehr Erfolg beschert.

Viele haben nur deshalb ein Problem mit Geld, weil Geld oft mit etwas Negativem verbunden wird. Man muss dafür ja unter Last und in Abhängigkeit schwitzen! Doch ist Geld völlig neutral. Die Wertigkeit, die wir ihm verleihen, ist rein subjektiv. Sehen wir es einmal so: Geld ist eine gute Sache, denn es ist ein Weg zur persönlichen Freiheit. Geld ist Ihr gutes Recht – es ist ein Energieausgleich für Ihre Arbeit und für das, was Sie geleistet haben – für Ihre Arbeitskraft.

Wenn Sie zum Beispiel in einem Restaurant ein Gericht bestellen, dann muss der Koch das Gericht zubereiten und investiert ein wenig von seiner Lebenskraft, um das Gericht zu kreieren. Genauso der Kellner, der es dann serviert. Dies alles verlangt nach einem Energieausgleich, der durch Ihre Bezahlung prompt erfolgt. Doch diese Energie wird nur ausgeglichen mit Ihrer eigenen Arbeitskraft, da ja auch Sie Lebensenergie für Ihren Verdienst (man achte auf die Wortbedeutung) bereitstellen mussten.

> *„Arbeit ist sichtbar gemachte Liebe. Und wenn Ihr nicht mit Liebe, sondern nur mit Unlust arbeiten könnt, dann ist es besser, Eure Arbeit zu verlassen und Euch ans Tor des Tempels zu setzen, um Almosen zu erbitten von denen, die mit Freude arbeiten."*
>
> Khalil Gibran

So ist sowohl das Arbeiten als auch das Bezahlen ein stetiger Fluss von Energien. Ziel ist es dabei, mit möglichst wenig Energieeinsatz Geld zu verdienen. Es geht darum, die Faktoren zu optimieren und die Energielecks abzudichten. Diese sind meist Frust am Arbeitsplatz oder einfach eine unpassende Tätigkeit, die nur zu Stress führt und auf Kosten der eigenen Energie und des freien Bewusstseins geleistet wird. Also sind sowohl Arbeit als auch Geld nur eine Energieform, die mit möglichst wenig Hindernissen und Blockaden fließen soll. Zu Letzteren gehört auch eine verschobene Wertigkeit des Geldes in der eigenen Sicht und in Unwissenheit der 7 Wahrheiten.

Doch aus Unwissenheit stecken viele in einer Krise, der Erfolg bleibt aus, das Geld ist knapp. Doch was genau ist eine Krise? Ist vielleicht eine Krise gar nichts Negatives? Vielleicht ist es nur das Pendel, das sich hin und her bewegt und uns zu neuen Ufern tragen will?

In der chinesischen Schrift wird der Begriff „Krise" aus zwei Zeichen gebildet: Das eine bedeutet „Gefahr", das andere „Chance". In jeder Krise steckt natürlich ein Risiko. Aber es steckt eben auch ein enormes Potenzial darin, zu mehr Glück und Zufriedenheit zu finden! Probleme sind da, damit wir sie lösen und damit sie uns erlösen von den Dingen, die nur Schein sind. An jeder Krise kann man deshalb wachsen, und jedes Problem beinhaltet in Wirklichkeit schon die Lösung, wir haben sie uns ja selbst geschaffen – das Problem sowie die Lösung. Nachdem man immer mehr durch Ent-Täuschung hinter die Täuschung sieht, erkennt man wieder, was wirklich wichtig ist.

Das Wort „Krise" (griech. *krisis*) bedeutet „Entscheidung". Damit ist durchaus wörtlich auch das „Ende der Scheidung" gemeint, und das ist, wie sich unschwer erraten lässt, die erneute Verbindung. Genau durch diese Kraft der bewussten Verbindung wird ein Zustand, den wir landläufig Krise nennen, in sein positives Gegenteil umgepolt. Und was verbindet uns? Die 7 Wahrheiten!

Warum sollten wir aus einer Krise keine neue Chance machen? Warum sollten wir aus einer Verzweiflung keine „Verglaubung" machen können?

Was nun aber, wenn wir gemobbt werden und die Arbeit zu einem nervenaufreibenden Stressmonster mutiert? Sollen wir das den Verursachern heimzahlen? Wenn wir auf der menschlichen Ebene keine Vergeltung üben, falls uns Unrecht geschieht, wird immer ein Ausgleich zu unseren Gunsten stattfinden. Wenn wir also in einer gegebenen Situation – bildlich gesprochen – die andere Wange hinhalten, ist das so gesehen eine „Rache" göttlicher Art. Das Universum ist gerecht, man störe es nicht in seinem Fluss zum Ausgleich, damit die Harmonie wiederhergestellt werden kann.

Und es gibt einen Unterschied zwischen Beruf und Berufung. Ist Ihre Arbeit wirklich der Platz Ihres Herzens?

Erfolg ist das, was erfolgt,
wenn wir für die entsprechenden Ursachen sorgen.

Es wäre töricht, zu glauben, dass erfolgreiche Menschen anders oder besser sind als andere. Der Unterschied ist, sie wissen etwas oder handeln intuitiv nach etwas, was andere nicht wissen oder vergessen haben. Die 7 Wahrheiten schlüsseln die Wirkungen für einen bewusst geschaffenen Erfolg auf. Einen Erfolg, der, wenn man will, durch kontinuierliches Anwenden der 7 Wahrheiten bestehen bleibt. Kontinuität ist das Rezept der Erfolgreichen.

Die Lösung

Man könnte sagen, dass alles seinen Preis (oder seine Energieinvestition) hat, da jeder Erfolg und jede Form der Energiedifferenz sich ausgleichen müssen. Alles, was wir besitzen oder erlangen können, kostet uns auch etwas. Das Haus und das Auto kosten unsere Arbeitskraft. Die Ehe kostet die Ungebundenheit. Ungesundes Essen kostet die Gesundheit. Ein großes Ziel kostet viel Aufwand und Einsatz usw. Alles, was man besitzt, besitzt deshalb auch einen selbst.

Wir bezahlen für alles einen Preis in der Dualität. Nur das Nonduale, das in sich Vereinte, steht über diesem Schema und schafft etwas ohne Leid und ohne dass wir etwas dafür bezahlen müssen.

Denn je höher die Ebene ist, von der aus die Energie als Ursache gesetzt wird, desto stärker erscheint die Wirkung auf den unteren Ebenen. Die höhere Ordnung des Geistes ist immer mächtiger als der Schweiß des rein irdischen Strebens. Auch am Arbeitsplatz.

Es ist wichtig, ein zielgerichtetes Bewusstsein zu entwickeln, indem wir gezielt Ursachen setzen und dann einfach den Pendelschwung abwarten, der analog zu einer Ursache das Entsprechende einbringt. Alles, was wir im Geiste in uns tragen, finden wir im Außen zu gegebener Zeit als Spiegelung unserer Innenwelt wieder.

Erfolg am Arbeitsplatz ist – nüchtern betrachtet – nur die Summe optimierter metaphysischer Faktoren! Die Frage ist, wie optimiert man diese Faktoren und welche Faktoren sind das? Die „glücklichen Zufälle" im Leben sind immer die Folge der ordnenden Kräfte der 7 Wahrheiten. Mit ihnen ist es möglich, Energien für den persönlichen Erfolg zu bündeln.

1. Mentalität

Geist schwitzt nicht. Doch nutzt man nicht die Kräfte des Geistes, so wird der Körper schwitzen müssen. Es ist gut zu verstehen, dass die Arbeit uns dient, nicht wir der Arbeit. Sie schuldet dem Geist Gefolgschaft so wie auch die Materie immer dem Geist nachfolgen muss. Der Prozess unserer mentalen Energie hilft uns dabei, Einfluss auf den Erfolg an unserem Arbeitsplatz zu nehmen.

2. Kausalität

Wieder setzt das Bewusstsein, das sich mit sich selbst identifiziert, eine Ursache durch das Denken, das Fühlen und das Reden. Fühlen wir uns erfolgreich, weil wir wie jemand denken, der Erfolg hat, dann strahlen wir das aus. Folglich haben wir eine analoge Wirkung im Außen. Wieder ist die Bewegung des Geistes die Ursache, die uns zur rechten Zeit am richtigen Ort sein lässt, welcher für uns das höchste Potenzial bereithält.

3. Analogie

Unser inneres Bild von uns und unserem Erfolg (gerade am Arbeitsplatz) ist das, was wir analog im Außen vorfinden. Folglich werden sich aus einer bewussten Änderung des Selbstbildes – je höher diese Änderung ist, desto stärker die Auswirkung – analog die Umstände der Arbeit ändern. Und: Ist jemand mit 5 Euro vertrauenswürdig, wird er es auch mit 50 Euro bleiben. Ist er mit 50 Euro treu, kann man ihm auch 500 Euro anvertrauen.

4. Resonanz

Dieses innere Bild des Erfolges schafft die Resonanz dessen, was wir in uns sehen und fühlen, und stellt so die Verbindung zum Erleben desselben her. Können wir dieses Gefühl des Erfolgs mit jemandem teilen, der unsere Kraft zu stärken vermag, wie etwa ein geliebter Lebenspartner, verstärkt sich diese kreative Energie noch exponentiell.

5. Harmonie

Harmonie ist das Ziel des Strebens aller Dinge, alles gleicht sich aus. Bringen wir unsere Arbeitskraft in Treue ein, so wird sich diese Kraft in persönlichem Erfolg erfüllen, sofern wir den Fluss der Dinge nicht durch Gefühle und Gedanken niederer Art stören. Aus Freude entsteht ein Vakuum aus Erwartung (ohne dieses festzuhalten) – und wenn wir es loslassen, muss sich dieses Vakuum mit unserem Erwartungsgut füllen.

6. Rhythmus

Da Sie dadurch stärker sind als die Kräfte der Umstände am Arbeitsplatz und auch die Ihres eigenen Vorgesetzten, der auch den Wahrheiten unterliegt, macht der Pendelschwung Sie souverän. Lassen Sie zu, dass Ihre Arbeitskraft ihren gesetzmäßigen Ausgleich finden kann. Bei korrekter Anwendung ist der Erfolg unvermeidlich.

7. Polarität

Auf der Energieskala ist Erfolg ein Zustand hoher Ordnung und Erfolglosigkeit ein Zustand niederer Ordnungskraft. Durch die Konzentration unserer bewussten Energie auf den Pol des Erfolges verschieben wir die Gewichtung der Skala in Richtung Erfolg. Das Maß des jeweiligen Erfolges bestimmen also die Gedanken, die wir zulassen, und die Konzentration, die wir darauf richten. Letztlich geht es bei allem um eine finanzielle Freiheit, ohne die eigene Integrität zu verlieren, und um eine Rückkehr zur Muße, zum Ruhen-in-sich-Selbst.

Einige gute „Ich-bin-Affirmationen" dazu sind:
Ich bin erfolgreich.
Ich bin am für mich besten Arbeitsplatz – jetzt!
Ich bin treu und leiste gute Arbeit, die mir Spaß macht und sich auszahlt!

Träume/Wünsche

Man ziehe die Aufmerksamkeit von Dingen ab,
die man nicht will, und lenke den Fokus
auf solche Dinge, die man erfahren will.

Allgemeine Sicht

Manifestieren ist eine natürliche Fähigkeit. Die 7 Wahrheiten sind der Schuhlöffel, den wir brauchen, um in unsere Schöpferschuhe schlüpfen zu können.

Je mehr wir uns auf etwas konzentrieren und dann wieder loslassen, desto stärker wird es. Die Theorie ist im Geiste auch immer schon die Praxis. Man wird alles, was man im Bewusstsein schon ist. Sie sind all das jetzt, was Sie denken oder dachten – wozu immer Sie sich entscheiden.
Je geringer man sich selbst schätzt, desto geringer wird man werden.
Je weniger man seine Intelligenz würdigt, desto dümmer wird man.
Je weniger man sich für schön hält, desto hässlicher wird man.
Je mittelloser man sich vorkommt, desto ärmer wird man.

Wer ist der wahre Baumeister des Lebens? Sie! Alles, was Sie sind, haben Sie selbst durch die Summe Ihres individuellen Denkens erschaffen. Wer sollte uns hindern, diese Kräfte, durch welche wir unbewusst unsere Umstände geschaffen haben, jetzt mittels des Bewusstseins in den 7 Wahrheiten neu zu erschaffen?

„Das Glück Deines Lebens
hängt von der Beschaffenheit Deiner Gedanken ab."

Marc Aurel

Um etwas in seinem Leben erschaffen zu können, muss man genau die Sache, die man will, zuerst *sein*. Das ist eine Frage der Identifikation, des Umkreisens des Gewünschten, ohne ihm dabei anzuhaften. Alles geht in Leichtigkeit, ohne jeglichen Druck. Eine der besten Übungen, um das Loslassen zu üben, ist die telekinetische Übung aus meinem Buch **Das Prinzip**. Das Aluminiumhütchen dort dreht sich nur, wenn wir uns darauf konzentrieren, dadurch mit ihm verbinden und jede Form der Kontrolle völlig loslassen. Konzentration und Loslassen widersprechen sich nicht, sie sind eins von einer höheren Ebene der Ruhe aus.

Nur dann wird sich dieses Stückchen Materie allein mittels der Kraft unserer Gedanken in Bewegung setzen können. Kontrolle führt auch beim Wünschen nicht zur Erfüllung. Jeder Traum flüchtet vor menschlichem Druck. Denn das Universum reagiert nicht auf Kontrolle, sondern auf Loslassen. Der männlichen Willenskraft muss das weibliche Loslassen folgen, will man schöpferisch sein!

Doch manchmal wünscht man sich Dinge, die nicht dem wahren Selbst und somit unserer Bestimmung dienlich sind. Oder man versucht es mit Krampf oder eben einfach, weil man denkt, eine ganz bestimmte Supertechnik würde zum Erfolg führen. Das **Prinzip** ist dagegen keine Technik, sondern eine Erinnerung an den Kern, der die Wünsche erfüllt. Und dieser Kern erfüllt nur – seiner Bestimmung gemäß – Dinge, die er selbst ist oder in sich sieht.

Man hätte nicht den Wunsch danach, wenn es nicht auch Bestimmung wäre. Man kann aber auch durch eine Identifikation mit dem Gewünschten Dinge realisieren, die noch nicht in unserer Bestimmung liegen, denn Bestimmung passt sich immer dem jeweiligen Bewusstsein an. Und ein Bewusstsein verändert sich, zum Beispiel durch Verinnerlichen mittels einer Identifikation. So wird etwas im Außen zu einem inneren Bestandteil der Gedanken. So wird eine Grundlage geschaffen, um das, was in unserem Herzen noch an Wünschen offen ist, zu stillen. Beide Wege führen zum Erfolg.

Außen kann nur werden, was innen schon war.

Ein Rezept für Gedanken:
Gedanken sind so lange wie der Wind, den man nicht fassen und kontrollieren kann, bis wir die Türen und Fenster des Zweifels schließen. Zweifel ist nur eine Denkgewohnheit, nicht mehr.

„Gedankenhygiene" ist also nichts anderes, als nur die Gedanken denken zu wollen, die man auch denken will. Die anderen verblassen dadurch mit der Zeit. Das nennt man dann „Glauben". Wird dies weitergetrieben, wird es zum Wissen. Aus Wissen wird Manifestation. So geschieht es.

Wissen ist dann erreicht, wenn wir dem inneren Bild (wie es sein soll) mehr Beachtung schenken als dem Äußeren im Spiegel.

Bei der Manifestierung gibt es eine jeweilige Verzögerung in Abhängigkeit der mentalen Ebene und der von dort ausgesandten Energie. Im Beta-Bewusstsein dauert es am längsten, im Theta-Bewusstsein geschieht es entsprechend schneller, denn je tiefer und langsamer die Frequenz der Gehirnwellen, desto schneller die Resultate.

Selbsthypnose unterstützt diesen Vorgang sehr schön. Der Alpha-Zustand ist Entspannung. Dieser Bereich beginnt schon, wenn Sie nur die Augen schließen. Jede Entspannungstechnik, im speziellen auch die CD aus meinem Buch **Das Prinzip** mit den polyauralen Synchrowellen fördert schöpferische Bewusstseinszustände.

Nicht wollen, haben! Nicht suchen, sein!

Auf den Punkt zusammengefasst:
– Alles, was man denkt und spricht, wird!
– Alles, was man fühlt, wird!
– Die Gegenwart ist das, was man in der Vergangenheit dachte.
– Wir ändern die Zukunft nach unserem Belieben, indem wir ausschließlich das denken, was wir denken wollen, und uns vorstellen, wie die Zukunft aussehen soll.
– Man bedenke: Glück und Zufall sind, wenn man nicht mit den 7 Wahrheiten bewusst arbeitet, nur Ausrutscher, bei denen man „versehentlich" dem Glück einmal nicht im Weg stand.
– Man wünscht/manifestiert immer habend und nicht aus Mangel: Ich bin!
– Wir machen unsere Wirklichkeit! So wurden wir nach Gottes Bild, also dem Ur-Schöpfer, geschaffen. Darum können wir das auch.

*Wenn man von der Vergangenheit spricht,
wird sie wieder Gegenwart.
Wenn man von der Zukunft spricht,
wird auch sie analog dazu Gegenwart.
Wenn man aber in der Gegenwart spricht,
wird sie zukünftige Gegenwart.*

Wenn ich mich selbst erkenne, werde ich anfangen, mich nach den 7 Gesetzen zu bewegen. Tu ich das, lebe ich die Liebe. Die Ur-Liebe des **Prinzips** wird in den Worten „Ich bin" zusammengefasst und wirkt unmittelbar schöpferisch.

Als Frequenzwandler wirken wir wie folgt: Wenn wir visualisieren, erschaffen wir nicht eine Erinnerung durch die Übung des visualisierten Dings, sondern es entsteht tatsächlich in diesem Moment Vormaterie. Wir sehen also in dem Augenblick des Visualisierens in der Tat schon das, was wir durch unsere Gedanken in Form von Vormaterie (Protoplasma) noch auf unsichtbarer Ebene gestaltet haben.

Mit jeder Visualisierung oder entsprechend anderer Energetisierung bauen wir weiter und verleihen dem Traum Energie, bis er immer mehr zur materiellen Substanz geworden ist. Die Kunst liegt darin, diesen Ablauf zu begünstigen, indem man nur mit den entsprechenden Energien und Frequenzen in Resonanz ist.

Nur wer sich selbst kennt, kann ein starkes Selbstbewusstsein (ein Bewusstsein für das Selbst) entwickeln. Wer sich selbst bewusst ist, weiß, was er will. Wer jetzt noch weiß, wie er das, was er will, erschaffen kann, ist bewusst schöpferisch. Was wir lernen und denken, beeinflusst andere durch morphische Resonanz. Der Schlüssel zur morphischen Resonanz ist die Gleichheit.

Alles, was wir denken und fühlen,
erschafft unsere Zukunft.

Versuchen Sie nicht krampfhaft, sich etwas vorzustellen (wer Sie sind). Worte allein funktionieren innen (Innenschau) nicht sehr effektiv. Es sind vielmehr die Gefühle und Bilder, die damit verbunden sind.

Wenn wir etwas wünschen, lassen wir spielerisch unsere Gedanken darum kreisen und lieben uns selbst durch die Liebe zum Gewünschten, da es ein Teil von uns ist. So sind wir nicht abhängig davon, es ist einfach natürlich, ohne Kontrolle und in der Leichtigkeit des Loslassens.

„Positivdenker" machen dagegen oft den Fehler, das Pendel nicht loszulassen, indem sie zu viel über ihre Wünsche sprechen, weil sie meinen, ihrer Begeisterung so Ausdruck verleihen zu müssen. Dies drückt aber oft nur den eigenen Zweifel aus. Es genügt, das Pendel einmal loszulassen – dann aber richtig. Wenn man wieder daran denkt, lässt man es einfach wieder in Freude los.

Die Lösung

Die kürzeste und dabei machtvollste Form der Kreation ist das „Ich-bin-**Prinzip**".

„Jeder von uns trägt die gleiche mächtige ‚Ich-bin-Gegenwart' in sich. Die allmächtige Gotteskraft, mit der alles vollbracht werden kann. Denn ein jeder kann alles, was er benötigt, durch die Kraft seiner Gedanken direkt aus dem Kraftvorrat des Weltalls erzeugen." [3]

Das „Ich bin" lässt die 7 Wahrheiten zusammenwirken, ohne dass wir viel darüber nachdenken müssen. So ist dies der Schlüssel in jeder Situation, welcher die natürliche und vollkommene Anwendung der Wahrheiten bewirkt. Es ist unmöglich, dass sich ein Wunsch nicht erfüllt, wenn wir ihn denn so gesetzmäßig gewünscht haben! Nehmen Sie einen Stein, heben Sie ihn auf und lassen Sie ihn fallen. Ihr Wunsch wird sich ebenso sicher erfüllen, wie der Stein auf den Boden fällt! Eine „Falschlieferung" bekommt man nur aufgrund eines geteilten Wesens: wenn Herz und Hirn sich nicht einigen können. Der Verstand interpretiert, das Herz aber versteht. Lauschen Sie gut, denn alle Antworten sind schon da …

Woran kann man erkennen, dass der Ausgleich noch nicht erfolgt ist und das Pendel noch nicht stillsteht? Daran, dass das Pendel der Gefühle noch nicht zur Ruhe gekommen ist. Harmonie ist, wenn das (innere) Pendel nicht mehr schwingt, da sich Entsprechendes manifestiert hat und die Bewegung zur Ruhe gekommen ist. Wenn Sie nur noch Frieden oder Freude spüren, wenn Sie an das zu Erschaffende denken, so wird es werden.

Harmonie ist der Ausdruck des erfolgten Ausgleichs und zeigt sich in Frieden. Frieden ist das letzte Ziel des Karmas. Wenn das Pendel ruht und alle irdischen Wünsche Erfüllung erlangt haben und das Bewusstsein die Möglichkeit hat, weiter nach oben zu streben.
Solange man einen Wunsch, ein natürliches (karmisches) Bedürfnis verleugnet, so lange verleugnet man sich selbst.

> *„Spannt man eine Saite zu stramm, reißt sie.*
> *Ist sie zu locker, kann man nicht spielen."*
>
> Siddhartha Gautama

Es ist außerdem weise, nicht zu viel über die eigenen Wünsche zu reden oder über das zu sprechen, was man weiß. Man teile Erkenntnisse und Energien, auch die Energien, welche Wünschen Erfüllung geben können, nur mit reifen Menschen, welche die Energie eher mehren, als sie durch Zweifel oder Neid zu beschneiden.

1. Mentalität
Wir sind von geistiger Natur. Wie der Ur-Schöpfer schöpft, so sind auch wir potenziell des Schaffens fähig. Sie sind Schöpfer im Schöpfer! Ein Schöpfer schafft Materiebilder und verändert sie, da Geist in der Energieordnung über der Materie steht und sie regiert. Das ist die Identifikation des AWIs in den Gedanken eines Gottes! Hier beginnt wahres Menschsein.

2. Kausalität
Die Ursache für eine gewünschte Wirkung ist der Gedanke einer göttlich denkenden Person. Gedanken manifestieren sich immer. Ist man sich seiner Gedanken bewusst und nutzt sie im Vollbewusstsein ihrer schöpferischen Kraft, kommt es zur Wunschentfaltung.

3. Analogie
Unsere inneren Träume widerspiegeln analog unsere Bestimmung in dieser Welt. Entsprechend dem, was in uns ist, senden wir Gedanken

aus. Sind wir fähig, unsere innere Einstellung und den Fokus unserer Wahrnehmung bewusst und willentlich auf etwas zu richten, passt das Äußere sich dem Inneren an – abhängig von Qualität und Quantität der Energie.

4. Resonanz

Analog zu den Gedankeninhalten senden wir diese Energie in Form einer mehr oder weniger reinen Frequenz aus. Diese tritt auf energetischem Weg mit dem Gewünschten gleicher Frequenz in Resonanz und verstärkt sich dadurch. Ist dies erfolgt, zieht sich diese Energie wieder zum Ausgangspunkt zurück und sucht den energetischen Ausgleich mit ihrem Absender durch Manifestierung.

5. Harmonie

Die Manifestation erfolgt in Abhängigkeit zu unserem Erwartungsgut, welches das Vakuum für den Sog schafft. Lässt man den Unterdruck des Vakuums los, erfolgt der Ausgleich der Potenziale. Und ein Wunsch oder ein Traum kann sich vor unseren Augen ausgestalten. Wird aber krampfhaft versucht, das Pendel durch Kontrolle, Angst oder Zweifel festzuhalten, lässt die Wunscherfüllung auf sich warten, was „Grund" zu Zweifeln geben kann.

6. Rhythmus

Wird das Pendel freigegeben und kann frei schwingen, dann bestimmt das Stärkere das Schwächere. Das heißt, das Pendel schwingt einen der Pole stärker an als den anderen, und durch entspannte Konzentration (im Alphawellenbereich) auf den erwünschten Pol kann eine dauerhafte Wunschentfaltung aufrechterhalten werden. Das ist das Geheimnis der Meister und der mentalen Transmutation!

7. Polarität

Wer das Gesetz der Polarität verstanden hat, weiß, dass man jedes Ziel nur über den Gegenpol erreichen kann und nicht auf dem direkten Weg, wie die meisten Menschen erfolglos versuchen. Das bedeutet, man muss dem einem gegenüberliegenden Pol, also dem Wunsch, der sich noch erfüllen soll, einfach den Rücken zukehren. Damit signalisiert man, dass er einem folgen soll. Wir lassen einfach dadurch die auf das Ziel fixierte Kontrolle los, und schon hat das Gewünschte den Drang, uns zu folgen. Wir werden sozusagen die Beute des Wunsches, um die Polaritäten zu vereinigen, die doch nie getrennt waren. Das Geheimnis ist auch hier: Der Wunsch und Sie sind in Wirklichkeit eins – das „Ich bin" der Vereinigung des **Prinzips**!

Um vollkommene Dinge ins Leben zu ziehen, ist ein Mann gut beraten, seinen weiblichen Pol besser zu integrieren, und eine Frau sollte den männlichen integrieren. Denn hier liegt das tiefste Geheimnis der schöpferischen und erzeugenden Kraft! Mann und Frau sind Abbild der wahrhaft zeugenden Kraft der Polarität.

Einige gute „Ich-bin-Affirmationen" sind:
Ich bin schöpferisch.
Ich bin mir meiner schaffenden Kraft bewusst und benutze sie zum Wohl aller.
All meine Wünsche und Träume folgen mir, denn ich bin der Schöpfer meiner Welt!

Es empfiehlt sich auch, die Affirmationen einfach abzuschließen mit „So oder besser und am besten für alle Beteiligten", dann wird es für alle im Gesamten noch vollkommener. Denn da das **Prinzip** die eine reine Liebe ist, welche sich durch das „Ich bin" ausdrückt, kann es nur gute Wirkungen für jeden Betroffenen haben. Und seien Sie dankbar. Sie haben Grund dazu.

Lebe Dein Leben wild und frei!

Die Kunst des Wünschens besteht darin, die materielle Welt zu genießen, ohne sich in ihrer Illusion zu verlieren. Wir wollen die Umstände beherrschen, die Umstände sollen nicht uns beherrschen.

Sprachen lernen

*Ungewohntes ist nur eine noch nicht verinnerlichte,
neuronale Gewohnheit.*

Allgemeine Sicht

Es gibt auf der ganzen Welt Berichte von Menschen, die plötzlich eine Sprache sprechen konnten, die sie nie gelernt hatten. Es scheint fast so, dass das, was es zu erlernen gibt, schon in uns ist, mag es auch nur rudimentär sein. Dieser Gedanke ist hilfreich, weil er von der Annahme ausgeht, dass alles, was man erlernen kann, schon im eigenen oder im Unbewussten und Bewussten der Massen abgespeichert ist und sich in Extremsituationen zeigen kann.

Sprachen zu lernen ist nicht schwer, wenn man sich auch hier der Wahrheiten bedient. Schwer wird es nur, wenn man versucht, eine Sprache einseitig mit dem Verstand lernen zu wollen. Das geht selten gut. Auch hier ist es wieder das Zusammenspiel der Polaritäten beider Gehirnhälften, bei der die linke analysiert (Grammatik) und die rechte intuitiv das Gesamtbild und die Melodie der Sprache erfasst und diese spielerisch ins Bewusstsein schmuggelt.

Die Lösung

Das Beispiel Sprachenlernen ist ein gutes Bild für die Natürlichkeit der 7 Wahrheiten beim Lernen. Hier sehen wir, wie wenig mystisch die Wahrheiten sind und wie sie uns ganz wissenschaftlich helfen, neue neuronale Gehirnmuster für neue Inhalte zu weben.

1. Mentalität
Es ist der Geist, der sich mit dem Lernen entfaltet. Der Geist findet Identifikation mit der neuen Sprache.

2. Kausalität
Durch Kontinuität und Übung setzen wir die Ursache für das Verinnerlichen oder Freisetzen der Sprache.

3. Analogie
Entsprechend der eingebrachten Energie wird die Sprache für uns lebendig. Sie wandert von innen nach außen und wieder von außen nach innen.

4. Resonanz
Dieser Wirkmechanismus schafft so Resonanz zu einem noch leichteren Erfassen der Sprache. Dies zieht mehr und mehr Vokabeln und Inhalte in unser Bewusstsein.

5. Harmonie
Unsere Gedanken gleichen sich so neuronal und harmonisch an die neue Sprache an. Ganz ohne Druck und ohne das übliche Pauken.

6. Rhythmus
Durch diese innere mentale Bewegung ...

7. Polarität
... erfassen wir die Sprache natürlicher und diese wird immer mehr ein Teil unseres Bewusstseins.

Nach diesem Schema funktioniert zum Beispiel die Methode des Sprachenlernens von Vera Birkenbihl, bei der die kindliche spielerische Art beziehungsweise die natürliche noch vorhandene Gehirnkohärenz zum Erfassen der Sprache genutzt wird.

Beim Lernen einer Sprache ist es immer von Vorteil, seine Gehirn-hemisphären zumindest beim Üben synchron zu schalten, zum Beispiel durch bestimmte „Meditationstechniken" oder durch die CD in meinem Buch **Das Prinzip**, das die meisten Leser kennen dürften. Dadurch wird das Unterbewusstsein weit offen für die Eingabe einer neuen Sprache.

Einige gute „Ich-bin-Affirmationen" sind:
Ich bin ein Sprachengenie.
Ich bin ein sehr schnell lernender Schüler.
Ich bin glücklich, diese Sprache perfekt zu beherrschen!

Ernährung und Gesundheit

„Es kommt nicht darauf an, dem Leben mehr Jahre zu geben, sondern den Jahren mehr Leben zu geben."

Alexis Carrel, Nobelpreisträger

Allgemeine Sicht

Ernährung und Gesundheit sind wie ein Spiegel und stehen in Wechsel-beziehung zueinander. Der Energiefluss unserer Lebenskraft wird stark durch Ernährung und Lebensstil beeinflusst.
Ist unsere Nahrung nicht artgerecht, wird der harmonische Lebens-fluss gestört und Krankheit kann entstehen. Ebenso können auch Stress oder Depression diesen Fluss blockieren. Oft ist das der Aus-löser für eine Krankheit oder ein Trauma. Seelische und körperliche Symptomatik hat oft die gleiche Ursache. So können Blockaden aus körperlichen Schlacken entstehen, die ein Abbild des inneren Zustands der Seele sind.

Entschlackt man den Körper, wird oft auch die Seele entschlackt. Entgiftet man die Seele, entgiftet man auch nach der Wahrheit der Analogie den Körper. Entschlackung findet im Grunde immer statt, am ersichtlichsten bei der ganz normalen täglichen Entleerung von Darm und Blase. Das ist gemäß der Gesetzmäßigkeit der Analogie eine Entschlackung im Großen. Die Entschlackung im Kleinen ist zum Beispiel der Ausgleich (!) von Basen und Säuren zum Abbau unerwünschter Schlacken und für den Aufbau der Körpersubstanz.

Wir benötigen beide Potenziale, Basen und Säuren. Diese sich ergänzenden Potenziale werden „Antagonisten" genannt. Wir sind basische Wesen und benötigen mehr Basen als Säuren – und beide, Basen und Säuren, in möglichst natürlichster Form.

Beispielsweise benötigen wir verhältnismäßig viel Calcium, um mittels der Verbindung mit seinem Antagonisten „Phosphor" Knochensubstanz bilden zu können. Dies geschieht, da das polar negativ geladene Calciumteilchen seinen Ausgleich in Übereinstimmung mit der Wahrheit der Polarität mit dem polar positiv geladenen Phosphorteilchen sucht. Beide vereinen sich zu einer festen chemischen Verbindung und sorgen so für den Erhalt unseres Körpergerüstes.

Doch bei einem Zuviel an Säure – das bei uns so verbreitet ist, dass wir von der „Zivilisationskrankheit Übersäuerung" sprechen – ist ein Binden und Ausleiten des Säureüberschusses durch virulente Basen aus hoffentlich artgerechten Nahrungsmitteln nötig. Je nach kontinuierlich gesetzter Ursache, die die entsprechende Ernährung bildet, erfahren wir die Wirkung als Gesundheit oder als Krankheit.

Im Pendelschwung zwischen den Gelüsten nach Sinnesbefriedigung des Gaumens und dem Bedürfnis nach vernünftigem Umgang mit Lebensmitteln erfahren wir entweder eine Abhängigkeit oder eine genussvolle Freiheit, was die Nahrung anbelangt. Ernähren wir uns artgerecht, bildet das die Grundlage für bleibende Gesundheit und länger anhaltende Jugendkraft. Die artgerechte Ernährung resultiert zuerst aus dem Erkennen der eigenen Art.

Welche Nahrung tut uns gut? Was isst ein Mensch abseits der Konditionierung durch Massenmedien und Massenkonsum? Dieses Thema wurde von mir ausführlich dargelegt in *Stopp! Die Umkehr des Alterungsprozesses.* Hier nur ein Abriss in Kürze.

> „Egal, wer der Vater der Krankheit ist,
> die Mutter ist immer die Ernährung."
>
> *Chinesisches Sprichwort*

Das Leben besteht aus dem harmonischen Fluss von Energien. Diese Energie der Lebenskraft muss fließen können. Tut sie das nicht, entstehen Krankheit und Zerfall. Der Fluss der Energie wird durch Blockaden unterbrochen. Blockaden entstehen durch Stress, zu wenig Bewegung und nicht artgerechte Ernährung.

Bestimmte Nahrungsmittel fördern den Fluss der Energien, andere blockieren sie. Manche fördern und manche wirken Verfall, Krankheit und Altern entgegen. Das sind die *Lebens*-Mittel, die durch Ordnungskräfte Leben schaffen und es mehren. Die der Energie förderlichen Nahrungsmittel sind in der Regel diejenigen mit einem hohen basischen Potenzial. Zu viele Säure bildende Nahrungsmitteln rauben dagegen diese Energie und machen süchtig und krank. Die Folge ist *Zivilisatose* – die terminologische Zusammenfassung der gesamten durch unsere künstliche Überzivilisation verursachten Krankheitsbilder. Besonders deutlich sichtbar wird sie in der Auswahl der Nahrungsmittel.

Zusammengefasst kann man sagen, dass solche Lebensmittel, die Basen bildend wirken (insbesondere Obst, Salat und Gemüse), die Ordnung erhöhen und solche, die Säurebildner sind (Zuckerhaltiges, Wurst, Fleisch, Alkohol), den Fluss der Lebenskraft blockieren, was sich als Schlacken im Körper zeigt. Die heutige Ernährungsweise besteht aber fast ausschließlich aus Säure bildenden Nahrungsmitteln und so fehlen die ausgleichenden Antagonisten der Basen (Polarität), um gesunde Körpersubstanz aufzubauen oder zu erhalten.

Nimmt man Dinge mit hoher Ordnung zu sich, kann der Verfall gestoppt werden. Hat man gelernt, die feinstofflichen Energien zu lenken, um dem Körper höhere Ordnung einzuverleiben, kann man sogar den Verfall umkehren und gesünder und jünger werden denn je!

Das in aller Kürze. Dabei geht es viel um Ursache und Wirkung und um die Wahrheit des Ausgleichs. Alles, was man zu sich nimmt, sucht eben immer den Ausgleich mit seinem polaren Gegenstück – nur so kann der Körper bis zu einem weit entfernten Tag reibungslos und lebenstüchtig funktionieren. Wir haben unseren Körper, um Spaß zu haben, und nicht, um damit herumzuhumpeln!

Die Schulmedizin funktioniert deshalb so schlecht, weil sie keine Krankheitsursachen kennt, sondern nur die Wirkungen einer unbekannten Ursache zu kurieren versucht. Ohne die Ursache zu beseitigen, gibt es keine Heilung, sondern höchstens etablierte Quacksalberei. Das spiegelt sich im erschreckenden Gesundheitszustand der Bevölkerung wider, insbesondere in der rasanten Zunahme typischer Zivilisationserkrankungen wie Herz-Kreislauf-Erkrankungen, Bluthochdruck und Diabetes.

Die Lösung

Aber alles beginnt erst in der inneren Welt, weshalb ich meinen Lesern nicht rate, sich nur einen neuen „gesunden" Lebensstil aufzuzwingen, sondern zuerst die innere Welt dem neuen Stand der Information anzupassen, um es dann im Außen geschehen zu sehen. Das geschieht ganz ohne Krampf und in Leichtigkeit. Dem inneren Bild folgt ganz natürlich das äußere Sein. Immer in Leichtigkeit und immer effektiv. Alles funktioniert besser mit Freude. Die Freude ist der „Vakuumindikator" für unsere erfolgreich gesendete Resonanzfrequenz zu Gesundheit und Glück. Wenn Sie wissen wollen, wie sich dieser Sog anfühlt – es ist ganz einfach: Es fühlt sich wie pure Freude an! Je mehr echte, reine Freude, umso größer der entstandene Sog.

Freude ist Loslassen, was den Samen für neue Gesundheit perfekt setzt. Dies bringt uns so per Resonanz und Kausalität das Gewünschte in die sichtbare Wirklichkeit.

1. Mentalität
Der Placeboeffekt ist ein gutes Beispiel für den Beweis, dass der Geist über die Materie des Körpers herrscht. Der Geist in seinem jeweiligen Bewusstsein zum Thema „Gesundheit und Ernährung" bestimmt ganz profan, was wir auf dieser Ebene entsprechend erleben.

2. Kausalität
Der Geist hat die ursächliche Macht, darüber zu bestimmen, ob, wie und wodurch sein Vehikel, der Körper, durch innere und äußere Umstände beeinträchtigt oder aufgebaut wird. Entsprechend unserer ursächlichen Lebensgewohnheit ernten wir die gesundheitlichen Auswirkungen.

3. Analogie
Die Seele schreit über den Körper. Und der Körper drückt auf die Seele, wenn er krank ist. Den inneren Zustand kann man am äußeren Zustand ablesen und das auf jeder Ebene der Ausdrucksmöglichkeiten. So steht Krankheit auch immer für einen inneren Zustand. Weiß man das, sind entsprechende Rückschlüsse und ist daher Heilung möglich.

4. Resonanz
Die innere Frequenz begünstigt entweder Krankheit oder Gesundheit, entweder Verfall oder Jugend. Worauf immer wir uns konzentrieren und so unser Denken und Reden ausrichten, darauf ist unsere innere Frequenz gerichtet, die im Außen die in Korrelation stehenden Umstände und Gewohnheiten begünstigt.

5. Harmonie
Energie gleicht sich immer aus. „Homöostase" ist das medizinische Fachwort dafür, wenn dem Körper die Möglichkeit der Selbstregula-

tion gegeben und so die Chance für eine Heilung geschaffen wird. Diese tritt ein, sobald Blockaden entfernt werden und der Fluss des Lebens und seine Energie wieder die höhere Ordnung der Gesundheit schaffen können.

6. Rhythmus

Alles ist in Veränderung. Alles strebt deshalb immer entweder nach oben, oder es bewegt sich auf der Ebene nach unten. Die Veränderung, die immer stattfindet, kann durch relativ geringen Energieeinsatz in einer aufstrebenden Ordnung, also Gesundung, gehalten werden.

7. Polarität

Gesundheit und Krankheit befinden sich beide auf der Skala des Wohlbefindens. Durch Konzentration auf den Pol, der die Gesundheit ausmacht, beispielsweise durch Fixierung auf einen gesunden Lebensstil und „gesunde" Gedanken, kann man die Gewichtung in Richtung „Gesundheit" verschieben.

Einige erfolgreiche Methoden zur Wiederherstellung der Gesundheit nach den Wahrheiten des Lebens sind beispielsweise Bioresonanz, Traditionelle Chinesische Medizin, Kinesiologie oder auch die Entgiftung mit Chlorella. Chlorella sucht (als gutes Beispiel hierfür) den Ausgleich mit dem giftigen Quecksilber, verbindet sich und kann so für seine Ausscheidung sorgen.

Einige gute „Ich-bin-Affirmationen" sind:
Ich bin die Gesundheit in Person.
Ich bin jetzt in bester körperlicher Verfassung.
Ich bin liebevoll zu meinem Körper, denn ich liebe ihn.

Lebenssinn/Bestimmung finden

Wir leben nur, um uns selbst zu entdecken.
Alles andere ist eine Art des Wartens.

Allgemeine Sicht

Wie viel Verirrung herrscht in den Köpfen, und wie viele suchen das Licht ihres Leuchtturms in der Dunkelheit der Suche nach Bestimmung und Sinn? Gleich der Suche nach einer alten Heimat treibt das Heimweh einen an, doch oft ohne den eigenen Hafen zu kennen.

Wir wurden gelehrt, im Außen zu erkennen und deshalb nur im Außen zu suchen, und haben zugelassen, dass sich uns selbst der Blick auf die ganz persönliche Wahrheit unserer tiefsten Bestimmung verschleiert. Diese Bestimmung liegt darin, der zu sein, der man ist; das zu leben, weshalb man hierhergekommen ist und die höchsten Höhen zu erreichen und jede Begrenzung hinter sich zu lassen.
Und was vernebelt uns den Blick auf unseren Lebenssinn? Unwissenheit, was unsere eigene Person, was die Wahrheiten des Lebens anbelangt, und Unwissenheit durch den Glauben an Zufall.

Alles Geschehen und alles, was uns begegnet, unterliegt nicht einfach einem mystischen Zufall. Alles führt uns immer zu einem gewissen Punkt, der die Erfüllung dessen ist, was wir erleben wollen – unsere persönliche Bestimmung. Unsere Bestimmung zu erleben ist der Sinn unseres Lebens. Es ist der Sinn von Karma. Deshalb kann man nicht von einer „Willkür des Zufalls" sprechen, wo Dinge gleich einem Märchen zufällig und ohne unseren Einfluss geschehen. Nur in unserer gelebten Bestimmung werden wir, was wir sind, und dort liegt der Sinn unseres Lebens auf dieser Ebene.

Deshalb ist nichts einfach nur so da, alles hat Sinn. Auch die Dinge des Alltags und was uns begegnen mag. Alle Probleme sind nur die Aufgaben, die wir uns gestellt haben, um uns an das schöpferische Selbst – das, was wir sind –, zu erinnern. Erfassen wir dies, so sind alle Dinge möglich.

Der höchste Lohn ist nicht das, was wir dafür bekommen, sondern dass wir dadurch werden, was wir sind.

> *„Werde, der Du bist."*
>
> Friedrich Nietzsche

Ein Beispiel für Bestimmung und wie weit diese zurückreicht fand ich neulich in meiner eigenen Geschichte. Diese kleine Anekdote möchte ich im Vertrauen mit Ihnen teilen:

Meine Vorfahren mütterlicherseits trugen den Namen „Bader". Der Beruf des Baders ist mit dem des heutigen Heilpraktikers zu vergleichen.

Mein dritter Vorname ist Pantaleone, deutsch: Pantaleo, einer der 14 Nothelfer in der katholischen Lehre. Pantaleo ist auch der Schutzheilige der Ärzte. Väterlicherseits stammen meine Vorfahren von einem alten hermetischen Orden ab. Unser Familienwappen ist ein schlichtes goldenes Kreuz, das von vier goldenen Rosen umsäumt wird. Und Kenner des Themas wissen, was das für eine Bedeutung haben könnte ... Und genau dieser Spur folgt meine selbst gewählte Bestimmung in der Transzendierung meines eigenen Seins und meines Lebenssinns. Als jemand, der sich entschlossen hat, als Buchautor sowohl hermetische Geheimnisse weiterzugeben als auch Ratgeber zu sein für die Befähigung, sich die körperliche Gesundheit und die Jugend zu bewahren. Das ist freudige Bestimmung!

Unsere Namen und Vorfahren haben Einfluss – positiven Einfluss, wenn wir diesen zu lenken wissen. Aber es war meine eigene Wahl, dies hier erleben zu wollen, auch mit den Einflüssen, die offensichtlich da sind, denn bis vor Kurzem wusste ich nichts von alledem.

Und so, wie ich nichts davon wusste, aber trotzdem in meinem Leben einer bestimmungsgemäßen Spur folgte, so folgen auch Sie, liebe Leser, einer einzigartigen Bestimmung. Einer Bestimmung, die Ihnen die Wahl lässt, aber immer auch eine Tendenz aufzeigt. Hier liegt Ihr persönlicher Lebenssinn.

Das kann auf jeder Ebene geschehen. Auf höchster Ebene ist es das dimensionsübergreifende Werk der Transzendierung oder der Vergeistigung der Materie. Das bewusste Herrschen über die Materieumstände mittels der 7 Wahrheiten des **Prinzips**!

„Seit einer nicht denkbaren Zeit existiert das A-Omega-Projekt, das von unserem Schöpfer von Universum zu Universum gebracht wird, um die Materie im Raum zu vergeistigen.
Auch wir Erdenmenschen sind nur ein Teil dieses großen Werkes, bei dem wir helfen, die Energie des Raumes durch die Kraft unserer Gedanken mit der Materie zu verbinden, um sie zu einer in sich geschlossenen Einheit werden zu lassen.
Dies ist der Sinn allen Seins." [3]

Ist das nicht wundervoll!? So können wir sicher sein, dass wir am Ende all unserer Taten ein Leben gelebt haben, bei dem kein Atemzug vergeblich war, in dem alles einer tieferen Bedeutung folgte, damit wir das werden konnten, was wir sind.

Die Lösung

Nichts ist, wie es scheint.

Oft verhelfen uns die scheinbar negativen Situationen in unserem Leben dazu, uns weiterzuentwickeln. Es gibt immer auch etwas Positives in einer negativen Situation, die ja auch einen Sinn verfolgt. Wir müssen diesen Pol nur erkennen, und unsere Schwächen können so in Zukunft zu Stärken heranreifen. Diese Reife ist karmische Freiheit und führt uns zu ihr und sie führt uns immer tiefer zu unserer eigenen Bestimmung und zum Sinn des Lebens. Je freier wir sind, je losgelöster von der Begrenzung der Materie, desto mehr erkennen wir die Kraft, die unsere Bestimmung formt. Alles ist nur dazu da, dass wir uns selbst erfahren. Alles, was wir in der Welt sehen, ist nur eine Art Illusion. Eine Illusion, die wir selbst erschaffen haben. Eine Traumwelt, in der der Lebenssinn darin besteht, sich selbst im Geschaffenen zu erkennen, Erfahrungen zu machen, wie sie nur so möglich sind und glücklich zu sein!

1. Mentalität

Die Quelle, die kosmische Wurzel alles Belebten und Unbelebten, ist unendlicher Schöpfergeist. Der Geist des Menschen ist das „Ich bin", das den Mittelpunkt des menschlichen Seins bildet. Wir haben unseren Körper gewählt, um Erfahrungen in Zeit und Raum zu machen und eines Tages wieder zur Quelle ewigen Glücks zurückzukehren, als reife Wesen göttlicher Art.

2. Kausalität

Die eigene Definition unserer Person und des Weges, den wir wählen, macht den Blick frei für das Setzen einer bewussten Abfolge von gezielten Kausalketten, um unsere Bestimmung zu erfüllen.

3. Analogie

Die Definition unserer eigenen Person bestimmt, womit wir uns identifizieren: in einer hohen Ordnung mit unserer Göttlichkeit oder in einer niederen mit der verlorenen Menschlichkeit. In gewisser Hinsicht können Astrologie, Ahnenforschung, besonders aber der eigene innere Drang helfen, unsere persönliche Bestimmung zu finden.

4. Resonanz

Die jeweilige Definition entspringt einer entsprechend bestimmten Identifikation für das, was wir sein wollen und letztlich wirklich sind.

Wir treten dadurch in Resonanz zu dem, was wir im Kern wollen, wenn jeglicher äußere und innere Druck wegfällt und wir einfach nur sein können, wie wir sind. Je höher die Frequenz der Ebene unserer Identifikation, desto höher die gelebte Bestimmung.

5. Harmonie

Verkrampfen Sie sich nicht, alles wird sich erfüllen. Lassen Sie los und lassen Sie so die Wahrheit des Ausgleichs zur Harmonie für Sie wirken. Alles hat Sinn und alles ist gut. Sorgen würden den Fluss des Lebens nur stören. Diese Wahrheit besagt: Entspann dich, du bist im Fluss deiner Bestimmung.

6. Rhythmus

In dieser gleichmütigen Ruhe kann die gewünschte Veränderung des Pendelschwungs wirken. So wandelt sich das Gefühl von Sinnlosigkeit in ein Wissen um den eigenen Weg der Bestimmung. Sodass sich auf diesem Weg alles erfüllen kann. Durch das Loslassen, in diesem Fall aufgrund des Gefühls von Vertrauen, spielt uns das Leben die Karten zu, die wir benötigen, um im Rausch des Glücks unser Ziel zu finden.

7. Polarität

An irgendeinem Punkt, wenn wir alles auf „niederen" Ebenen (jede Ebene ist gut und ohne Wertung) erfüllt haben, streben wir nach den höheren Ebenen und setzen unseren Weg nach Hause fort. Wir verbinden die Gegensätze, wir erschaffen aus dem Feld der Möglichkeiten Unendlichkeiten und führen die Materie zu ihrem Ursprung des reinen Geistes zurück und vollenden so unser Spiel des Lebens.

Egal, wie hoch oder gering Ihnen Ihr eigenes Leben und sein Sinn erscheinen mögen, egal ob es Ihre Bestimmung ist, Präsident oder Parkwächter zu sein. Was am Ende zählt, ist unsere Bestimmung, nämlich: glücklich zu sein. Glück ist der Sinn unseres Lebens.

Einige gute „Ich-bin-Affirmationen" sind:
Ich bin in meiner Bestimmung.

Ich bin mir meines Weges bewusst und erfülle ihn mit jedem Atemzug. Ich bin jetzt der, der ich immer sein wollte!

Folge der Freude Deines Herzens.
Sei immer wahrhaftig Du selbst.

Psyche

„Ein jeder bewegt sich, empfindet, denkt und spricht
auf die ihm ganz eigentümliche Weise
dem Bild entsprechend, das er sich im Laufe
seines Lebens von sich gemacht hat.
Um die Art und Weise seines Tuns zu ändern,
muss er das Bild von sich ändern, das er in sich trägt."

Moshé Feldenkrais

Allgemeine Sicht

Alles, was unser Verstand für richtig hält, haben wir irgendwann gelernt: durch unsere Kultur, durch unsere Eltern, durch Emotionen wie Ängste und Freude der Vergangenheit, durch die soziale Schicht, der wir angehören, durch die Religion, in der wir erzogen wurden, durch unsere Einschätzung von „wahr" oder „unwahr" und letztlich durch unsere Einsicht und das Verständnis davon, wie die Welt und das Universum funktionieren.

All das hat eine Auswirkung auf unsere Psyche (altgriech. ψυχή, ursprünglich für: „Atem", „Seele"). All das sind Formen von Energieeinflüssen aus ehemals gesetzten Ursachen mit einer fortlaufenden Wirkung im Heute. Wir nennen das den „psychischen Zustand". Die Seele zeichnet alles auf, Negatives wie Positives, als eine abgespeicherte Spektralspur unserer ehemaligen Erfahrungen. Wenn wir verstehen können, wie wir unsere Energien besonders der psychischen Natur durch die 7 Wahrheiten leiten, können wir den Zustand unserer Psyche wirkungsvoll auf eine höhere Ebene versetzen.

Die Seele steht in Wechselwirkung mit unserem Unbewussten und unserer bewussten Wahrnehmung – also dem Bewusstsein und seiner eigenen Grenze.

„Halte Dein Antlitz immer dem Licht zugewandt."

Smaragdtafeln VI

Es ist wichtig, darauf zu achten, womit wir unser Bewusstsein füllen, besonders durch das Denken und das Reden. Denn was wir im Verstand dulden, füllt unser Bewusstsein und Unbewusstes. Dazu gehören der Druck, die Prägungen und die Programme des alltäglichen Lebens.

„Es interessiert mich nicht, wie du dein Geld verdienst. Ich will wissen, wonach du dich sehnst und ob du es wagst, davon zu träumen, der Sehnsucht deines Herzens zu begegnen.
Es interessiert mich nicht, wie alt du bist. Ich will wissen, ob du es riskierst, dich für die Liebe lächerlich zu machen, für deine Träume, für das Abenteuer, lebendig zu sein. Ich will wissen, ob du mit Freude sein kannst, meiner oder deiner eigenen, ob du mit Wildheit tanzen und dich von Ekstase füllen lassen kannst bis in die Spitzen deiner Finger und deiner Zehen, ohne uns zu ermahnen, vorsichtig zu sein, realistisch zu sein oder an die Beschränkungen des Mensch in seinem Sein zu erinnern. Ich will wissen, ob du einen anderen enttäuschen kannst, um dir selber treu zu bleiben, und nicht deine eigene Seele verrätst. Ich will wissen, ob du treu sein kannst und darum vertrauenswürdig. Ich will wissen, ob du die

Schönheit sehen kannst, auch wenn es nicht jeden Tag schön ist, und ob du dein Leben aus seiner Gegenwart entspringen lassen kannst.
Es interessiert mich nicht, zu wissen, wo du lebst und wie viel Geld du hast. Ich will wissen, ob du in der Mitte des Feuers mit mir stehst, ohne zurückzuweichen.
Es interessiert mich nicht, wo oder was du mit wem studiert hast. Ich will wissen, was dich von innen trägt, wenn alles andere wegfällt. Ich will wissen, ob du allein mit dir sein kannst, und ob du deine Gesellschaft in leeren Momenten wirklich magst."

Oriah Mountain Dreamer, indianischer Stammesältester

Schütteln wir alles ab, was uns bedrängt, und suchen das Glück allein in unserem Inneren. Und im Außen – zum Wohle aller – ist unsere Psyche das, was sie sein kann: ein Erfahrungspool für Glückseligkeit.
Stattdessen verfallen viele in Depression, da die Seele nicht dazu gemacht ist, in ständigem Kampf gegen etwas zu stehen und durch Stress geknechtet zu werden. Stress wirkt unmittelbar auf den Zustand der Psyche und wandelt sich auf Dauer immer in einen anhaltend depressiven Zustand verschiedensten Grades. Die Energie im Fluss des Lebens stockt.
Grundsätzlich ist Depression die Weigerung, lebenserhaltende Energien aufzunehmen. Keine Ordnungskraft kann dann wirken.

Doch wenn wir die einfachen Zusammenhänge der Energieläufe in den 7 Wahrheiten begreifen, so wird sich unser Geist über unseren Verstand, unsere Seele, unsere Gefühle, über unseren Körper erheben und uns Frieden auf jeder Ebene schenken. Harmonie ist Frieden.

Licht sieht keine Schatten: Wer sich dem Licht zuwendet, dessen Schatten fallen hinter ihn.

Doch meist wird empfohlen: „Denk doch einfach positiv!" Positives Denken führt uns nicht immer zu einem wirklich anhaltenden Leben in Meisterschaft. Nämlich dann, wenn man nicht die Naturgesetze dahinter versteht oder ahnt und anwendet. Ansonsten wäre auf unserer kleinen Welt immer Sonntag – frei von Schwermut, Angst, Leid, Mangel, Hunger usw.

Wir alle haben schon positiv gedacht, aber blieb es auch dabei? Wir brauchen eine Basis für diese positiven Gedanken. Und diese erlangen wir durch Identifikation mit unserem wahren Kern und mittels der 7 Wahrheiten des Kerns.

Wenn wir etwas tun, um etwas Negativem aus dem Weg gehen zu können, ist das Motiv dahinter oft unterschwellige Angst. Wenn wir etwas aus Furcht tun, sollten wir es lieber nicht tun, sondern diese Furcht in Liebe und Freude umwandeln, indem wir die Angst mittels der bewussten Gedanken und Gefühle in den 7 Wahrheiten umpolen.

> *„Jeder Mensch hat seine guten Seiten.*
> *Man muss die schlechten nur umblättern."*
>
> *Ernst Jünger*

„Positives Denken" kann ohne seine natürliche Grundlage sogar gefährlich sein. Warum? Weil man damit oft nur negative Gefühle unterdrückt. Bis zu einem Punkt mag das Verleugnen negativer Energien gut funktionieren, aber das Negative kann sich auch aufstauen und sich zu irgendeinem Zeitpunkt freisetzen, vielleicht in einer depressiven Phase, um den Druck gleich einem Ventil abzulassen.

Deshalb ist das Geheimnis nicht einfach die Verdrängung negativer Energien und Gedanken, sondern die Umwandlung dieser Gedankenenergie in positive Energien: Transformation nicht mit Druck zu unterdrücken. So können diese umgewandelten Kräfte zusätzlich für die Manifestationen genutzt werden. Selbst Gedanken, die schon vor längerer Zeit abgeschickt wurden, können umgewandelt werden. (Diesem wichtigen Geheimnis der Meister folgen wir in einem späteren Kapitel.) Wissen wir das, ist es Balsam für unsere Psyche, da wir nur lernen müssen, unsere Energien entsprechend zu kanalisieren, um bleibend im Glück zu baden.

Grundsätzlich ist positives Denken natürlich richtig, wenn es mit positivem Sein einhergeht.

Wir haben nichts zu verlieren, außer der Angst.

Wie wir gesehen haben, hat alles Pole. Alles ist ein Gegenüber einer Sache. Nehmen wir zum Beispiel Liebe und Angst, welche auf der Skala der Gefühle jeweils zwei Extreme darstellen. Beide Gefühle haben physisch dieselbe Wirkung. Beide versetzen uns in Anspannung und Aufregung.

Würden wir beide Extreme nicht werten, könnten wir wie ein Arzt, der bei beiden Gefühlen unseren Blutdruck und unseren Hautwiderstand messen würde, keinen Unterschied feststellen. Ob es sich dabei um Angst oder intensive Liebe handeln würde, wäre, rein physisch betrachtet, dasselbe. Wir werten und verstärken das nur innerlich gemäß unserer Sichtweise. Es handelt sich aber um dieselbe Energie im jeweiligen Extrem.

Das positive Sein ist verbunden mit einer bestimmten Sicht der Dinge. Man kann dem Leben vertrauen. Alles ist gut und alles hat immer zwei Seiten.

Die Lösung

> *„Seelenruhe, Heiterkeit und Zufriedenheit*
> *sind die Grundlage allen Glücks,*
> *aller Gesundheit und eines langen Lebens."*
>
> *Christoph Wilhelm Hufeland – Goethes Arzt*

Das bedeutet, wir können alles tun, was wir wollen. Denn das Universum nimmt all unsere Handlungen als richtig und wertet nicht. Wir tragen somit jederzeit für alles, was wir tun, was wir denken, alles, was wir sagen, die Konsequenzen – im Sinne von Ursache und Wirkung. Wir sind also selbst für alles in unserem Leben und in unserem psychischen Zustand voll verantwortlich.

Hinweisen möchte ich vor allem noch einmal auf die Gedankenhygiene und dadurch auf die Kontrolle der Gefühle! Da sich jeder Gedanke eins zu eins umsetzt und da durch die zunehmende Schwingungserhöhung des irdischen Milieus die Umsetzung immer schneller vor sich gehen wird, ist es so wichtig, zu beobachten, was wir über uns und andere denken. Wie beurteilen wir Situationen? Wenn wir schon denken: „Na, das wird ja eh nichts!", dann wird es voraussichtlich auch nichts! Es kommt auch auf die vielen kleinen Gedanken an, die uns leise durch den Kopf sausen und die wir oft gar nicht bewusst wahrnehmen. Auch sie gestalten unsere psychische Verfassung im Jetzt mit und haben Wirkung auf unseren seelischen Zustand von morgen.

Trainiere Dein Glück wie andere ihre Muskeln.

Die Aussage in der Gegenwart ist es, welche die physische Zukunft verändert. Es entsteht dadurch im Inneren ein Bild der erwünschten Wirklichkeit, das diese erst erschafft. Wenden wir die 7 Wahrheiten im „Ich bin" an, tun wir das Gesagte bewusst.

Durch die Macht unserer Gedanken, die auf den 7 Wahrheiten des Lebens ruht und durch sie wirkt, ist es uns möglich, alle Dinge praktisch potenziell zu ändern. Je nach Grad und Reife des Übenden. Wie das Eine Alles-was-ist (AWI) durch seine Gedanken schafft, so können wir unsere Gedanken in die sichtbare Realität rufen durch die Wahrheiten, durch welche die eine Wirklichkeit ganze Universen in Erscheinung ruft.

Jener Teil, der sich „Ich" nennt, steht am Rande und beobachtet das Handeln. Es ist der Beobachter aus der Quantenphysik. Das ist das wahre Ich, und so unsichtbar es bleibt, so machtvoll wirkt es doch, wenn man es weckt und es wagt, in seine lichten Augen zu blicken. Hat man seinen Glanz und seine übernatürliche Schönheit entdeckt, ist man unfähig, das normale irdische Spiel des Dahinlebens und Strebens noch zu verstehen. Eine endlose, kosmische Romanze beginnt in der Verliebtheit zu seinem wahren Kern, der wahrlich göttlich ist.

Daraus erwächst der natürliche Wunsch nach Entfaltung der eigenen wahren Natur. Gleich einer Hochzeit möchte man sich vereinigen mit dem, was man in sich erblickt hat. Aber das ist unmöglich und kann niemals gelingen, denn man ist in Wahrheit schon dieses eine kostbare Wesen und sitzt auf seinem Thron des Herzens – allein! Es gibt dort kein Fleisch und keine Macht mehr. In dieser letzten Erkenntnis kann es keine weitere Belastung für die Seele geben.
Nur die Vorstellung davon, dass es so etwas gäbe, kann die schönste Wahrheit verschleiern.

Das Geheimnis ist die Erinnerung,
die Erinnerung an alles, was ist.

Das Erkennen des lichten Funkens in uns macht jedes endlose Hinter-fragen, jedes ständige Unterscheiden zwischen Gut und Böse und jedes mentale Herumstolpern überflüssig.

Identifikation mit der inneren Wirklichkeit des **Prinzips** löst Probleme von der ersten Ursache auf. Wer sich mit der Liebe identifiziert, liebt. Die Liebe kann nichts dafür, sie muss lieben. So können wir alle seeli-schen Blockaden leichter lösen, alles wird einfach und unkompliziert. Liebe ist Theta-Zustand. Theta-Zustand ist schöpferisch. Und schöpfe-risch zu sein befreit die Seele.
Der Trick besteht darin, die eigene Person in Erinnerung zu bringen und zu erkennen, wer man wirklich ist. Halten Sie sich Ihre Göttlich-keit vor Augen. Alles, was Sie darin erkennen, wird zu Ihnen kommen müssen. Alles, was Ihnen da nicht gefällt, können Sie mental verändern. So erlangt man psychische Fitness und Stärke.

1. Mentalität

Sie sind ein göttliches Wesen mit der Natur der Liebe. Schauen Sie auf das, was Ihren Kern wirklich ausmacht, lieben Sie es, umkreisen Sie es, erinnern Sie sich, bis Sie sich wieder damit verbunden haben. Sprechen Sie nicht über Fehler und Mängel. Sprechen Sie lieber über Ihre Möglichkeiten. Global denken, lokal handeln!

2. Kausalität

Bleiben Sie in einem Zustand, in dem Sie sich Ihrer selbst gewahr sind. Setzen Sie ganz bewusst Ursachen in Gedanken und Gefühlen, auf der Basis der Erkenntnis Ihres lichten Funkens. Setzen Sie voraus, dass alles gut ist und dem Ziel der Vollkommenheit folgt. Alles dient, nichts ist ohne Sinn. Kausalität ist gut und dient uns.

3. Analogie

Alles soll akzeptiert werden, ganz gleich, ob es positiv oder negativ ist. Keine Bewertung findet statt, auch keine Selbstbewertung, dabei erkennen wir Gedankenmuster. Bevor wir irgendwohin wollen, finden wir heraus, wo wir jetzt stehen. Und unsere Wirklichkeit betrachten wir nicht durch die Brille der Vergangenheit. So schaffen wir uns eine innere Grundlage für positive Resultate auf jeder Ebene. Und die Depression weicht.

4. Resonanz

Durch die bewusste Auswahl bewusster Inhalte für unsere Seele und das bewusste Weglassen störender Frequenzen stehen wir vor mannigfaltigen Möglichkeiten des Glücks und der psychischen Fitness.

5. Harmonie

Loslassen – psychischer Stress entsteht durch Angst und durch Festhalten-Wollen. Legen Sie aus der Hand, was Sie beschwert, und warten Sie in Ruhe ab, wie sich die Dinge entsprechend des inneren Bildes ausgleichen und eine große Harmonie entstehen kann.

6. Rhythmus

Sobald Sie loslassen, kann die Veränderung ihren Lauf nehmen und deckt Sie mit all dem ein, was Ihre Seele vor Freude jauchzen lässt. Das Leben ist leicht, wenn man dem Schwung des Pendels nicht dauernd im Weg steht.

7. Polarität

Nichts ist getrennt, alles ist miteinander verbunden. Wir können niemals einsam sein, denn alles wirkt ineinander zur Fülle durch die Rückverbindung zur eigenen erhabenen Wirklichkeit. Lassen wir beide Seiten oder Pole unserer Gehirnhemisphären zu, um die ganze Fülle des Glücks zu erzeugen!

Unsere rationale, „männliche" Gehirnseite ist wohlgenährt und durchtrainiert wie ein Athlet, aber meist auf Kosten der intuitiven „weiblichen" Seite, die unterentwickelt am Hungertuch nagt. Die Schule, unser Beruf und unser Alltag scheinen diese weibliche Hälfte unseres Wesens nicht besonders zu schätzen. Sie wurde zu einem eher rudimentären Organ. Und so kommt es, dass man mit einem geschlossenen und einem offenen Auge durchs Leben geht und manche wichtigen Dinge am Wegesrand übersieht.

Durch die mentale Balance zwischen diesen beiden Polen in der Mitte ihrer Extreme liegt die Quelle für eine frohe Natur und für eine ausgeglichene Psyche.

Einige gute „Ich-bin-Affirmationen" sind:
Ich bin das Glück in Person.
Ich bin in bester psychischer Fitness und bade täglich im Glück!
Ich bin meine eigene Quelle der unendlichen Energie der Liebe!

Und denken Sie daran: ...

...Je besser es wird, desto besser wird es.

Religion/Glaubensrichtung

*„Je weniger Erkenntnis ein Mensch besitzt,
desto ferner fühlt er sich von Gott."*

Albert Einstein

Allgemeine Sicht

Nun zu einem ganz anderen, wenn auch brisanten Thema, das aber nicht weniger wichtig ist, da es einen starken Einfluss auf unsere mentale Freiheit des Geistes hat.

Man vermutet schon lange, dass die verschiedenen Glaubenssysteme der Religionen eine gemeinsame Wurzel haben. Und in den uralten Schriften des Tehuti (= Thoth oder Hermes Trismegistos) fand man diesen gemeinsamen Ursprung bestätigt.

Einige Experten wissen deshalb schon lange, dass die ersten Christen, die ja noch frisch in ihrer Ursprünglichkeit standen, mit diesen alten Texten gearbeitet haben. Zu auffällig sind gewisse Ähnlichkeiten, wie die Lehre der Kausalität, der Analogie, der Geistigkeit, Harmonie und – man staune – der Reinkarnation, an die damals jeder Christ glaubte. Dazu gleich mehr.

Man bedenke: Die ersten Christen lasen nicht in der uns heute geläufigen Bibel, denn das neue Testament war noch nicht geschrieben. Und Christus predigte auch nicht auf die heutige Weise das Kreuz. (Weder vor noch nach der Kreuzigung.)

Was lasen also die ersten Christen? Die Bibel gab es noch nicht, aber was für ein Evangelium Jesus predigte, wissen wir – oder? Offensichtlich nicht! Denn das heutige *Evangelium*, was zu deutsch „Frohe Botschaft" bedeutet, predigt nur das Evangelium vom Kreuz. Gekreuzigt wurde Christus aber viel später. Wie kann das sein? Was ist an dieser Botschaft dann so froh? Es muss eine andere frohe Botschaft gemeint sein, die diesen Namen zu Recht verdient.

Was war also die „richtige" frohe Botschaft?
Jesus predigte das Christusbewusstsein, das Denken Gottes!
Das war das Evangelium, das er seinen Nachfolgern zu verkündigen auftrug! Das ganze Evangelium war recht kurz: *Metanoia* – denkt mit Gott mit. Denkt so, wie Gott denkt! Er sagte: Werde metanoid statt paranoid.

„Euer tägliches Leben ist Euer Tempel
und Eure Religion."

Khalil Gibran

Die Folgen dieser Verdrehung kennen wir. Es ist anzunehmen, dass die ersten jungen Christen unter anderem die noch vorhandenen und weitverbreiteten Schriften der damaligen „Weltliteratur für Eingeweihte" lasen, wie die Schriften des Tehuti.

Ja, Christus war, nach dem Inhalt seiner Aussagen zu urteilen, ein waschechter Hermetiker – oder sogar ein „Okkultist", der für seine Lehren noch bis vor relativ kurzer Zeit von der eigenen Kirche auf den Scheiterhaufen geworfen worden wäre. Würde er heute seine reine Botschaft in den alten Gemäuern verkünden, würde man ihn sicherlich schnell unsanft hinausbefördern.

Der Baum hat sich von seinen Wurzeln entfernt. Wie könnte da seine Frucht Leben spenden?

Der Ursprung des Christentums kannte noch Geheimnisse, für die man heute von den Brüdern verfolgt werden würde. Der Kern der Sache wurde zu einer hohlen Form. Und mutet es nicht etwas seltsam an, dass ein allmächtiger Gott in diesem unendlichen Weltall nichts anderes zu tun haben soll, als sich um ein paar verirrte Religionsausübende zu kümmern? Erstaunlich, wie weit die Wirklichkeit verbogen werden kann ...

„Das Schönste und Tiefste, was der Mensch erleben kann, ist das Gefühl der Verbundenheit mit dem unaussprechlichen. In diesem Sinne bin ich religiös."

Albert Einstein

Das Gesagte soll keine der „Glaubensrichtungen" werten, im Gegenteil. Sie sprechen im Kern doch nur das aus, was die Gedanken des Einen sind. Ob Hermetik oder Urchristentum, beide sind nur Bezeichnungen für dasselbe Wissen. Der einzige Unterschied ist die Stufe der Dogmatisierung. Nehmen wir zum Beispiel das heiße Eisen der Wiedergeburt.

Damit stößt man bei Christen, welche bestimmten betonierten Glaubensinhalten mehr folgen als dem eigenen Herz, immer wieder auf blankes Entsetzen. Schließlich gibt es innerhalb der kirchlichen Lehre die Reinkarnation nicht (mehr). Damit haben sie aus ihrer heutigen Sicht sicherlich recht, denn es ist ja so, dass die Lehre der Reinkarnation heute nicht mehr in ihrer Bibel auftaucht. Sie wurde ausgelöscht, um eine andere Lehre zu installieren. Christus selbst vertrat sehr wohl die Lehre der Reinkarnation (siehe Matthäus 17,11–13, und Matthäus 11,13–15) und hat ihr sogar eine hohe Bedeutung beigemessen. Jedoch verschwand dieses Wissen im Jahr 553 n. Chr., als vom römischen Kaiser Justinian das zweite Konzil von Konstantinopel einberufen wurde. Hier wurde ein Edikt erlassen, welches die Lehre der Reinkarnation verwarf. Beachtenswert ist, dass es ein weltlicher Führer war und nicht die Kirchenfürsten, welcher das Konzil einberief. Durch die Einhaltung dieses Dekrets, welches dafür sorgte, dass sämtliche Hinweise auf die Lehre Christi von der Reinkarnation aus der Bibel verschwanden, wurde den frühen Christen einer der wichtigsten Pfeiler ihrer Religion genommen. Um dieses Loch in der Lehre wieder etwas aufzufüllen, aber auch besonders zur Stärkung des eigenen Einflusses lehrte der Klerus von nun an die „Auferstehung im Fleische am Jüngsten Tag" und das „Fegefeuer", mit beidem ließen sich ganz vorzüglich – durch die Angst – Ablassbriefe verkaufen.

Soweit das „Konzil von Konstantinopel". Doch auch schon zuvor, beim Konzil von Nizäa (375 n. Chr.), war man nicht gerade zimperlich, was die Deutung und Zensur gewisser Texte betraf. Die Gläubigen waren noch sehr hermetisch (gnostisch) geprägt, und die Eingeweihten sehen auch heute noch in der Lehre Jesu eine göttliche Offenbarung oder ein neueres Abbild von der weit älteren Lehre der Hermetik. Ein Abbild einer Wahrheit, die schon so oft in verschiedensten Kulturen in verschiedenste weise Worte gefasst worden war und die noch immer so wahr ist wie zu jeder Zeitepoche, in der sie bislang auftrat.

Kurz: Das neue Testament und die Lehren Christi wurden zum Wohl der Kirchenmacht drastisch verändert. Die Lehren der sogenannten Gnostiker, die Gott in sich selbst suchten, wurden einfach verbrannt und verschwanden dadurch. Die Texte der Templer aus den gefundenen Sarkophagen las man nun nur noch, fern vom Tageslicht, im Verborgenen. So verlor die christliche Kirche ihr wahres Wesen und ihren wahren Geist und musste sich blind durch die Jahrhunderte tasten.

Der „Glaube" ist nicht dazu da, in einer Kartei registriert zu sein, sondern um die Welt zu verändern!

Doch wie können wir heute noch so genau wissen, was damals geglaubt wurde, wenn doch alles verschwunden ist? In Wahrheit ist nie etwas verschwunden. Weise Männer und Frauen bewahrten das Wissen für kommende Generationen auf – für Sie und mich.

Dieses Wissen wollte man schon früher immer wieder vernichten, und nur treuen Menschen haben wir es zu verdanken, dass sie für uns manche Schätze des Wissens aus den Flammen der Verfolgung retteten. Sie waren da, als der Tempel des Osiris und seine umfassende Bibliothek verbrannt wurden, und sie waren auch zur Stelle, als die große Bibliothek von Alexandrien in Ägypten gebrandschatzt wurde. Sie, die namenlosen Helden von damals, waren es, welche das älteste Wissen der Menschheit für uns bewahrten.

Denn als damals blinder Glaube die innere Erkenntnis ersetzte und die ersten Gläubigen noch Zugang zu den Texten hatten, versteckten die Überlebenden die Texte an Plätzen in allen Himmelsrichtungen, auch in buddhistischen Klöstern und an heidnischen Orten. Bis sie, unter anderem um das Jahr 1460 wieder in Florenz im Haus der Patrizierfamilie Medici, auftauchten. Zu dieser Zeit schlugen die altägyptischen Lehren wie eine intellektuelle Bombe ein und sollten die nächsten 300 Jahre die Kultur Europas neu beleben. So sehr, dass selbst der Vatikan ägyptische Obelisken, die übrigens auch in fast jeder Hauptstadt der Welt stehen, errichten ließ.
Die hermetische Lehre erfuhr auch durch das Einfließen des Templerwissens aufgrund des damaligen Fundes der Steinsarkophage zu Jerusalem eine große Renaissance in den Bereichen der Philosophie, der Architektur und in allen Künsten. Bis sie wieder aus den Augen der Öffentlichkeit verschwand und durch den (heute in den letzten Zügen liegenden) Materialismus abgelöst wurde.

Dann kam, was wieder kommen musste. Die Jesuitenpater, welche die hermetischen Texte studierten, witterten Konkurrenz zur eigenen Kirche, weil der Gläubige nun allein selig werden konnte – ohne für den Kontakt zu einem weit entfernten Gott eines Mittlers der Kirche zu bedürfen. Die Bücher wurden verbrannt, die Gläubigen grausam gefoltert und einer ihrer Anführer, der Dominikanermönch Giordano Bruno, wurde nach langjähriger Kerkerhaft in Rom öffentlich auf dem Scheiterhaufen verbrannt.

Die Inquisition, in der auch in blinder Wut die Kraft und Polarität des Weiblichen, unter anderem durch die Hexenverbrennung, ausgelöscht wurde, hatte begonnen. Und so wurde der einseitige intellektuelle Materialismus in der alleinigen Herrschaft der Ratio vorbereitet.

Zugleich wurden die Eingeweihten in den Untergrund getrieben, wo sie die Reste der Weisheiten bis zum Tag der Reife der Nachwelt bewahrten. Später suchte die hermetische Lehre Zuflucht bei den bestehenden Logen der Freimaurer.

Es geht nicht um Religion. Es geht um persönliche unmittelbare Erfahrung im Jetzt.

Und zu offensichtlich ist es, dass dadurch der eigentliche Schatz nun nur noch „besonderen" elitären Kreisen zugänglich wurde. Dem profanen Volk wurde er vorenthalten. Das wurde mir schon nach 15 Jahren des täglichen, stundenlangen Studiums mancher heiligen Schrift(en) und ihrer Urtexte deutlich, zum Beispiel in Griechisch und in der Analyse der Wortbedeutungen auf Hebräisch und Aramäisch.
So wurde ein Teil der Templerschriften, die ja zu einem großen Teil hermetischen Ursprungs sind, schon früh zum Berg Mount Chauve bei Nizza nach Südfrankreich in eine Grotte gebracht, über der eine kleine Pyramide errichtet wurde. [3]

Die Templer hatten sich des Auftrags von Tehuti angenommen, den Inhalt der Bundeslade neu in das Denken der Menschen zu integrieren, wenn die Menschheit wieder reif sei, die kosmischen Gesetze zu verstehen und zu begreifen.

„Jenseits von Universum und Zeit,
Raum und Veränderung befindet sich
die wesentliche fundamentale Wirklichkeit."

Der Meisterweg des Kybalion

Im Jahre 1946 entdeckte der französische Forscher Roger Lhamoy bei Ausgrabungen in der verfallenen Templerburg Gisors zwischen Paris und Rouen in einer unterirdischen Halle die 19 steinernen Sarkophage, die Bundeslade und 30 große Truhen mit Templer-Niederschriften.

Die Truhen und alles, was sich in dem Raum befand, wurden von der französischen Polizei beschlagnahmt und zum Staatsgeheimnis erklärt. Etwa 25 Jahre später wurden Teile der Unterlagen an fünf Personen, die in verschiedenen Ländern lebten, übergeben. Die Unterlagen wurden – entsprechend ihres jeweiligen Fachgebietes – diesen Personen übergeben, um sie für das Gemeinwohl anzuwenden. Es waren Schriften über Wirtschaft, Religion, Politik, Gesellschaft und Wissenschaft. [3]

Sehen wir uns das Thema „Reinkarnation" noch einmal genauer an. Wir leben alle innerhalb der Materie. Wir leben physisch auf einer materiellen Ebene, in der alles der scheinbaren Dualität unterliegt. Reinkarnation ist nichts anderes als die Unzerstörbarkeit von Energie. Energie steckt immer in einem Umwandlungsprozess von einer Form zur nächsten. Die einzige Konstante im All ist die Veränderung der Form der Energien.

> *„Der Satz vom Bestehen der Energie*
> *fordert die ewige Wiederkehr."*
>
> *Friedrich Nietzsche*

Eine Hypothese ohne Reinkarnation trägt unweigerlich auch den Anstrich des Absurden, da nur die Reinkarnation im Einklang mit allen Wahrheiten dieses Universums steht. Stellt man sich dem Gedanken, erkennt man die Freiheit und die Weite darin. Gute Früchte. Jedenfalls bessere als die Angst vor dem Fegefeuer oder den Höllenqualen! Übrigens sagte Jesus doch auch: „An den Früchten werdet ihr sie erkennen" (Matthäus 7,16). Und da wir schon dabei sind: Sogar Christus bezeichnete Johannes als die Reinkarnation des alttestamentlichen Propheten Elia (Maleachi 3,23, Matthäus 11,14–17,10–13).

Da das Leben innerhalb unserer polaren materiellen Ebene immer aus zwei Gegensatzpaaren besteht, teilt sich auch das Leben selbst analog dazu gemäß der kosmischen Wahrheiten in zwei Teile eines Paares: das Diesseits und das Jenseits.

„Nicht ein Atom des Körpers wird vergehen und nicht ein Hauch von Seele. Sobald der Nordwind den Saum des Geistes zusammenrafft, wird sich der Ostwind erheben und ihn entfalten."

Khalil Gibran

Sterben wir nun hier im Diesseits, so werden wir im Jenseits geboren und erleben dies als Realität. Sterben wir im Jenseits, werden wir im Diesseits geboren und dies ist nun unsere Realität. Wenn man sich nur ein wenig von den starren Dogmen löst, kann man aufgrund der kosmischen Wahrheiten nur zu dem Schluss kommen, dass Geburt und Tod, Jenseits und Diesseits zwei Seiten ein und derselben Münze darstellen.

Der Tod ist im Grunde genommen der Höhepunkt des Lebens. Haben wir diesen erreicht, erholen wir uns auf einer anderen Ebene, um frisch gestärkt das neue Abenteuer zum Beispiel als Mensch in Angriff zu nehmen.

Hier wird deutlich, dass unsere Entwicklung auf seelischer Ebene ein langer Prozess ist, bei dem wir unzählige Körper nutzen. Unser wahres Selbst liegt in unserer Seele, welche die Erinnerung an alle Leben in sich trägt und unsterblich ist. Hierbei bezieht sie das Szenario des Lebens immer wieder in ihren Entwicklungsprozess ein, dessen Ziel das Erfahren des Lebens in seiner Ganzheit ist.

„Die ganze Vorstellung von Gott stammt von den alten orientalischen Gewaltherrschaften. Es ist eine Vorstellung, die des freien Menschen unwürdig ist."

Bertrand Russel

Dies nun alles soll nicht als ein Pamphlet gegen die Kirche oder das fundamentalistische Christentum verstanden werden, sondern im Gegenteil für einen wahren wissenden Glauben stehen, wie ihn einst

Jesus von Nazareth ursprünglich gepredigt hat. Aber was wurde heute daraus? Man schimpft unwissend über Menschen, die zu den Wurzeln zurückkehren wollen, und bezeichnet sie als Okkultisten, ohne zu wissen dass das Wort *okkult* doch nur „verborgen" heißt. In Wahrheit ist aber alles okkult, was der Menschheit vorenthalten wird. Und wo gilt das mehr als in der Religion?

Die Kirche ist wichtig für die Menschheit, da sie imstande wäre, den Suchenden Orientierung zu vermitteln. Die Welt hat sich gewandelt, und es ist anzunehmen, dass mit diesem Paradigmenwechsel auch der Klerus einem Wechsel, ganz nach den Gesetzen, unterworfen ist. Die Menschheit erwacht mit oder ohne den Rahmen einer Institution, die für spirituelle Inhalte steht.

Das ist wahres Christentum, und erst dann sollte man es so nennen.

Doch was sind die Früchte der Kirche: Hexenverfolgung (Frauen, die sich mit Kräutern auskannten), Bücherverbrennung (Auslöschung „konkurrierenden" Wissens), Sklavenhandel (da man ihnen eine menschliche Seele absprach), Ausrottung der nord- und südamerikanischen Indianer (da sie ja nur „ungläubige Tiere" seien), heuchlerisches Zölibat (Massengräber von Babyleichen gefunden, gezeugt von Mönchen, geboren von Nonnen) und letztlich das Vorenthalten wichtiger Dokumente für die Menschheit in den unzugänglichen Bibliotheken des Vatikans.

Eines muss man wissen: Die, welche herrschen, herrschen durch die Unwissenheit der Masse. Durch Wissen kommt Freiheit, durch die Liebe die Einsicht und durch das Vergeben kommt Weisheit. Vergessen wir, was vorbei ist, und gehen unseren persönlichen Weg der Freiheit und freuen uns in der Natur unseres wahren Seins, losgelöst von allen Einschränkungen menschlicher Art.

Sei immer Du und sei es ganz.

Wo ist die Religion im Angesicht der Erkenntnis der eigenen Göttlichkeit? Wo sind die heiligen Räume, wenn nicht in uns selbst? Wo ist der Mittler zu Gott, wenn es keine Trennung und Distanz mehr gibt im Angesicht der Wahrheit der Einheit? Und wer sollte uns lehren, wenn nicht der Lehrer in uns?

Es gibt nur eine Religion: die der Ur-Liebe, welche die Verbindung ist, die immer Eins macht was getrennt schien.
Es gibt nur einen Glauben: die wahre Erkenntnis seiner selbst.
Es gibt nur einen Messias: das Christus-, Buddha-, Krishna-, Anihu-, Manitubewusstsein als unser Bewusstsein zu erkennen.
Es gibt nur eine Kirche: das Herz.
Und es gibt nur einen Altar, der würdig ist, dass sich ein Knie beugt: der Gott in mir. Das Göttliche, das durch alles atmet.

Warum gibt es dann so viele Glaubensrichtungen und Religionen? Kann es sein, dass nur deshalb so viele verschiedene existieren, weil man nicht fand, was man darin suchte? Was ist der eine Nenner, der Kern der Sache? Was passiert, wenn man den Moder menschlichen Irrens löst vom Angesicht des Wesentlichen?
Die Wahrheit ist: Es gäbe keine Religion mehr. Sie wäre völlig unnötig. Niemand würde suchen müssen. Man würde einfach finden. Der Grund, weshalb aber nicht gefunden wird, ist etwas, was sich heimlich, still und leise auf den Thron der Wahrheit geschlichen hat: Unwissenheit.

> *„Viele Lehren sind wie eine Fensterscheibe.*
> *Durch sie sehen wir die Wahrheit,*
> *aber sie trennt uns von der Wirklichkeit."*
>
> *Khalil Gibran*

Durch diese Unwissenheit entstand in den Jahrhunderten etwas, was den Schein von etwas trägt, aber seine Kraft verleugnet. Ein Pseudowissen oder ein sogenannter Antichrist. *Anti* heißt im Griechischen nicht „gegen etwas sein". *Anti* bedeutet nur „pseudo" (griech. *pseudēs*:

„anstatt", „Täuschung"). Ein Antichrist ist also jemand, der ein Anstatt-Christus ist. Es ist also eine Bewegung oder eine Person, die so tut, als ob sie der Christus (Logos, Christusbewusstsein, das Denken Gottes) wäre, aber weder seine Früchte trägt noch sein Kraft innehat.

Wer ist der Christus?
Christus bedeutet: der Gesalbte. Und das bedeutet: jemand, der mit dem Christusbewusstsein mitgeht und mitdenkt, ja es selbst in persona ist. Das Christusbewusstsein ist das Bewusstsein aller heiligen Menschen: von Krishna, Buddha, Babaji, Sri Yukteswar Giri, Jesus bis zur heutigen Zeit. Dieses Bewusstsein bedeutet inhaltlich immer, mit Gott mitzudenken, so wie Christus. Und er forderte uns durch die Jahrhunderte dazu auf, es ihm gleichzutun, indem er sagte: „Menschenskind, mach endlich Metanoia!"

„Wir haben aber Christi Sinn."

1. Korinther 2, 16

Jesus ist das personifizierte und inkarnierte Christusbewusstsein. Das Bewusstsein, welches die wirkliche Erlösung bringt. Die Erlösung aber ist das Denken Gottes.

Zur Erinnerung: *Metanoia* ist in den göttlichen Wahrheiten zu denken. Wer wie EIN Gott denkt, wird göttlich ... ganz ohne Glaubenslabyrinthe.

Die Lösung

1. Mentalität
Wenn die mentale Kraft der Gedanken das bewirkt, was wir mit Gebeten zu erlangen erhoffen, dann sehen wir irgendwann, dass die Gedanken die wahren Gebete sind. Man beachte, was der Mund spricht. Ist es das, was wir wirklich vom Leben wollen?

2. Kausalität

Die wahre Kraft echter religiöser Handlungen ist das Bewusstsein der eigenen Göttlichkeit in seiner schöpferischen Kraft. Es gibt keine andere Macht, besonders keine böse, die auf einem anderen Weg eine Ursache setzen könnte. Durch das Gewahrwerden der eigenen schöpferischen Macht im Ur-Schöpfer werden wir der Quelle immer ähnlicher und erfüllen das, was Religion zum Ziel hat – wir gelangen zurück zur Quelle allen Seins.

3. Analogie

Wenn wir schon jetzt mit unserem Bewusstsein im Himmel sind, erfahren wir später auch den Himmel auf astraler Ebene (oder höher). Denn unser Bewusstsein ist auch ohne den Körper noch dasselbe in gleicher Frequenz: wie im Himmel so auf Erden und wie auf der Erde so im Himmel. Mit dem Kopf über den Wolken, aber mit den Beinen auf der Erde.

4. Resonanz

Stehen wir so mit dem Astralen-Himmlischen in Resonanz, wird unser Leben himmlische Züge annehmen und analog dazu unser eigenes kleines Paradies schaffen. Indem wir uns mit bestimmten Ebenen der Metaphysik beschäftigen und sie gedanklich umkreisen, wird die eigene Frequenz auf die jeweils höhere angepasst. „Bitten" heißt hier: dankend in Empfang zu nehmen.

5. Harmonie

So gehen wir von Herrlichkeit zu Herrlichkeit und schauen mit aufgedecktem Angesicht die Göttlichkeit in allem und in uns selbst. Wir erkennen, dass alles miteinander verbunden ist, aus einer Quelle stammt und Eins ist. So erfahren wir höchste Harmonie auf allen Ebenen. Man nennt es auch: Erleuchtung.

6. Rhythmus

Veränderung: *Metanoia* ist Metamorphose – etwas geht in einen anderen Zustand über. Vom Menschen zur Göttlichkeit! Das ist das

Ziel mentaler Alchemie. Wir selbst sind die Ursache für jede „Veränderung", wenn wir wollen. Wahre Veränderung liegt darin, zu sein, bevor man ist: im Jetzt und ausgedrückt durch das „Ich bin".

7. Polarität

Das, was wir „Gott" nennen, war nie von uns getrennt. Nur der *etablierte* „Glaube" an eine Trennung hielt uns scheinbar auseinander. Aber alles ist Eins und Eins ist alles. Auf höchster Ebene der Polarität verschwindet die Dualität in der Einheit aller Dinge. Das Eine ist ohne Trennung, es ist nondual. Wenn Sie also religiös sind und Gott lieben wollen, so lieben Sie ihn in sich. So können Sie sicher sein, ihn auch wirklich anzutreffen ...

> *„In einer noch ungeborenen Zeit wird alles Eins sein, und Eins wird alles sein."*

Smaragdtafeln XII

Einige gute „Ich-bin-Affirmationen" sind:
Ich bin mir meines göttlichen Kerns bewusst.
Ich bin eins mit der Quelle.
Ich bin himmlischer Art und denke himmlische Dinge.

Religiöse Systeme sind in der Regel geneigt, sich (und alles andere) ohne Unterlass zu prüfen, ob sie denn noch auf dem richtigen Weg oder ob sie schon auf dem Weg ins Verderben sind. So unterscheiden sie unentwegt zwischen Gut und Böse. Sie schwanken von einem Extrem ins andere, anstatt einfach loszulassen. Mit flatterndem Gewand hängen sie am Pendel der Willkür, das sie mit betonartigem Griff umfangen und sich so beschäftigt halten mit dem Schein von Heil und Unheil.

Der profane Mensch prüft weder, noch weiß er zu prüfen. Wer nun beide dieser Extreme hinter sich lässt und seine Einheit mit allem erkennt, ist auf dem Wege zur vollkommenen Selbstverwirklichung, was äußeren wie inneren Reichtum beinhaltet.

„Wahrheit, Liebe und Einfachheit."

Babaji

Trauen Sie keiner Lehre und trauen Sie nicht mir. Vertrauen Sie nur auf das, was den Geist erhebt. Alles, was Sie freier und göttlicher im Fühlen und im Denken macht, ist wahre Erkenntnis. Es ist Ihre Erkenntnis Ihrer persönlichen Wahrheit, die dereinst in unserer gemeinsamen Wirklichkeit mündet.

Wissenschaft und Forschung

„Denn unsere Herzen erzeugen nicht die Liebe,
sondern die Liebe zeugt unsere Herzen."

Khalil Gibran

Allgemeine Sicht

Ein Teil des Dilemmas ist, dass der Mensch, insbesondere der Mann des 21. Jahrhunderts, sein Recht, die höchste Realität zu definieren – das, was für ihn wahr ist –, an die Wissenschaft abgegeben hat. Die Wissenschaft wurde zur Kirche, die Wissenschaftler zu deren Priestern der einzigen „Wahrheit". Und so mancher lässt sich seine eigene Realität von den neuesten Erkenntnissen definieren. Doch wie begrenzt ist die heutige „Wissenschaft"?

Das, was man nicht schmecken, riechen, sehen, berühren und hören kann, was zudem keinen Zeigerausschlag an einem Instrument bewirkt, gibt es nicht?

Wäre es nicht besser, eine Wissenschaft zu revolutionieren, die meist nur die Interessen ihrer Auftraggeber zu bestätigen hat? In eine Wissenschaft, die frei ist die Wirklichkeit der Dinge bis in die letzten Winkel zu erforschen, auf allen Ebenen – eine Wisssenschaft, die holistisch ist?! Was würde geschehen, wenn die Wissenschaft, die von der linken Hirnhälfte dominiert wird, plötzlich mit dem ganzen Gehirn denken würde?

Was glauben Sie, weshalb gerade Albert Einstein, ein ganz normaler jüdischer Junge aus Ulm in Deutschland, so ein Genie war? Weil er mit der rechten Seite seiner Denkmaschine in Bildern denken konnte und mit der linken Seite zur gleichen Zeit die Formeln dazu parat hatte. Er war ein Träumer! Eine wahrhaft göttliche Eigenschaft. Denn auch Gott träumt nur, und wir nennen es das „Leben".

> „Das Streben nach Wahrheit und Erkenntnis
> gehört zum Schönsten, dessen der Mensch fähig ist,
> wenn auch der Stolz auf dieses Streben
> meist im Munde derjenigen liegt,
> die am wenigsten von solchem Streben erfüllt sind."
>
> Albert Einstein

Die einzige wahre Definition für ein Genie ist seine Fähigkeit, holistisch zu denken – mit beiden Hirnhälften – ohne dadurch das holistisch denkende Bewusstsein zu begrenzen.

Auch ein Albert Einstein dachte in den 7 Wahrheiten –, u. a. in Analogie, Geist, Kausalität, Harmonie und Polarität. Als Träumer begrenzte er sein Denken dadurch nicht und erdrosselte auch sein Bewusstsein nicht mit Konventionen. Er blieb stattdessen in seinem Denken stets ein kindlich fragendes Gemüt. Er war ein Transformator höherer Erkenntnis, auf seine Art. Jemand, der fähig war, interdisziplinär im Buch des Lebens zu lesen und dieses als ein echter Forscher für die Menschheit zu deuten.

Wenn es ein gutes Vorbild für die Wissenschaft gibt, dann Menschen wie Einstein, Tesla, Madame Curie, besonders auch Da Vinci – Menschen, die in sich die intuitiv weibliche, träumende und empfangende Seite mit der männlichen, voranstrebenden Willenskraft in ihrer Analytik vereinen konnten.

Die Lösung

Lieber ein motivierter Laie mit Fragen in der Tasche, als eine Wissenschaft ohne mentales Gebiss.

Die Wissenschaft sucht nach der Wahrheit. Und sie kann analog nur so viel Wahrheit finden, wie sie selbst Wahrheit ist, das heißt, die Wahrheit liebt und nicht korrumpiert ist. Mit den Wissenschaften lässt sich vorzüglich Macht untermauern. Die Früchte der Wissenschaften sind oft nur eine maßlose Überzüchtung des Intellekts zu einer trockenen Farce des pseudointelligenten Hochmuts in unterschiedlichster skurriler Ausprägung. Eine Peinlichkeit für die wahren Fähigkeiten eines geeinten Bewusstseins! Und doch ist die Lösung, wie immer, sehr einfach.

Denn Wahrheit ist immer einfach, besonders für jemanden, der in sich Wahrheit geworden ist. Wahr wird man durch die Wahrheit im Einklang mit dem **Prinzip** da hier die Grundlage für alles liegt, was wahr ist und nachvollziehbare wissenschaftliche Wirkungen hat.

1. Mentalität
Ist die Kraft der mentalen Fähigkeit, geeint durch ein in sich kohärentes Denken in einem erweiterten Bewusstseinsraum, so haben wir Zutritt zu höheren Ebenen der Erkenntnis. Dies ist nützlich in jeder menschlichen Disziplin – egal ob beim Abfassen der Weltformel oder bei der Zubereitung eines Gerichts.

2. Kausalität
Wissenschaft sollte sich mit Wissen beschäftigen. Das bedeutet, Ursachen zu setzen, welche Erkenntnis mehren können. Ein Wissenssucher sollte fähig sein, entsprechende Vorkehrungen zu treffen, die wahres Erkennen höheren Wissens begünstigen, indem er seinen Geist bewusst auf höhere Ebenen des Verstehens, wie auf die Wahrheit der Analogie, lenkt und so reiche Wirkungen durch Eingebungen bekommen kann.

3. Analogie
Analogie ist die Wahrheit, die uns auf höhere und auf niedere Ebenen schließen lässt, da sich alles fraktal mit sich in Abstufung befindet und wir so Schlüsse auf andere fraktale Ebenen und Dimensionen ziehen können.

4. Resonanz
Wahre Wissenschaft heißt, zu wissen, bevor man weiß. Nur so kann man in Resonanz zu wahrem Wissen gelangen. Jemand, der angestrengt versucht, zu wissen oder etwas herauszubekommen, nimmt die Haltung eines Suchers ein. Das Geheimnis liegt aber darin, ein Finder zu sein. Zu wissen, bevor man weiß, schafft ganz logisch eine Resonanz zu dem, was wir an Erkenntnis suchen. Ganz entspannt, fast spielerisch finden wir so, was wir suchten.

5. Harmonie
Werden die Gehirnhemisphären synchronisiert, vereint sich das Potenzial exponentiell und strebt nach Höherem. Ist die Harmonie zwischen Männlich und Weiblich, zwischen Intuition und Intellekt erreicht, entfaltet sich das Genie, das sich erst dann „Wissenschaftler" nennen kann.

6. Rhythmus

Alles verändert sich. Es gibt kein feststehendes Dogma. Das Universum atmet und besteht in allem in einem formlosen Bewusstsein, das in Evolution ist. Was heute fest ist, ist morgen leer. Man halte den Geist flexibel, lasse ihn quer denken, suche unkonventionelle Denkansätze. Das Bewusstsein muss sich verändern, um mit den stetigen Veränderungen mithalten zu können.

7. Polarität

Das Miteinbeziehen der Tatsache, dass alles zwei Seiten und Pole hat und sich aus einer einzigen Einheit abstuft, würde die Forschung revolutionieren. Eine Wissenschaft, die letztlich in der Lage wäre, zu verstehen, dass alles Eins ist, würde endlich alle Paradoxa auflösen und so irgendwann die Grundlage für die Weltformel in der Vereinheitlichung aller Dinge erfassen können.

Die Forschung nach dieser Weltformel der Vereinheitlichung ist bis zum heutigen Tag die höchste Disziplin. Doch wenn man die Einheit der Dinge nicht versteht, wird es eine unendliche Suche bleiben müssen.

Einige gute „Ich-bin-Affirmationen" sind:
Ich bin fasziniert von den Schätzen des Wissens.
Ich bin wissend, bevor ich weiß.
Ich bin mir voll bewusst, dass alle Erkenntnis in mir selbst liegt.

Alle Frauen und Männer, die diese einfachen Wahrheiten im Denken integrieren, sind wahrhaft Forscher und Entdecker. Dazu müssen wir keiner Akademie angehören, sondern nur wir selbst sein in der Aufgabe, die wir uns gesetzt haben. Auf diesem Wege kann man zu jeder Art der höheren Erkenntnis gelangen.

Die Evolution der Wissenschaft ist die Revolution der mentalen Kräfte. Und diese besteht darin, zu wissen, bevor wir wissen. Alles, was es zu wissen gibt, liegt im Inneren. Oft sind es gerade die sogenannten Laien und Privatgelehrten, die zu höherer Erkenntnis fähig sind.

> *„Weise sind alle die,*
> *die sowohl die Notwendigkeit*
> *als auch die Grenzen*
> *allen Wissens erkennen*
> *und die verstehen,*
> *dass Liebe größer als Wissen ist."*
>
> Paul Tillich

Kreativität/Kunst/Musik

> *„Tu, was Du willst – aber nicht, weil Du musst."*
>
> Siddhartha Gautama

Allgemeine Sicht

Muße ist das höchste Gut des ausübenden Künstlers. Egal in welcher der Disziplinen der Kunst: Es ist entscheidend, in sich selbst einen Ort zu schaffen, in dem die kreativen Kräfte walten können. Kreativität ist eine Eigenschaft des Schöpfers, des Kreators, und somit eine göttliche Fähigkeit, die sich durch den Künstler ausdrückt – als direkte Folge der Gedanken eines Gottes.

Dieser Ort der Muße liegt in der Synchronizität des Gehirns. Wenn beide Seiten emanzipiert walten können, entwickelt sich die Ruhe der Muße, welche in der kreativen Ausübung explodieren kann. Das ist der Grund, weshalb viele berühmte Künstler der Geschichte etwas entrückt wirkten – ein Teil ihres Bewusstseins verweilte immer an ihrem geheimen Ort der Muße.

Muße ist Freiheit vom Müssen.

Berufsbedingt hatte ich früher viel mit Musikern zu tun. Ich habe mich gefragt, warum Schlagzeuger und Bassisten die ruhenden Pole unter den Musikertypen zu sein scheinen. Und warum dagegen Sänger sich oft ziemlich fern des musikalischen Anspruchs bewegen. Ganz einfach: Durch das Spielen eines Instruments mit beiden Händen, wie zum Beispiel beim Gitarrespielen, werden die Gehirnhälften, die ja für männliche und weibliche Energien stehen, besser synchronisiert. Dabei wird die linke Hand der rechten Gehirnseite zugeordnet und die rechte Hand der linken Gehirnhälfte. Durch das gleichzeitige Zusammenarbeiten der Hände am Instrument wird das Gehirn synchron geschaltet. Und dabei vereinen diese Musikertypen in der Regel sehr viel mehr weibliche und männliche Energien in sich und sind so mehr in sich ruhend, zentriert. (Was da genau geschieht, habe ich schon in meinem Buch **Das Prinzip** beschrieben und werde daher hier nicht näher darauf eingehen.)

Im Gegensatz dazu haben wir oft den Sänger, der an der Front steht und sich in typischer einseitiger männlicher Manier behaupten muss und dabei alle anderen hinter sich hat. Er hat nicht den ausgleichenden Vorteil, beide Hände an einem Projekt (Instrument) arbeiten zu lassen. Und so ist dieser Typ oft eher weniger pflegeleicht, um nicht zu sagen, er ist schwierig zu handhaben. Sänger, die selbst kein Instrument spielen, sind kreativ oft weniger am schöpferischen Prozess beteiligt. So lautet meine Erfahrung.

Diese Phänomene konnte ich jahrelang beobachten und so weiß ich, wovon ich schreibe, war ich doch selbst ein Sänger (spiele aber auch Instrumente).

> *„Meine Vision von Freiheit bedeutet,*
> *man selbst zu sein."*
>
> Osho

Die Kunst der Kunst ist es, die Potenziale zu vereinen, um so die Kraft der Kreativität freizusetzen, um mit dieser wichtigen Gabe der Menschheit dienen zu können. Kunst ist Mathematik, die Mathematik, schöpferisch Dinge zu erschaffen und mittels Farben, Tönen und Atmosphären, der Erde etwas himmlischen Glanz einzuhauchen.

Die Lösung

Ein Künstler erreicht das Maximum seiner Schaffenskraft, wenn er die Möglichkeit hat, völlig er selbst zu sein. Je höher er dieses Selbst ansiedelt, desto harmonischer kann sein Werk auf die Menschen wirken. Bewusstes Schaffen ist immer eine Folge der Abläufe der universellen Wahrheiten. Wer sie zu nutzen weiß, dessen Werk hat Bestand und trägt reiche Frucht.

1. Mentalität

Der Künstler ist sich seiner mentalen Kraft bewusst. Sein wichtigstes Instrument ist seine Fähigkeit, über den Rand des normalen Bewusstseinssees hinauszugelangen. Seine Fähigkeit, zu schaffen, wird von der Fähigkeit der Identifikation bestimmt. Seine Inspiration ist eine Folge der Sicht der eigenen lichten Person und der Vereinigung der Hirnpotenziale.

2. Kausalität

Diese machtvolle Basis der kreativen Kunst bildet die Grundlage für vollkommene Beherrschung seiner schöpferischen Kraft. Weiß der Künstler um das Setzen von Ursachen wie dem Ruhen-in-sich-Selbst oder der bewussten Inspiration, so kann schnell eine Wirkung in Form eines neuen Werkes entstehen.

3. Analogie

Das Bild, welches der Künstler in sich wahrnimmt, kann er im Außen erschaffen. Entsprechend der Ebene, auf der sich sein Bewusstsein bewegt, wird seine Kunst erhebend sein.

4. Resonanz

Inspiration entsteht durch eine Identifikation mit der schaffenden Kraft, mit dem Schöpfer in uns. Ist das Bild klar vor dem inneren Auge und mangelt es nicht an Muße, so entsteht die eine Frequenz im Prozess der Resonanz. Das bedeutet: Haben wir das Werk in uns schon vollendet, erfolgt die Umsetzung im Außen in Freude und Effektivität.

5. Harmonie

Der Schaffende erschafft zuerst in sich selbst das Bild seiner Schöpfung.
Ist die innere Harmonie erfolgt, so schafft er dadurch ein „kreatives Vakuum" für den kreativen Sog, welcher sich einen Ausgleich im Werk sucht.

6. Rhythmus

Lässt man das Pendel im Zustand größtmöglicher Muße los, welche das Reifen des inneren Bildes fördert, so schwingt sich das Pendel in Richtung Vermehrung der Schöpferkraft ein. Alles verändert sich. Wir wollen nicht immer uns selbst kopieren, sondern weitergehen.

7. Polarität

Es ist sehr wertvoll und geradezu entscheidend, dass ein Künstler seine männlichen und weiblichen Aspekte gleichermaßen zu leben weiß. Das schafft Ausgewogenheit, um in der eigenen Mitte die beste Balance zu finden.

Einige gute „Ich-bin-Affirmationen" sind:
Ich bin schöpferisch.
Ich bin mir meiner kreativen Kraft bewusst.
Ich bin Eins in mir, alle Potenziale sind in völliger Muße vereint.

Ökologische Belange

Ein Weg entsteht dadurch,
dass er gegangen wird.

Wir haben Verantwortung für unseren Planeten und für das Leben und Überleben unserer Mitmenschen und der gesamten Schöpfung, einschließlich des Pflanzen- und des Tierreichs. Um auf dieser Ebene Ursache und Wirkung abzumildern, ist es notwendig, auf ein brisantes Thema einzugehen: was wir nämlich tun oder auch lassen können, um diesen Planeten für kommende Generationen möglichst effektiv zu erhalten. Dazu benötigen wir eine ökologische Revolution. Diese beginnt an einem ganz unscheinbaren Ort. Nämlich auf unseren Tellern.

Zum Thema „ökologische Belange" gibt es viel zu sagen, und so werde ich einen Schwerpunkt setzen, der auch einer der provokativsten ist: Wussten Sie, dass über 90 Prozent der Soja- und Maisproduktion als Mast- und Futtermittel für das „Nutzvieh" angepflanzt werden? Dabei werden 83 bis 89 Prozent der landwirtschaftlichen Flächen ausschließlich dazu benutzt, um Tiere für den Konsum zu züchten.

Auf einem Hektar Land können etwa 22 500 Kilogramm Kartoffeln oder 40 Tonnen Sellerie angebaut werden, aber das gleiche Stückchen Land kann nur 50 bis 80 Kilogramm Fleisch „produzieren". Das ist eine unglaubliche Verschwendung von Ressourcen. Auf unserer Erde hätten noch ein paar Menschen mehr Platz – ohne Hunger leiden zu müssen.

Noch mehr Statistik: Den Schlachttieren Nordamerikas wird jährlich mehr Getreide verfüttert, als die Bevölkerung von Indien und China zusammengenommen zur Ernährung braucht.[7]

Dieses Verfahren, Getreide in Fleisch umzuwandeln, ist über alle Maße verschwenderisch. Fleischproduktion ist, energetisch betrachtet, die schlechteste Form der Bodennutzung. Fleisch zu essen, besonders in diesen Massen, ist unwirtschaftlich und beutet die Lebensmittelressourcen aus. Für jedes Schnitzel muss jemand seinen Anteil an verfügbaren Lebensmitteln bezahlen – für das bisschen Fleisch, das auf dem

Teller liegt. Die größten Fleischkonsumenten sind genau die Nationen und ihre Hilfsorganisationen, die für die Dritte Welt jedes Jahr Spendenaufrufe tätigen.

Mein Anliegen ist es nicht, meine Leser zu Vegetariern zu machen, sondern aufzuzeigen, was man durch ein wenig Einschränkung des ungesunden Konsums für seine Mitmenschen erreichen kann.

> *„Ich bin Vegetarier und Antialkoholiker,*
> *weil ich so besseren Gebrauch*
> *von meinem Gehirn machen kann."*
>
> *Thomas Alva Edison*

Mit jedem Essen, das wir zu uns nehmen, haben wir indirekt oder direkt Einfluss auf andere Menschen. Während ein Vegetarier friedlich sein Grünzeug zum Abendessen äst, ermöglicht er 19 weiteren Menschen auf diesem Planeten ebenso ein Abendessen. Jedenfalls theoretisch. Wenn wir uns bei einer Mahlzeit statt mit Fleisch zum Beispiel mit Gemüse ernähren, so geben wir 19 Menschen in der Dritten Welt die Möglichkeit für eine Mahlzeit.

Auf der gleichen Fläche Land kann 20-mal mehr Gemüse angebaut werden, als Fleisch produziert werden kann. Unser Mastvieh frisst Soja, Mais usw., das in armen Ländern wie Afrika angepflanzt wird. Damit füttern wir unser Vieh und vernichten, völlig unökologisch, Unmengen an Nahrungsmitteln, die die Bauern in Afrika selbst essen könnten. Wir bekommen dafür Fleisch auf den Teller, das uns auf Dauer auch nicht gut tut. Die Bauern in Afrika arbeiten für ein paar Dollar und kaufen sich mit diesen Dollars minderwertige Lebensmittel.

> *„Die Welt hat genug für jedermanns Bedürfnisse,*
> *aber nicht für jedermanns Gier."*
>
> *Mahatma Gandhi*

Der weiße Mann hat schon immer verstanden, seine braunen, gelben und roten Brüder zu melken. Doch was hat er davon? Zu viel Harnsäure!

Fleisch ernährt wenige auf Kosten vieler. Es werden zunehmend Gebiete des Amazonas-Regenwaldes abgeholzt, um Sojabohnen anzubauen. Diese Bohnen werden jedoch wiederum an Rinder verfüttert. Wie viel effizienter wäre es, die Sojabohnen den Menschen gleich als gesundheitsförderliches Nahrungsmittel zur Verfügung zu stellen!

Wie friedlich man doch seine Mahlzeit genießen kann in dem Wissen, dass man mit jedem Bissen potenziell 19 Hungrigen zu essen gibt. Wer also permanent etwas für die Armen tun will, hat die Option, etwas weniger – entschuldigen Sie die drastische Ausdrucksweise – „Tierleichen" zu konsumieren. Der stille Dank der Kinder dieser Erde ist ihm gewiss. Damit tut er mehr für seine Mitmenschen als alle Spenden zu Weihnachten.

> „Rein durch ihre physische Wirkung
> auf das menschliche Temperament
> würde die vegetarische Lebensweise das Schicksal
> der Menschheit äußerst positiv beeinflussen können."
>
> Albert Einstein

Es ist ein gutes Gefühl, gut genährt zu sein und anderer Menschen Hunger mit Faktor 19 zu stillen! Das ist ein ganz unesoterischer Beitrag, und ich wünschte mir, mehr Menschen würden diesem Beispiel folgen – einfach für eine gerechtere Welt.
Dieser Planet ist zwar dual, aber wir können uns entscheiden, ob wir uns durch **das Prinzip** über dies alles erheben und die Dinge jetzt ändern wollen!

Wir wären in guter Gesellschaft.

Berühmte Vegetarier:
Sokrates, Pythagoras, Franziskus von Assisi, Sir Isaac Newton, Leonardo da Vinci, Voltaire, Nikola Tesla, Jean-Jacques Rousseau, Rudolf Steiner, Albert Einstein, Thomas Alva Edison, Albert Schweitzer, Mahatma Gandhi, George Bernard Shaw, Christian Morgenstern, der 14. Dalai Lama, Benjamin Franklin, Abraham Lincoln, Srinivasa Ramanujan, John F. Kennedy, Bryan Adams, Nena, Paul McCartney und Steve Jobs

Interessant, wie sich gerade eine geistige Elite durch ihre profane Ernährungsgewohnheit ähnelt.

„Du und ich: Wir sind eins.
Ich kann Dir nicht wehtun, ohne mich zu verletzen."

Mahatma Gandhi

Es ist erstaunlich, dass dem antiken Philosophen Sokrates nicht nur die gesundheitlichen Nachteile des Fleischessens bekannt waren, sondern offensichtlich auch die ökologischen. Er wies schon damals mit Recht darauf hin, dass die Erde genug Nahrung für alle ihre Bewohner hervorbringe, dass aber ein Fehlverhalten von nur wenigen Menschen bereits weitreichende Folgen haben könne. Welch verhängnisvolles Ausmaß diese Folgen heute angenommen haben, hätte sich allerdings selbst Sokrates kaum vorstellen können. Der Teufelskreis, der durch das Essen von Fleisch ausgelöst wird, ist wahrscheinlich das typischste Beispiel für die Vernetzung von menschlicher Unvernunft und Zerstörung. Außerdem begünstigt Tierhaltung den Klimawandel enorm, weit mehr als der Ausstoß von CO_2. Es ist in Wirklichkeit das Methan, welches von den Tieren in die Luft gelassen wird, das uns einheizt.[8]

„Nichts wird die Chance auf ein
überleben auf der Erde so steigern
wie der Schritt zur vegetarischen Ernährung."

Albert Einstein

Es war im alten Rom um die Zeit Kaiser Konstantins (285–337 n. Chr.) Sitte, Menschen, von denen man nicht wusste, ob es gläubige Nachfolger Christi waren, zwanglos zum Essen einzuladen und ihnen Fleisch und Wein anzubieten. Aßen sie dies nicht, wurden sie gefragt, warum sie das Fleisch verschmähten. Stellte sich heraus, dass es aufgrund des Glaubens war, forderte man sie auf, diesem Glauben zu entsagen und den Kaiser als ihren Gott zu akzeptieren. Taten sie das nicht, so wurde nach römischer Art flüssiges Blei in ihre Kehle gegossen.

Im alten Rom war ein Grundsatz der Sklavenhaltung, die Sklaven mit viel Fleisch und Wein zu versorgen und so ihren Geist matt zu halten, damit sie sich nicht gegen die Sklavenherren erhoben.

Es kommt, was ist.

Die Lösung

„Ich glaube, dass spiritueller Fortschritt
an einem gewissen Punkt von uns verlangt, dass wir
aufhören, unsere Mitlebewesen zur Befriedigung
unseres körperlichen Verlangens zu töten."

Mahatma Gandhi

1. Mentalität
Je höher sich das eigene Bewusstsein eines Menschen erkennt, je höher seine Ebene der Identifikation, desto bewusster ist er sich, was er ist und was er nicht ist, was er isst und was er nicht isst.

2. Kausalität
In seiner karmischen Verantwortung gegenüber dem Leben setzt der Mensch Ursachen, die auf ihn als Wirkung zurückfallen. Besonders wenn er nicht die Fähigkeit erworben hat, eine höhere Ebene des Seins zu erfassen.

3. Analogie

Entsprechend dieser Ebene wird sich der Mensch im Kleinen wie im Großen seiner Verantwortung in seiner Einheit mit allem Leben bewusst, sodass er sich nur in gesundem Maß artgerecht zuerst um sein leibliches Wohl, dann aber auch um die Erhaltung der Ressourcen bemüht.

4. Resonanz

So erhöht sich unsere Frequenz kontinuierlich, was zu einer Resonanz zu den Ebenen der höheren Frequenz führt und so zu tieferem Empfinden des Glücks in unserem Leben, da wir auch anderen nicht mehr unwissend ihr Glück nehmen.

5. Harmonie

Wir werden feiner und sensibler für den Fluss des Lebens. Das Aggressive schwindet, an seine Stelle tritt die wahre Willenskraft, die entspannt die Dinge schafft.

6. Rhythmus

Unser Bewusstsein erfährt einen Wandel, sodass das Stärkere höherer Ordnung in uns über das Schwächere niederer Ordnung bestimmt. Unser Körper wird gesünder, weil er besser ernährt wird, und unser Karma positiver, weil wir unsere Verantwortung gegenüber dem Planeten und den Mitgeschöpfen wahrnehmen. Das ist die Macht der Veränderung.

7. Polarität

Endlich haben wir die Möglichkeit, die Einheit der Dinge zu erfahren, indem wir unsere Brüder und Schwestern in allem Geschaffenen erkennen. Die Trennung endet, die Einsamkeit flieht, das Menschsein in seiner ganzen göttlichen Kraft hat begonnen. Nun sind wir wieder fähig, diese Welt als integriertes Mitglied des Himmlischen zu revolutionieren, im Frieden der Stille unserer Einheit.

Einige gute „Ich-bin-Affirmationen" sind:
Ich bin mir meiner Verantwortung bewusst.
Ich bin Teil der Veränderung zur Harmonie.
Ich bin Eins mit allem.

> *„Sieh Dich einfach im Mittelpunkt des Universums*
> *und nimm jedes Ding und jedes Wesen*
> *als Teil Deiner Unendlichkeit an."*

Aus dem Hua-Hu Ching

Gesellschaft und Weltgeschehen

> *„Die Liebe ist der Endzweck der Weltgeschichte,*
> *das Amen des Universums."*

Novalis

Allgemeine Sicht

Unsere kleine Welt hinkt, halbseitig gelähmt: Wir leben in einer fast ausschließlich männlich dominierten Welt der kleinen Ratio. Unser gesamtes politisch-wirtschaftliches Gesellschaftssystem wurde von Männern geplant. Die Technik, mit der wir täglich zu tun haben, entsprang einseitig männlich dominierten Gehirnen. Die Führungspositionen quer durch alle gesellschaftlichen Institutionen sind überwiegend von Männern besetzt. Und die Frauen denken auch noch nach männlicher Art. So leben wir in einer Welt der einseitig männlichen Polarität, geprägt von Rationalität, Funktionalität, Logik, Leistungsorientierung und Fortschritt. In der Terminologie der chinesischen Philosophie würde man sagen, die Yang-Energie hat ein deutliches Übergewicht.

Auf Dauer kann das jedoch nicht gut gehen. Viele negative Folgen dieses maskulinen Weltbildes treten jetzt klar zutage: Umweltzerstörung, Gier, Konkurrenzdenken, soziale Kälte, Krieg. Demgegenüber steht die weibliche Yin-Energie: Mitgefühl, soziale Wärme, Annehmen, Empfangen, Loslassen, Frieden. Das Weibliche rundet das Männliche ab und macht es weicher.

Nur wenn diese beiden Energien sich in einer gesunden Balance befinden, kann ein soziales System langfristig funktionieren. Die einseitige Rationalität führt sich selbst ad absurdum, wie wir derzeit überdeutlich in Politik, Wirtschaft und anderen Lebensbereichen sehen können. Das männliche Denken gerät ans Ende seiner Weisheit. An diesem Punkt angelangt, erfährt die weibliche Yin-Energie eine Renaissance.

> *„Es gibt keinen Weg zum Frieden,*
> *denn Frieden ist der Weg."*
>
> *Mahatma Gandhi*

So ist das Denken in der Gesellschaft durch alle Schichten sehr geprägt von einer Einseitigkeit, die schon im zarten Kindesalter beginnt. Die Schulen tun ihr Übriges, und die Berufe fördern den freien Geist auch nicht gerade.

Insgesamt gesehen, kann es eine revolutionäre Lösung nur geben, wenn sich die kleinsten Einheiten der Gesellschaft revolutionieren und wenn sich die kleinste Zelle als Einheit im ganzen Körper der Gesellschaft sieht. Ein wichtiger Teil des Ganzen, der mehr Einfluss hat, als er vermutet! Besonders im Kollektiv wird ein Bewusstseinswandel, wie er bereits im Gange ist, mächtige Auswirkungen auf unser System haben. Die stille Revolution – in der intuitiven Anwendung der 7 Wahrheiten und der vereinten Wirklichkeit der wahren Liebe – wird diesen Planeten für immer verändern und in eine neue Zeitrechnung des bewussten Geistes katapultieren.

Die Lösung

„Sei Du selbst die Veränderung,
die Du Dir wünschst für diese Welt."

Mahatma Gandhi

Der Zustand einer Gesellschaft ist abhängig von unserer Freiheit, die Dinge gemäß der Wahrheit erkennen zu können. Das setzt das Vereinen der männlichen und weiblichen Energiepotenziale voraus. Findet sich hier in der kleinsten Zelle eine Struktur, dann finden sich durch Resonanz weitere zusammen, welche wiederum das Ganze mit steigender Wirkung beeinflussen. Eine gleichgeschaltete Bewegung stiller Kräfte höherer Ordnung, die zuerst in unserem Alltag Anwendung findet, überwindet die Schatten dieser Welt.

1. Mentalität
Erkennen wir uns als Geist, der als wichtiges Glied in der Gesellschaft mittels seiner vereinten mentalen Kräfte die Macht hat, eine Revolution zuerst im eigenen Leben, dann weiter im Kollektiv zu bewirken.

2. Kausalität
Bündelt sich als Ursache die Kraft des bewussten Geistes in vielen, so wird an einem gewissen Punkt eine positiv kritische Masse erreicht, welche das ganze System friedlich in eine höhere Ordnung bringen kann.

3. Analogie
Das kleine Einzelbewusstsein hat analog einen gewissen Einfluss auf das Massenbewusstsein. Und je bewusster sich jemand ist, je höher seine Ebene schwingt, desto mehr beeinflusst er auch das Ganze.

4. Resonanz
Steht der Geist in seiner Frequenz über der Frequenz der Systemumstände, ist man Teil des Kerns der Revolution, welche in aller Stille in

Resonanz zu höheren Ebenen der Ordnung und des Friedens tritt. Neue alternative Strukturen werden sichtbar.

5. Harmonie

Dadurch wird der Fluss des Lebens, der Harmonie ist, freigelassen und alle Energien der Träume der Menschen und der Sehnsüchte nach Frieden und Harmonie finden endlich wieder ihren Ausgleich im realen Erleben. Die Masse als das Stärkere, der Souverän, der das Schwächere des einseitigen Verstandes der alten Ära ablöst.

6. Rhythmus

Alles verändert sich. Wir können mit unserem mentalen Gewicht und der emotionalen Reife die Energie freisetzen, die nötig ist, das Pendel in die gewünschte Ordnung schwingen zu lassen. Die Zeit arbeitet für die stille Revolution.

7. Polarität

Zuletzt werden der eine Pol und der andere Pol ihre gesuchte Einheit finden und die Menschheit als Ganzes zur Ruhe im Einssein führen. Alle Gegensätze und Meinungsverschiedenheiten können geglättet werden und anhaltender Frieden in Wohlstand und gemeinsamen Glück wird manifest.

Es ist unser Konstrukt, unser Einfluss darauf, was wir als vereinte Menschheit erleben wollen. Die Macht des Einzelnen ist auch die Macht des Ganzen. Ein Mann oder eine Frau würden genügen, um alles zu ändern, wenn sie sich ihrer wahren Macht der Liebe bewusst wären!

„Zuerst ignorieren sie Dich, dann lachen sie über Dich, dann bekämpfen sie Dich und dann gewinnst Du."

Mahatma Gandhi

Einige gute „Ich-bin-Affirmationen" sind:
Ich bin Teil einer höheren Ordnung.

Ich bin die Veränderung im Kleinen und wirke so in das große Ganze.
Ich bin die eine stille Revolution!

Massenbewusstsein und
das Kreuz der anderen

„Als menschlicher Geist sind wir, was wir denken.
Aber wir sind auch, was andere denken."

Robert A. Monroe

Allgemeine Sicht

Eine tendenzielle Beeinflussung durch das Massenbewusstsein der Gesellschaft ist schwer zu leugnen. Unser Leben lang befinden wir uns in einer konstanten Interaktion mit unserer Umwelt. Mit ihr tauschen wir permanent Informationen und die verschiedensten Formen der Energien aus. Information ist Schwingung, die auf uns einwirkt und die wir ausstrahlen. Alles beeinflusst alles.

Jemand mit viel Ausstrahlung strahlt demnach viel Information aus, und man wird schnell davon gefesselt oder auch abgestoßen. Oft können wir das als Sympathie oder als Antipathie spüren, die mehr oder weniger stark sein kann. Wir spüren die Schwingung des anderen. Stehen wir dazu in Resonanz, ermöglicht das Kommunikation und Austausch. Andernfalls wird man nicht viele Gemeinsamkeiten finden können. Man stößt sich ab, denn die Wellenlänge muss auf beiden Seiten passen.

Es ist eben wie mit einer Stimmgabel, die man anschlägt und zu einer nicht angeschlagenen Stimmgabel gleicher Art stellt: Diese beginnt sofort mitzuschwingen. Die Stimmgabeln stehen in Resonanz. Sie sind Sender und Empfänger zugleich. So ist es auch bei jedem sozialen Kontakt.

In dieser Welt geht es nur um Energie. Oft um die Energie des anderen. Jeder versucht, so viel Energie zu bekommen wie möglich und dabei selbst wenig Energie abgeben zu müssen. So beeinflusst auch jede Interaktion mit einem anderen Menschen das eigene Energielevel. Je einseitiger und verstandesimprägnierter oder intellektueller etwas auf dieses durch Werte konditionierte Individuum einwirkt, desto mehr lässt sich ein unreifes (oder vermeintlich unreifes) Bewusstsein davon blenden und beeinflussen.

So ist das persönliche Bewusstsein immer auch Fremdeinflüssen ausgesetzt. Weiß man darum, kann man lernen, die eigenen Energien in Reinheit zu bewahren.

> *Energie ist Fluss. Fluss ist Strömung.*
> *Der Strom ist die Veränderung. In der Veränderung*
> *liegt das Eins- oder das Entzweit-Sein.*

Dazu kommt der Einfluss der Massenmedien, welchem man sich mehr oder weniger freiwillig aussetzt. Sehen wir uns einmal an, was das Bewusstsein der Masse prägt und was damit Einfluss auf das Einzelbewusstsein hat:

- Fernsehen ist nur eine Ablenkung von uns selbst durch das Abziehen der Aufmerksamkeit nach außen.
- Wissenschaft gibt es nur, weil wir unglücklich sind. Wissenschaft beantwortet keine Fragen, sie schafft neue.
- Bücher gibt es nur, weil wir eine Antwort suchen. Bücher beenden die Suche nicht, weil die Antwort im Inneren zu finden ist.
- Internet gibt es nur, weil wir uns einsam fühlen. Internet verschafft uns keine echten Freundschaften, sondern lässt Menschen vereinsamen.
- Computer gibt es nur, um unser Leben einfacher zu machen, doch sie machen das einfache Leben nur komplizierter.
- Religion gibt es nur, weil wir das Göttliche suchen, aber nicht finden können. Religion kann uns nicht die göttliche Wirklichkeit zeigen.

- Politik gibt es nur, weil wir Sicherheit suchen. Politik kann keine Sicherheit geben, denn sie schafft nur mehr Unsicherheit.
- Ärzte machen nicht gesund, sondern schaffen Krankheiten. Ärzte gibt es nur, weil wir Angst haben.
- Lehrer lehren nicht, sie leeren nur die Köpfe. Alles, was wir suchen, befindet sich bereits in unserem Inneren! Vertrauen wir lieber auf unseren inneren Lehrer.
- usw.

Diese Dinge strömen prägend auf die Menschheit ein. Wäre es nicht so „normal", würde man es hinterfragen. Warum schaffen wir dann nicht einfach entsprechende Alternativen? Es mangelt an alternativen Realitätsperspektiven.

Jeder hat seine eigene Realität, doch mehrere Individuen schaffen für sich eine gemeinsame Realität. Es entsteht eine Wechselwirkung und ein entsprechend geartetes „Massenbewusstsein" oder ein gemeinsames Informationsfeld mit einer bestimmten Frequenz, die in Resonanz zum Entsprechenden steht. Die Menschheit als Ganzes lebt in einem beschränkten Bewusstsein der Gedankenmöglichkeiten für ihre Spezies. Was darüber hinausgeht, wird von vielen nicht erfasst, da sie sich nicht über die Grenze der Wahrnehmung der Masse bewegen können oder wollen.

Man nimmt so nur die begrenzten Inhalte eines begrenzten kollektiven Denkens wahr. „Ich nehme es wahr" – die Wahrnehmung ist also ein Nehmen aus dem Pool der möglichen Möglichkeiten. Und ich nehme es als meine Wahrheit. Objektive Wahrheit ist demnach nicht möglich, es ist nur eine jeweils persönlich ausgewählte Wahrscheinlichkeitswelle aus dem unendlichen Fluss des gesamten Bewusstseins der Masse, des menschlichen Massenbewusstseins. Man denkt nicht, man wiederholt nur!

Es gibt somit nur eine relative Objektivität der „Wirklichkeit". Eben das, was wir für uns wahr-nehmen. Realität ist für jeden das, was das

geformte Bewusstsein wahrnimmt oder nur begrenzt wahrnehmen kann. Worauf das jeweilige Bewusstsein gerichtet wird, ist aber eine Frage der persönlichen Prägung, des Willens und der Konditionierung. Die Konditionierung hängt allein von unserem Willen und der Wiederholung von ausgewählten Inhalten ab.
Wir sollten das wirklich nicht den Medien überlassen!

> „Es geht nicht nur um Dein Leben,
> sondern darum, ob es ein Leben ist!"
>
> *Xavier Naidoo*

Kennen Sie das Gefühl, die Last eines anderen Menschen tragen zu müssen? Wie schwer sich das fremde Kreuz des Karmas in den Rücken presst und die Schritte des Lebens mühsam und zäh macht? Dieses Kreuz ist nicht Ihr Kreuz, aber doch – es ist in Ihrem Leben. Sie haben oder hatten eine Resonanz dazu. Doch vielleicht ist es jetzt an der Zeit, die Last abzuwerfen. Denn es wird niemandem geholfen, wenn man das trägt, was dem anderen, dem es gehörte, auf seinen eigenen Schultern zu Reife und Entwicklung verhelfen könnte. Man verhindert so nur die persönliche Entwicklung eines eigenständigen Wesens.

Drücken die Pflichten und Aufgaben des täglichen Lebens nicht schwer genug? Es gibt doch genug zu tun mit den eigenen Angelegenheiten. Originale entstehen nicht, wenn man das Leben anderer lebt. Sie entstehen, wenn man sein eigenes Leben lebt. Nur Originale sind liebenswert, weil sie echt sind.

> Sei Du selbst. Wer würde sich besser dafür eignen?

Eine starke Ausstrahlung ist das Resultat einer reinen Eigenfrequenz. (Je mehr man sich selbst und somit ein Original verkörpert, desto mehr klare Frequenz hat man in sich, was zu einer größeren Resonanz führt.)

Je mehr man sich seine eigene Frequenz bewahren und sie mehren kann, desto weniger Einfluss haben die Frequenzen unserer Umwelt auf uns.

Komischerweise leben viele ein karmisch vorbildliches Leben und bekommen doch sehr oft, scheinbar völlig ungerechtfertigt, Wirkungen ab, die so nicht passieren dürften. Warum?
Der Grund dafür liegt im Massenbewusstsein. Es scheint gerade so, dass in diesem Bewusstsein der Masse immer das Bestreben herrscht, durch Energieausgleich fein säuberlich und „gerecht", das fremde Kreuz auch auf die zu legen, die nur dabeistehen. Die Ursache für diesen Energieausgleich ist allein die Tatsache einer „zufälligen" Anwesenheit der Person und ein gewisses Mitschwingen zu fremden Lasten.

Das kann so weit gehen, dass jemand, scheinbar ohne eine Ursache dafür gesetzt zu haben, leidet. Die Erklärung: Stehen energetische Systeme, in diesem Fall der Mensch mit weißer Weste neben oder mit dem energetisch viel stärkeren Bewusstsein der anderen und der Masse zusammen, kann es allein durch die Kraft des Ausgleichs geschehen, dass der arme Unschuldige mitleidet.

Wir sind nur dann wir selbst,
wenn wir selber sein können.

Nehmen wir ein verwegenes Beispiel, das zeigt, wie das Gesagte schon im Kleinen wirkt:
Ein Ehepaar hat öfter Streit. Die vielleicht etwas streitsüchtige Ehefrau provoziert den etwas trägen Ehemann und schlägt verbal auf ihn ein. Jahrelang sagt er nichts, dann platzt ihm eines Tages der Kragen (Bifurkationspunkt) und er schreit seine Frau markerschütternd an: „Lass mir endlich meine Ruhe!" Und die Nachbarn lauschen an der Wand …

Nichts besonderes, aber am nächsten Tag schauen ihn die netten Nachbarn an, als wäre er ein untergetauchter Kriegsverbrecher. Sie tuscheln und die Gespräche verstummen, wenn er freundlich grüßt. Obwohl er immer nett war und seine Frau vielleicht auf Rosen bettete, ist er jetzt der Böse. Dieser Mann trägt somit eines anderen Last, er trägt das karmische Kreuz seiner „heiligen Frau", die dafür von allen Nachbarn mitfühlend angelächelt wird, während er sozial geächtet wird. Das ist das Kreuz der anderen.

Das Massenbewusstsein ist das, was an beeinflussender Energiedifferenz um uns herumschwirrt und der allgemeinen Sichtweise einen begrenzten Rahmen verleiht. Dieser Einfluss ist oft sehr stark, und je weniger man in dieses Umfeld energetisch passt, desto mehr Dissonanz (Gegenteil von Resonanz) herrscht. Die eigene Energiestärke wird dadurch meist sehr geschwächt. Es kann sich anfühlen, als ob die Batterie mehr und mehr zur Neige ginge.

> *„Wer werden will, was er sein sollte,*
> *der muss lassen, was er jetzt ist."*
>
> *Meister Eckhart*

Der einzige Weg ist, zu gehen oder das Stärkere zu sein. Das System schenkt Ihnen nichts, Sie müssen es sich gemäß der Wahrheiten „holen". Es kostet Sie nichts weiter, Sie müssen nur viel stärker als die Einflüsse sein. Und Stärke auf höheren Ebenen bedeutet Loslassen, Verzeihen und gegebenenfalls Gehen.

Die meisten Menschen werden von einem Massenbewusstsein gedacht und meinen dabei, dass sie selbst denken würden. Doch sind nicht viele Menschen bloße Schatten und ein Echo anderer Menschen, die einen stärkeren Willen und ein stärkeres Bewusstsein als sie selbst besitzen?

Einfache Beweisführung:
Versuchen Sie einmal, eine Minute lang nichts zu denken oder fünf Minuten nur zu denken, was Sie auch denken wollen. Erkennen Sie das Chaos, die Unkontrollierbarkeit der fremden Gedankenflut? Man kann sich doch schwerlich des Eindrucks entziehen, dass man gar nicht wirklich selbst denkt. Man lebt unbewusst auf Autopilot …

Wer nicht weiß, wohin er will,
braucht sich nicht zu wundern,
wenn er ganz woanders ankommt.

Menschen unterschiedlicher Erkenntnisebenen verstehen sich aufgrund verschiedener Wellenlängen manchmal nicht richtig und urteilen wild drauflos, nur aus Angst vor dem Unbekannten. Reife ist, das Gegenüber in Liebe mit seiner individuellen Art und mit seinem Stand stehen lassen zu können.

Doch das Anzapfen der eigenen Energiequelle erhebt den Menschen aus diesem ewigen Spiel im Kampf um die Energieration und den Erhalt derselbigen. Das Energielevel bestimmt die Kraft des bewussten Geistes in seiner Manifestationskraft. Das ist entscheidend. Wenn man das Kreuz oder das Karma des anderen trägt, behindert dieses Karma nur die Ausdrucksmöglichkeiten des eigenen Geistes.

Karma ist nur ein Energieungleichgewicht, das einen Ausgleich sucht. Deshalb können Menschen (Yogis, Sadhus usw., siehe Glossar), die nur noch wenig Anhaftung in einer unausgeglichenen Energie haben, dauerhaft mehr erreichen.

Die Lösung

Liebe ist das Einzige,
was sich verdoppelt,
wenn man es teilt.

Löschen Sie unausgeglichene Energien aus der Vergangenheit, die nicht mehr zu Ihrem Leben passen. Bleiben Sie niemandem etwas „schuldig". Wo in Ihrem Leben Energien nicht völlig ausgeglichen sind, auf welcher Ebene auch immer: Sie haben nun die 7 Wahrheiten in der Hand, um Harmonie durch Ausgleich zu schaffen.

Man kann den Willen anderer nicht beeinflussen, und das ist gut so. Die Erkenntnis zwingt uns aber, in unseren sozialen Kontakten selektiver zu sein und mit unseren Energien besser zu haushalten.

Denn das Stärkere bestimmt immer das Schwächere. Entweder obsiegt die Energie des einen oder die des anderen. Sind die Frequenzen der Energien gegensätzlicher Art, werden sich die Frequenzen auslöschen und es kommt, wenn beide gleich stark sind, durch Interferenz (Überlagerungsauslöschungen beim Zusammentreffen von Wellen) zu Stagnation und Stillstand ihrer Energieabgabe. Dadurch regieren Chaos und Zufall.

Einigkeit bündelt Energie, Uneinigkeit zerstreut sie.

Sag, was Du denkst,
und tu, was Du sagst!

1. Mentalität
Die Einheit der Kraft der eigenen Gedanken ist das Mittel zur Freiheit vom vorgeprägten Denken innerhalb des Massenbewusstseins. Die Erkenntnis unserer Selbst auf höchster Ebene verschafft uns völlige Befreiung.

2. Kausalität
Die Freiheit spiegelt sich darin, im Pool der Möglichkeiten freie Auswahl zu haben. So setzt man Ursachen von einer selbst gewählten, höheren Ebene aus, was eine höher angesiedelte Wirkung auf niedere Ebenen zur Folge hat.

3. Analogie
Wie das Denken eigenständiger wird und dem Einfluss der Masse entflieht, so kann es aus freier Entscheidung seine Ebene der Ursache und der Wirkung des eigenen Karmas wählen. So lernen wir, die Umstände von oben nach unten zu regieren.

4. Resonanz

Die eigene Frequenz des Bewusstseins kann so angehoben werden und weiter in Resonanz zu höheren Erlebnismustern der Ebenen gelangen. Dann fallen Einflüse durch das Massenbewusstseins durch Abstoßung ab, und man ebnet sich den Weg zur Harmonie.

5. Harmonie

Die Kraft der Harmonie ist in diesem Fall die Kraft, die eigenen Gedanken im persönlichen Lebensfluss zu halten und nur so viel Einfluss gelten zu lassen, wie es die soziale Etikette vorgibt. Besser ist es, sich durch ein Fixieren auf den wahren Kern der eigenen Person in seiner Frequenz zu schützen.

6. Rhythmus

Dadurch wird aufstrebend eine immer reinere eigene Ausstrahlungskraft geschaffen, was sehr anziehend für neue äußere Umstände und auch besser passende soziale Kontakte ist. So geschieht eine langsame Veränderung, um solche Umstände und Personen um sich zu haben, welche die Energien jedes Einzelnen fördern und anheben.

7. Polarität

Wir sollen das Pendel nicht durch nachhängende Emotionen festhalten (zum Beispiel, wenn uns Unrecht geschehen ist), sondern es freigeben, sodass es zu uns zurückschwingen kann und den Energieausgleich zu unseren Gunsten schafft. Wir alle sind Eins, aber wir müssen nicht mit allen zusammen sein. Wenn wir in uns die Polaritäten ausgeglichen haben, ziehen wir Personen mit ebenso ausgeglichenen Polaritäten an.

Einige gute „Ich-bin-Affirmationen" sind:
Ich bin meine eigene Quelle.
Ich bin eingehüllt in ein schützendes Kraftfeld eigener Energien.
Ich bin in meiner Polarität ausgeglichen und Eins.

Soweit die Schulung im Bewusstsein der Wahrheiten des Lebens. So einfach sie in ihrem Nenner wirken, so kraftvoll sind sie.

Das Eine

Es liegt am Mangel der Terminologie,
die letzte Tatsache zu erklären.

Alle Gesetze sind, von einer höheren Ebene betrachtet, ein Gesetz. 7 Wahrheiten, welche einer Wirklichkeit entspringen. Fasst man die 7 Wahrheiten wieder zusammen und begreift sie, versteht man auch die Ur-Liebe. Ohne diese Wahrheiten aber bleibt diese höhere Wirklichkeit dem Geist fremd.

Beim Studieren dieser Wahrheiten ahnen wir immer auch einen gemeinsamen Nenner. Etwas, was eher eine Wirklichkeit darstellt als verschiedene scheinbar getrennte Wahrheiten. Ist es möglich, dass diese Gesetze einen Versuch darstellen, uns etwas zu vermitteln? Gleich einer Wegbeschreibung zum Geheimnis der eigenen Göttlichkeit?

Hier liegt das Paradoxe (Paradox, griech. *para:* „neben", und *doxa:* „Herrlichkeit" = Nebenherrlichkeit) in der geistigen Wirklichkeit der Metaphysik: Sobald man etwas erkannt hat, beginnt es zu verblassen angesichts der daraus resultierenden Folge einer erweiterten Erkenntnis. Denn Herrlichkeit endet nie!

Das Eine ist alles und erkennt sich selbst in allem.

Paradoxa sind nur verkannte Berührungspunkte der „gegensätzlichen" Extreme. Der Widerspruch des Paradoxes kann durch das Verständnis in Einklang gebracht werden, dass alles Erscheinende zwei Seiten hat, aber dabei immer nur ein Ding bleibt – allerdings in einem mehr oder weniger extremen Pendelausschlag entlang der Skala, die sie verbindet.

Wie im Kleinen, so im Großen, von der Pflanzen bis zum Menschen, vom Bodhisattva bis zum Avatar (siehe Glossar), von den Göttern bis zu dem einen Gott – das Alles-was-ist ist alles eine Abstufung des Letztgenannten. Man kann im All die Mikrobe, man kann in der Mikrobe aber auch das All entdecken. Alles erscheint getrennt, aber doch ist alles Eins. Alles ist fraktal, aber doch ist das „Hauptfraktal" das, was das Fraktal auslöst, Eins. Der Quantenphysiker David Bohm nannte dies die „implizite Ordnung" (siehe Glossar).

Dieses fraktale Universum ist wie eine Anatomie der Liebe, der Ur-Liebe zu sich selbst und der Drang, sich in dieser Liebe selbst zu erfahren. In all den unendlichen Formen, in jeder Dimension, in jedem Leben, vom Quark bis zum Universum. Und darin eingebettet steht der kleine Mensch, der vergessen hat, woher er kommt und weshalb er ist. Doch wenn er beginnt, mit den Mitteln zu denken und zu handeln, die ihn aus dem Käfig der menschlichen Begrenzung befreien können, erkennt er das Eine – sein wahres Wesen. Und in der Erkenntnis dieser Tatsache wird er zu einem wahren Lichtbringer – für sich und seine Welt.

> „Ein Mensch ist ein räumlich und zeitlich
> beschränktes Stück des Ganzen,
> das wir ‚Universum' nennen.
> Er erlebt sich und sein Fühlen
> als abgegrenzt gegenüber dem Rest,
> eine optische Täuschung seines Bewusstseins.
> Das Streben nach Befreiung von dieser Fesselung
> ist der einzige Gegenstand wirklicher Religion.
> Nicht das Nähren der Illusion,
> sondern nur ihre Überwindung
> gibt uns das erreichbare Maß inneren Friedens."
>
> Albert Einstein

Alles in Einem

„Wenn man alle Gesetze studieren sollte,
so hätte man gar keine Zeit, sie zu übertreten."

Johann Wolfgang von Goethe

So faszinierend die 7 Wahrheiten auch erscheinen mögen, so sind sie dennoch „nur" geistige Konstrukte für den menschlichen Geist und können somit immer nur durch ihre Wahrheit auf die Wirklichkeit hinweisen, aber niemals die Wirklichkeit selbst sein.

Diese Wirklichkeit ist die Realität der völligen Einheit. Der Weg dorthin ist die Verbindung. Das ist der Weg der letzten Realität, denn auf höchster Ebene ist letztlich alles Eins. Je niedriger die Ebene, desto getrennter wirken aber die Dinge. Wenn man nun die 7 Wahrheiten nur sehr oberflächlich versteht, werden auch sie schnell zu 7 Täuschungen. Sie wollen uns nämlich etwas Größeres zeigen, da sie nicht die Wirklichkeit selbst sind. Sie sind in diesem Sinne nur ein Abglanz, welcher uns für das Verständnis öffnen soll und uns – gleich Wegweisern – den Weg zeigt. Die 7 Wahrheiten zeigen uns die Wirklichkeit hinter allem, aber sie sind nicht die Wirklichkeit selbst. Sie zeigen uns nur die Realität, die dahinter verborgen steht.

Die 7 Wahrheiten sind Werkzeuge zum Erschaffen in den begrenzten Dimensionen der Dualität, sie sind hier immer in Aktion. Doch je höher man dimensional steigt, desto mehr erkennt man die Täuschung, dass es scheinbar mehrere Wahrheiten wären. Man erkennt darin die Täuschung der Dualität, welche den 7 Wahrheiten erst ihre Wirkung auf dieser Ebene verleiht. Sehen Sie selbst:

- Die mentale Kraft des Geistes eines Individuums ist, auf höherer Ebene betrachtet, eine Art Täuschung, da es nur einen Geist gibt und alles eine Abstufung desselben einen Geistes ist, der eins ist.

- Ursache und Wirkung liegen immer zeitlich auseinander und setzen deshalb eine linear ablaufende Zeit voraus. Doch ist dies wiederum eine Täuschung, denn Zeit existiert nur durch Raum und Raum nur durch Zeit (Raumzeitkontinuum). Beides sind Konstrukte der Täuschung der Dualität.
- Anziehung gibt es auf höheren Ebenen in dieser Form nicht, da nichts vom anderen getrennt ist und niemals getrennt war. Alles ist deshalb immer jetzt. Und alles ist mit allem verbunden.
- Resonanz ist auf einer höheren Ebene nicht mehr als eine Einbildung. Denn sie geht davon aus, dass etwas anderes eine andere, vom Ganzen getrennte Frequenz haben könnte. Dabei ist alles das Eine, das alles ist. Resonanz trägt außerdem eine zeitliche Komponente in sich. Und Zeit ist eben Illusion.
- Analogie setzt Raum und ein fraktales Gegenüber voraus. Welches Gegenüber, wenn alles Eins ist?
- Dasselbe gilt für das Pendel, welches in einem Raum eine zeitliche Entfernung zurücklegt, während es schwingt. Was soll sich ausgleichen, wenn alles eins ist?
- Wo ist die Polarität, wenn sie sich in Luft auflöst im Angesicht dessen, dass es nur eine Sache gibt?

Auf den höheren Ebenen werden die 7 Wahrheiten einfacher und einfacher, bis sie wieder in ihre Quelle, in das **Prinzip** münden. Wenn wir dies erfassen können, sind wir der Wirklichkeit am nächsten.

Jede dieser kosmischen Wahrheiten enthält potenziell die Wirkung des Ganzen. Das Ganze lässt sich also auf einen Nenner bringen: Verbindung, SEIN, das Ich-bin-**Prinzip** – das ist das Gesuchte in der Mitte der Extreme, der Berührungspunkt, der das alles vereint.

Egal, welche dieser Wahrheiten wir wählen: Alle sprechen auch jeweils für sich deutlich aus, was der Sinn aller Wahrheiten ist, nämlich die eine Wirklichkeit: Alles ist Eins, und Eins ist Alles!

„Wisse, oh Mensch, dass Deine Form dual ist, in der
Polarität ausgeglichen, während es die Form bildet."

So löst sich die scheinbare Dualität in einer Polarität auf, und zuletzt löst sich die Polarität in der Unität auf. Die Dinge sind nicht mehr getrennt, sondern eine Sache mit nun zwei vereinten Polen. Der Grad der Harmonie der Polarität, welcher Pol also vorherrscht, bestimmt unsere Gedanken. Sind diese bewusst darauf ausgerichtet, dem gewünschten Pol die entsprechende Energie zukommen zu lassen, wird sich der fokussierte Pol sicher manifestieren oder für Balance sorgen. Das Ziel ist die völlige Balance beider Pole.

So sehen wir: Sobald wir die Wahrheiten wirklich erfasst haben, werden wir von der Wirklichkeit dahinter erfasst. Es ist nur ein Spiel, inszeniert auf der Leinwand der Täuschung einer scheinbaren Dualität (Trennung), welche die eine wahre Wirklichkeit verbirgt, um den individualisierten Geist (Sie und ich) zu beschäftigen.
Die 7 Wahrheiten verhelfen uns in diesem Sinne nur auf eine höhere Ebene des Spiels, das wir „Leben" nennen. Aber seien Sie gewiss, es geht auch hier noch weiter.

Armer Verstand, wie musst du leiden. Verstehst so wenig von alldem und versuchst es mit der Mechanik des Gehirns zu erfassen ...

Glaube nicht an etwas,
nur weil es viele dauernd wiederholen.

Wir leben in der materiellen Welt mit drei Dimensionen: Länge, Breite und Höhe. Die vierte Dimension bestimmt die Zeit. Wir verstehen die Zeit nicht, da wir ihr unterworfen sind, bis wir sie auf ihren höheren Ebenen begreifen. In der fünften Dimension sind dagegen alle Dinge eins. Solange wir diese Dimension nicht verstehen, leben wir in der Dualität (Trennung, Zweiheit), was bedeutet, dass wir den aufgespalteten 7 Gesetzen unterworfen sind (oder sie bewusst nutzen). So spielen die Uneingeweihten nicht mit den Regeln des Lebens, sondern die Regeln spielen mit ihnen.

Doch verstehen wir die verschiedenen Dimensionen, so wird das Leben auf Erden ein amüsantes Abenteuer. Das alles bedeutet: Wir haben schon, wir sind schon – das ist die Verbindung der Ur-Liebe, das „Ich-bin"! In meinem Buch **Das Prinzip** geht es ausführlicher um diese Ur-Liebe, das „Ich-bin-**Prinzip**".

Je niedriger die Ebene des Bewusstseins jedoch ist, desto mehr gestalten sich die 7 Wahrheiten sogar an einem Punkt in ihren Gegenstücken so aus:
1. Das Gesetz der Geistigkeit – das Gegenstück ist Unbewusstheit.
2. Das Gesetz von Ursache und Wirkung – das Gegenstück ist unerklärliche Mystik und verbogenes Karmaverständnis.
3. Das Gesetz von Analogie und Entsprechung – das Gegenstück ist Rationalisierung und Chaos.
4. Das Gesetz von Anziehung und Resonanz – das Gegenstück ist augenscheinliche Trennung.
5. Das Gesetz von Harmonie und Ausgleich – das Gegenstück ist Chaos und Dissonanz.
6. Das Gesetz von Rhythmus und Schwingung – das Gegenstück ist Stillstand und Gleichgültigkeit.
7. Das Gesetz von Polarität und Geschlecht – das Gegenstück ist Unterscheidung und Trennung.

Tatsache ist, dass da draußen nichts Wahres existiert, da alles dort in einer Dualität erscheint. Nondualität erfahren wir nur in unserem Inneren – dem ungeteilten, ewigen SELBST.

„Wo Ihr ein Ding findet, da findet Ihr auch seinen Gegensatz – die beiden Pole."

Der Meisterweg des Kybalion

Alle Extreme berühren sich, sind nicht getrennt.

Das **Prinzip** ist weder männlich noch weiblich, es ist die ehemalige Einheit.
Das **Prinzip** schwingt nicht, denn es ist in absoluter Ruhe.
Das **Prinzip** ist ohne Ursache und Wirkung, denn es war schon immer. Das **Prinzip** ist nicht analog, denn es ist auf höchster Ebene das Einzige und es gibt dort keine Analogie dazu.
Das **Prinzip** ist keine Anziehung oder Verbindung, denn es ist schon alles in sich.
Das **Prinzip** ist die Wirklichkeit hinter den 7 Wahrheiten.
Hier ist Erleuchtung zu finden.

Die 7 Wahrheiten sind die Werkzeuge der einen Wirklichkeit. Sie sind genauso dual wie die Dualität, welche uns umgibt und in der wir zum größten Teil unsere Zeit verbringen. Sie sind gültig bis zur fünften Dimension der Verbundenheit, danach lösen sie sich völlig in der Liebe auf. Dort gibt es nur eine Wahrheit, nur eine Wirklichkeit – das seiende Sein des **Prinzips**.

Die Liebe in Aktion

„Liebe ist der Schlüssel zur Göttlichkeit,
und Liebe ist Gott."

Sathya Sai Baba

Was sagt das „Ich bin"? Es spricht Liebe. Wie spricht es Liebe? Es spricht schöpfungsgemäß entsprechend dem Schema der 7 Wahrheiten. Denn wer sagt „Ich bin", macht sich sofort alle 7 Wahrheiten zugleich zunutze! „Ich bin" ist Verbindung, Liebe ist Verbindung, beides ist eine Sache – das eine abstrakt, das andere praktisch.

Der Weg der 7 Wahrheiten ist ein gröberes Abbild, eine Aufteilung der Ur-Liebe. Diese Liebe liegt im **Prinzip**, sie ist der Weg darüber hinaus. Hat man das Eine einmal verinnerlicht und erfasst, so lebt man sein Leben ohne Weiteres in den Lebensregeln. Von innen nach außen – automatisch und vollkommen. Das liegt daran, dass die Liebe eine natürliche Fähigkeit von uns ist.

Die eine Liebe beginnt dort, wo wir uns erkennen: Hinter dem Schleier des Fleisches erkennen wir unseren göttlichen Funken. Solange Sie noch ein Buch lesen müssen, suchen Sie noch danach, wer Sie sind. Wenn Sie etwas lesen, so ist das immer etwas, was von außen nach innen wirkt.

Unsere vorrangige Erlebniswelt sind unsere Gefühle. Doch unser vorrangiges und wichtigstes Gefühl – die Liebe – ist oft konditioniert mit niederen Inhalten. So schön und wichtig Romantik (ich selbst bin ein großer Romantiker) auch ist, sie ist nicht die Ur-Liebe. Sie ist nur ein blasses Abbild der Ur-Liebe, nach der sich letztlich ein jeder sehnt, um zur Erfüllung zu gelangen. Eine Liebe ohne Fragen, kompromisslos, bedingungslos und 100 Prozent erleuchtend.

Ich möchte Sie dahin führen, dass alles von Ihrem göttlichen Kern nach außen erschaffen wird. Das Ziel ist, dass Sie keinen Lehrer mehr benötigen, keinen Guru, niemanden, der Ihnen die Wahrheiten erzählen muss, weil Sie selbst wahrer geworden sind – als die wahrhaftige Liebe in einem menschlichen Körper.

Liebe ist ein Zustand eines höheren Bewusstseins.

Liebe ist die göttliche Wissenschaft. Liebe ist Verbindung und Angleichung der ergänzenden Pole. Das Ziel der einen Liebe ist somit die Vervollkommnung zu Einem und somit zur Einheit dessen, was in der wirklichen Realität immer Eins war. Das ist also die Vergeistigung der Materie! So kann man verstehen, dass das Göttliche die Liebe ist.

Die himmlische Sprache der *Metanoia* ist sich bewusst, dass es kein ausgesprochenes Wort gibt, das keine Folge hätte, und dass Worte immer in Resonanz zu etwas stehen. Deshalb kommen in dieser Sprache nur die liebenden Worte der Schöpferkraft in den 7 Wahrheiten vor, welche aufbauend sind, weil sie aus einem reinen Herzen, das die Wirklichkeit kennt, geboren wurden. Wenn wir uns mental in diesem Zustand des **Prinzips** verankern, wird uns alles, was wir denken, wollen und fühlen, auch erbauen. Es schenkt uns Energie, statt sie uns zu nehmen.

*„Die Liebe beginnt da,
wo das Denken aufhört."*

Meister Eckhart

Ein einfaches alltägliches Beispiel dazu: Jeder von uns kennt den Umstand, dass ein Gericht, mit Liebe zubereitet, bedeutend besser schmeckt als genau dieselbe Mahlzeit, von jemandem gekocht, der es einfach tut, weil er muss. Was geschieht durch diese geheimnisvolle Zutat namens „Liebe" mit dem Essen? Wer etwas mit Liebe zubereitet, tut es ohne Zwang und mit Freude. „Liebe" und „Freude" sind Elemente, die unser Leben leichter machen und mit denen uns Dinge wie von selbst gelingen. Liebe ist ein Ausdruck des **Prinzips**, genauso wie Freude.

Was macht aus einem augenscheinlichen Verlierer einen Gewinner? Was macht der eine richtig und der andere falsch, obwohl beide, äußerlich betrachtet, ganz genau dasselbe auf dieselbe Weise tun? Es ist einfach das Maß der enthaltenen Liebe.

Liebe ist Energie. Stress dagegen ist ein Energieloch. Stress als Form der Angst ist der Versuch, etwas mit Mitteln zu erreichen, die keinen Erfolg versprechen können. Es ist aber die Energie der Liebe, welche uns das sein lässt, was wir in unserer natürlichen Muße tief in uns sind.

Die Liebe ist die Energie, die durch die Wahrheiten wirkt, und sie ist überall. Je mehr man sich mit ihr verbindet, sich von ihr nähren lässt und sie förmlich einatmet, desto mehr Wirkung haben die 7 Wahrheiten der Liebe im Leben.

Darum ist es so wichtig, Stress aus dem Weg zu gehen oder noch besser: Stress zu transformieren. Stress ist eine negative Energie. Sie will immer unsere Aufmerksamkeit und dort, wo unsere Aufmerksamkeit liegt, geht unsere Kraft hin.

Um Stress umzuwandeln, gibt es nur einen Weg: Transformation!

> „Pflichtbewusstsein ohne Liebe macht verdrießlich,
> Verantwortung ohne Liebe macht rücksichtslos,
> Gerechtigkeit ohne Liebe macht hart,
> Wahrhaftigkeit ohne Liebe macht kritiksüchtig,
> Klugheit ohne Liebe macht betrügerisch,
> Freundlichkeit ohne Liebe macht heuchlerisch,
> Ordnung ohne Liebe macht kleinlich,
> Sachkenntnis ohne Liebe macht rechthaberisch,
> Macht ohne Liebe macht grausam,
> Ehre ohne Liebe macht hochmütig,
> Besitz ohne Liebe macht geizig,
> Glaube ohne Liebe macht fanatisch."

Laotse

Das Gegenteil von Liebe ist Stress, da Stress nur auf Angst basieren kann. Man kann sagen, Liebe ist fließende Energie, Stress aber ist ins Stocken geratene Energie. Diese blockiert das natürliche Sein. Das kann sich in Krankheiten und sonstigen Unausgeglichenheiten bemerkbar machen. Der Weg ist das Zurückfinden zur wahren eigenen Natur, der Liebe selbst.

Übrigens: Stress und tiefe Atmung schließen sich aus.

Alles im Universum reagiert auf die Energie der Ur-Liebe. Die kleinsten Teilchen, Myon-Neutrios oder auch Tachyonen reagieren auf Gedanken und Gefühle der einen göttlichen Liebe, die alles vereinigt und in der alles Eins ist.

Ist uns klar, dass auch die Liebe nicht wissenschaftlich nachweisbar ist? Dennoch haben wir sie alle in irgendeiner Form schon einmal erlebt. Jedoch könnte man wissenschaftlich behaupten: „Die Liebe ist nicht nachweisbar, ich kann sie mit keinem Gerät testen, folglich existiert sie nicht." Genauso wie die Liebe mit keiner Apparatur nachweisbar ist, ist es auch mit den Wahrheiten des Lebens. Man erkennt nur ihre Wirkung. Die Forscher mögen die kosmischen Gesetze auch irgendwann einmal wissenschaftlich nachweisen können, aber trotzdem haben sie von Anfang an existiert.

Metaphysische Tatsachen:
1. Geist herrscht über Materie. Wir sind Geist.
2. Der Geist setzt eine Ursache durch einen Gedanken.
3. Diese Ursache ist bewusstseinsgemäß ein Spiegel.
4. Dadurch entsteht eine frequente Resonanz zu etwas.
5. Darauf folgt eine Sogkraft.
6. Dieser Sog sucht seinen Ausgleich zur Harmonie durch die Verbindung damit.
7. Und strebt so zur Erfüllung.

Fassen wir das zusammen, so haben wir Liebe in Reinkultur.

Die Anziehung zieht etwas zu uns. Aber nur die Verbindung zu etwas macht uns vollständiger. Da etwas, was wir selbst sind, und das, was unser wahrer Kern erleben möchte, sich manifestiert – und nicht nur etwas, was uns äußerlich blendet und bindet.
Wenn wir uns selbst nur noch als verkörperte Liebe erkennen, wird sich auch dadurch unser Umfeld entsprechend dieser Liebesresonanz in Liebe verwandeln.

„Suche immer das ewige Eins-Sein,
suche immer das Licht des Ziels."

Smaragdtafeln VII

Der Weg und das Ziel der Liebe ist immer die Vereinigung, die Vergeistigung in der Verbindung. Wir vereinigen alles mental in unserem Inneren und so wird sich auch das Außen mit uns vereinigen wollen, ganz nach Bedarf.

Das ist Gott am Ende seiner Träume, wenn er in uns als das mächtigste Wesen im Universum erwacht.

Wir sehen, die 7 Wahrheiten sind nichts ohne das Intuitive. Sie sind nicht nur das verstandesmäßige Erfassen der Wirklichkeit dahinter. Ohne das **Prinzip** als Mittelpunkt für das Verständnis sind diese Wahrheiten nicht viel mehr als neuer Ballast für die suchende Seele, eine ablenkende Technik mit neuen Geboten.

Wir erfassen diese einfachen Wahrheiten am besten, wenn wir selbst uns aufschwingen zu der Höhe des höchsten Bewusstseins und verstehen, wie Eins alles ist und alles Eins.

Der Philosoph und Metaphysiker Jean Emile Charon bezeichnet diese „universale Liebe" als „Finalität der Evolution" und „Selbsttranszendenz des Universums".

Mir fiel bei Leserbriefen und besonders bei Recherchen im Internet immer wieder auf, wie die Leser zwar Erfolg hatten mit den Methoden aus meinem Buch **Das Prinzip**, aber oft den Kern nicht erfassten. Doch ohne den Kern dieser Liebe zu verstehen, wird es weder eine dauerhafte noch eine nahtlose schöpferische Existenz geben können.

Darum liegt mein Fokus in diesem Buch auf den 7 Wahrheiten, die ein größeres Verständnis für die Ur-Liebe des „Ich bin" bieten, welche in der Wirklichkeit des **Prinzips** eingebettet ist.

Ich betone noch einmal, was ich bereits geschrieben habe: Wer den Kern der Liebe nicht versteht, hat nicht mehr gefunden als eine prunkvolle Schatztruhe ohne Inhalt. Doch geht es nur um den Inhalt.

Ich liebe mich so, wie ich bin.

Die niederen Ebenen des Daseins, seien es der Zwang zum Geldverdienen, zur Zeiteinteilung, Stress usw., werden nur verändert und überwunden, wenn sie von den höheren Ebenen des Daseins beeinflusst werden. Eine höhere Ebene erreichen wir einfach dadurch, dass wir unser Denken auf eine höhere Ebene bringen. Über das Nachdenken, was „oben" ist, also über die metaphysischen Wahrheiten des Lebens. Dies erhöht unsere Frequenz und steht somit in Resonanz zu höheren Ursachen für eine höhere Wirkung. Das **Prinzip** heißt so, weil es über allem anderen steht und die höchste Ebene darstellt.

Denken wir also auf niederer Ebene über das Beschaffen des lieben Geldes nach, werden wir es auch nur auf dieser Ebene empfangen können. Der Lohn der jeweiligen Ebene wird bestimmt von der Gedankenebene. Denken in Sorge schafft uns Grund zur Sorge, das Denken in Freude und Fülle liefert uns Grund zur Fülle und Freude.

Denken wir also in Möglichkeiten und denken wir besonders über die Norm hinaus (Sie erinnern sich an *Metanoia*), so wird dieses höhere Denken unsere kleinen „irdischen" Probleme auflösen durch ein Erschaffen von dem Gewünschten, ohne den illusorischen Umweg über den Schweiß. Eines, das alles transzendiert und somit die Materie vergeistigt, das nebenbei der Sinn des irdischen Lebens ist, ist „zu haben, bevor man hat", was sich durch das „Ich bin" ausdrückt.
Es ist so simpel, dass es schon fast nicht mehr verwundert, dass man es so einfach übersehen kann. Liebe ist die schöpferische Kraft, und das „Ich bin" ist einfach die bewusste Bewegung dieser schöpferischen Kraft!

„Heimkehr zur Wurzel heißt: Stille.
Stille heißt: Rückkehr zur Bestimmung.
Rückkehr zur Bestimmung heißt: Ewigkeit.
Erkennen des Ewigen heißt: Erleuchtung."

Laotse

Das Maß der persönlichen, frei fließenden Energie der Ur-Liebe bestimmt die Höhe der persönlichen Schwingung und der persönlichen schöpferischen Fähigkeit.

Das Höchste ist die Kraft des „Ich bin", das **Prinzip** der wahren und einzigen Liebe in Gestalt der 7 Wahrheiten, die wir bewusst nutzen können, um unsere Bestimmung zu erfüllen. Die Bestimmung mündet in der Ur-Liebe, in der sich alles von einer irdischen Ebene in eine himmlische und sogar darüber hinaus transzendiert.

Das ist das wahre Arkanum, der wahre Thron für das lichte Eine in unserem Herzen, das uns alle zu Einem verbindet. Eingeschlossen in allem Erscheinenden, wie ein Spiegel unseres göttlichen Selbst. Dadurch wird die Raupe „Mensch" in einen göttlichen Schmetterling verwandelt.

Von der Raupe zum Schmetterling

Bevor man sich SELBST finden kann,
muss man sich selbst verlieren.

Durch Identifikation mit etwas stellen wir eine Verbindung dazu her. Die höchste Form der Verbindung ist die Ur-Liebe, indem sie spricht „Ich bin!". Das ist in der Tat das einzige Gesetz, die Wirklichkeit des **Prinzips**!

Offensichtlich ist es so: Je mehr Gesetze der Mensch hat, desto weiter ist der Weg zur Wirklichkeit des Selbst. Es ist gerade so wie zur Zeit vor 2000 Jahren, als die Pharisäer in Palästina aus den zehn einfachen Geboten ihres Gottes ganze 632 Gesetze machten. Je mehr Gesetze der Mensch hat, desto weiter ist er von der Wahrheit entfernt.

Es gibt nur ein Gesetz: die Ur-Liebe. Wie kommt man dazu? Man verliebt sich in die Liebe! Liebe ist in Wirklichkeit der Magnet, der sich mit dem Gleichen verbindet. Sein kommt aus der Entscheidung, sich mittels ihrer Kraft zu verbinden. Das Geheimnis ist also auf keinem Fall die Kraft der Anziehung, um etwas zu bekommen, sondern vielmehr die Kraft der Verbindung, weil wir es schon sind! Das hat eine ganz andere Tiefe. Es bedarf der Weisheit des Herzens und eines geeinten Gehirns, um zu verstehen. Der Intellekt des Ego allein ist dazu nicht fähig.

> *„Meister, es sind viele um den Brunnen,*
> *aber keiner ist in dem Brunnen."*
>
> *Thomasevangelium, Vers 74*

Ohne eine Ordnung und einen Plan im Leben ist emotionale, mentale und spirituelle Magersucht vorprogrammiert. Unser Resonanzmuster passt sich dem an, worauf wir unsere Konzentration legen. Entsprechend reagieren unsere Hirnströme. Im Beta-Bewusstsein leben wir außerhalb der besagten Ordnung des Kosmos und seiner lebenspendenden Kraft, welche uns mit dem versorgt, was wir auf jeder Ebene bedürfen.

Wenn die Zeit kommt und die Raupe sich zu verpuppen beginnt, verändert sich ihre Gestalt in ein völlig anderes Bild. Es ist nicht mehr dasselbe Wesen. Würde man diesen Kokon öffnen, so würde man weder Organe noch eine Struktur vorfinden, nur eine Ansammlung von Matsch aus Gewebe. Aus diesem chaotischen Haufen entsteht die vollkommene Ordnung eines Schmetterlings. Ein Wunder der Natur! Doch man darf nicht vergessen: Die Raupe musste zuerst sterben, um dann als Schmetterling zu leben.

> *Bevor Du Dich selbst finden kannst,*
> *musst Du Dich selbst verlieren.*
> *Bevor Du leben kannst, musst Du sterben.*

Stirbt das Ego, so stirbt die Illusion des kleinen Ichs, das sich getrennt fühlt von allem. Vom Ego zum wahren Ich, das ist ist ein Weg der Erkenntnis der wirklichen Natur unseres ewigen wahren Selbst, das weder einen Anfang noch ein Ende hat. Es verpuppt sich durch das Verständnis der einen lebendigen Liebe, und dies ist auch das Einzige, was es mit sich nimmt auf seiner Reise zur Quelle allen Seins.

So ist es gut, wenn man sein Ego anständig „pol-iert", indem man das Scheinselbst zum wahren Selbst umpolt. Auch wenn das Wort „Sterben" hart klingt, ist es doch angenehm im Angesicht dessen, dass wir dabei in der Freiheit der Wahrheit wiedergeboren werden. Dieser „Tod" ist in seiner Schönheit nicht zu übertreffen, offenbart er doch das Leben.

„Wisse, das Tor zum Leben führt durch den Tod,
ja, durch den Tod, aber nicht so, wie Ihr den Tod kennt,
sondern durch den Tod, der das Leben,
das Feuer und das Licht ist."

Smaragdtafeln XIII

Diese Wahrheiten bedingen dennoch einen gewissen Bewusstseinszustand, welcher erreicht wird durch das intuitive Erkennen und Verarbeiten von etwas ganz Grundsätzlichem: dem Wissen von uns selbst. Die Wahrheiten werden von selbst wirksam, wenn wir selbst zur Wirklichkeit werden.

Diese Erkenntnis ist es, die die Wahrheiten aktiviert. Nicht dass wir nur darüber lesen, wer wir wirklich sind oder was das ICH ist und was es als „Ich bin" so tut, sondern ein reales Erfahren. Die Ebene unserer Bewusstseinsschwingung ist entscheidend.

Die Erschaffung des gewünschten Schwingungszustandes, um die Verpuppung zu beschleunigen, ist simpel: Das, was uns am meisten beschäftigt, woran wir am meisten denken, wird unsere Frequenz. Was das ist, ist unsere persönliche Entscheidung. Wir können spüren, welche Ebene uns glücklich macht und in welcher Bewusstseinsweite wir uns zu Hause fühlen.

Denn das Bewusstwerden von Schwingung nennen wir „Gefühl". Das Verstehen dieser Schwingung ist ein Gedanken(-impuls). Wir können aber auch gezielt eine Schwingung erzeugen, zuerst in Gedanken und dann das daraus resultierende Gefühl. Das wäre wahre Gedankenhygiene und Programmierung. Und denken Sie daran: Sie sind der Programmierer ihrer Erfahrungen in Meisterschaft!

> *„Weder Liebe ohne Wissen noch Wissen ohne Liebe können ein gutes Leben bewirken."*
>
> *Bertrand Russell*

Grundsätzlich sollte man dabei darauf achten, wie man programmiert: gemäß der 7 Wahrheiten und dabei nicht das Loslassen vergessen.
Das Wichtigste und auch vielleicht die schwerste Übung ist sicher, das Pendel loszulassen. Die Kontrolle aufzugeben. Den Wunsch zu begraben. Das klingt paradox, ist aber logisch. Denn wann immer wir versuchen, etwas zu erlangen und es irgendwann zum Muss oder Zwang wird, verfliegt die Leichtigkeit und man hält, bildlich gesprochen, das Pendel fest in seinen Händen. Man gibt ihm so überhaupt keine Möglichkeit, zu einem zurückzuschwingen. Kurioserweise erlangt man die Dinge am mühelosesten, wenn sie einem nicht mehr wichtig sind, sondern eher etwas Natürliches.

Warum sollte man krampfhaft etwas zu erschaffen suchen, wenn man doch ganz entspannt und ganz natürlich weiß, dass mit dem Loslassen des Pendels alles getan ist? Kontrolle bewirkt das Gegenteil, Loslassen und Entspannen führen zum Ziel. Die Metamorphose von der Ebene der Raupe zur Herrlichkeit des Schmetterlings geschieht von allein, wenn man ihren Fluss nicht stört.

Ein Weg entsteht, indem man ihn geht.

Es gibt keine Regeln für Zeiträume – je mehr Sie eins sind mit sich selbst, desto schneller können Veränderungen passieren. Ohne Technik, ohne Gehirnakrobatik, sondern ganz natürlich, von innen nach außen. Sie sind vielmehr als Sie bisher wussten. Sie sind der Meister Ihres Lebens. Erinnern Sie sich an Ihr wahres Sein. Sie sind nicht die schwerfällige Raupe, und Sie sind nicht die Puppe in ihrem Kokon, Sie sind gleich der Schönheit des Wunders der Metamorphose des Schmetterlings.

Für Fortgeschrittene

Neutralisation, mentale Transmutation und Karmaausgleich

„Um ein unerwünschtes Maß mentaler Schwingung zu beseitigen, lasse das Gesetz der Polarität wirken und konzentriere Dich auf den Pol, der dem, was Du unterdrücken willst, entgegengesetzt ist. Ertöte das Unerwünschte, indem Du seine Polarität änderst."

Der Meisterweg des Kybalion

Einer der meines Erachtens wichtigsten Punkte, den dieses Buch vermitteln soll, ist die Tatsache, dass wir jede Handlung, jeden Gedanken und auch jedes Wort unbedachter Art jederzeit umwandeln können in eine bewusste schöpferische Energie für das, was wir manifestieren wollen. Negative Energien sind, so gesehen, deshalb sogar willkommen, da man sie leicht wieder in positive Energien umwandeln kann. Das ist sogar leichter, als neue positive Energien zu kreieren, da diese negativen Energien schon im Raum schweben und nur auf ihre Umpolung warten.

Wir lernen nun, wie wir die Energien ehemals gesetzter negativer Ursachen umwandeln können, um sie für unsere Zwecke zu benutzen. Ein sehr vielschichtiges Thema, das man intuitiv erfassen sollte, da es sich dem Verstand gern entzieht. Es geht um ein Verwandeln statt um das Bekämpfen der Energien, und dabei geht es um die Erfahrung der unmittelbaren Transformation. Die Meister nennen es „mentale Alchemie".

„Transmutation, nicht anmaßende Verneinung ist die Waffe des Meisters."

Der Meisterweg des Kybalion

Es ist möglich, die Schwingungen durch geistige „Induktion" oder Umpolung zu verändern. Dabei werden ein bestimmter Schwingungsgrad oder eine Polarisation auf bestimmte Umstände übertragen und so zur gewünschten Polarität geändert.

Der bipolare Charakter jeder Sache befähigt uns nämlich, einen mentalen oder geistigen Zustand auf der Linie der Polarisation in einen anderen zu verwandeln, zur Verbindung beider Pole. Durch ein Entlanggleiten auf derselben Skala, also durch den Wechsel der Polarität, kann eine geistige Umwandlung durchgeführt werden.

Schüchternheit kann in Mut, Angst in Liebe, Trauer in Freude umgewandelt werden. Die Umwandlung kann natürlich nur innerhalb ein und desselben Bereiches erfolgen, es kann also nicht Trauer in Liebe oder Depression in Mut verwandelt werden!

Man kann nach den physikalischen Gesetzen Energie nicht vernichten, man kann sie nur umwandeln. Und so können wir auch keine negative Energie auslöschen oder vernichten – wir können sie aber einer Metamorphose unterziehen, einer Verwandlung in eine andere Energieform höherer Ordnung. Es bringt also nichts, wenn wir eine negative Energie einfach verleugnen, wir können sie stattdessen durch Umpolung in nutzbare positive Energie umwandeln. Auf dieser physikalischen Gesetzmäßigkeit der Energieumwandlung beruht die Methode der mentalen Transmutation und Neutralisation durch Energieumpolung. Vom Pluspol zum Minuspol.

Die Erkenntnis, dass alle Zustände nur eine Frage des Grades sind, befähigt jeden, seine inneren Zustände (zum Beispiel Gefühle) auf Basis des Steigerns oder Senkens der zugrunde liegenden Schwingung von einer Polarität zur anderen zu verschieben und so zum Meister seiner geistigen und besonders auch seiner emotionalen Zustände zu werden, anstatt ihr Diener oder Sklave zu sein. Es geht um die Konzentration auf die entgegengesetzte Eigenschaft, den gegenüberliegenden Pol. Ein schüchterner Mensch soll seine Zeit nicht darauf verwenden, seine Introvertiertheit abzutöten, sondern vielmehr die Eigenschaften des Mutes und der Extrovertiertheit pflegen. Wenn man sich auf den positiven Pol einer Eigenschaft besinnt, so verliert sich automatisch der negative Pol. Gleichermaßen verliert man den positiven Pol der Freude bei lang anhaltendem Kummer und dauernden negativen Stimmungen.

Jedes Gefühl und jede Eigenschaft können durch eine Verschiebung zum gewünschten Pol geändert werden.

Eine Gewohnheit ist eine Energie, die erstarrt ist. Man steckt in einem Verhalten und in einem Automatismus fest, wie wir ihn gelernt haben und wie er sich eingeschliffen hat. Dieser mechanisierte unbewusste Ablauf hat seine Funktion, denn er hilft uns, Energie zu sparen und uns zu schützen. Haben wir als Kind etwas Negatives erlebt, zum Beispiel dass wir in der Schule von den Mitschülern schlecht behandelt wurden, bei Konflikten sofort wegliefen oder uns einigelten, dann neigen wir sehr wahrscheinlich auch als Erwachsene dazu, schwer Freundschaften zu schließen.

Um diese Muster zu lösen, empfiehlt sich das Gegenteil von der gewohnten Reaktion: Immer wenn man merkt, wie man sich verschließt, sollte man sich weit öffnen und sich, statt wegzulaufen, dem Disput gleich stellen. Und wenn man nicht reden will, sollte man es trotzdem tun. Bis man frei geworden ist und sich ein neues Programm eingespielt hat. Dadurch neutralisiert man effektiv ehemals losgeschickte und erstarrte Energien der Gewohnheit und erlebt eine ganz neue Freiheit. Und auch das ist Haben, bevor man hat.

Gedankenenergie kann man weder vernichten noch auslöschen, man kann sie nur umwandeln. Sie „wendet sich um" und bringt genau das mit, was man unbewusst und unwissend ausgesprochen hat.

Eine ausgesandte Energie (Ursache) kann nur durch eine wiederum ausgesandte Energie gegensätzlicher Polarität neutralisiert werden. Das heißt, Angst wird mit Liebe neutralisiert, Trauer und Depression mit Freude, Soziophobie mit Gesellschaft.

Die wahre Ursache ist die Ur-Sache.

Alle Umstände und Dinge, die unseren Lebensfluss auf der höchsten Ebene stören, sind karmisch bedingt. All das wurde ursprünglich durch eine analog dazu stehende Ursache ausgelöst. Als Ursache kommen Wünsche, Anhaftung, Nicht-Vergeben oder jede andere Art von energetischem Ungleichgewicht in Frage, die nun ihren Ausgleich auf den verschiedenen Ebenen sucht.
Ein Ungleichgewicht entsteht, wenn zwei Polaritäten ein unterschiedliches Level haben und kein natürlicher Ausgleich erfolgt. Beispiel Streit: Der, der das letzte Wort hat, hat im Streit meist auch sich der Energie des anderen bedient und fühlt sich nun „besser" als der andere. Diese Energie sucht aber ihren Ausgleich. Das heißt, der Unterlegene sucht einen Weg, um dieses Ungleichgewicht wieder auszugleichen, oder aber er verdrängt es.

Stellen Sie sich das Pendel vor. Es gerät nur durch eine Ursache in Bewegung – genauer durch ein Energieungleichgewicht. Das Pendel muss immer zurückschwingen, um Ausgleich zu schaffen, damit wieder eine Harmonie entstehen kann. Alles hat Pole, alles besteht aus zwei Seiten einer Sache. Das Pendel schwingt von einer Seite zur anderen, wenn eine Ursache gesetzt wurde.

Liebe es, lass es oder verändere es – wenn Du kannst!

Karma zu löschen bedeutet, diesen Pendelschwung graduell zu neutralisieren. Das erreichen wir durch ein Vertauschen der Polarität oder einfacher durch den mentalen Ausgleich nur im Kopf, indem wir unsere Vorstellungskraft benutzen, um die sonst unweigerliche Wirkung zu verändern. In seinen Gedanken kann man einer Situation immer ein Happyend verleihen. Warum nicht? Alles, was in unserer Vorstellung liegt, drückt sich in unserem Alltag aus, und wir können anhand unserer Gedanken entscheiden, wie der „Film" endet.

> *„Sieh Dich einfach im Mittelpunkt des Universums,*
> *und nimm jedes Ding und jedes Wesen*
> *als Teil deiner Unendlichkeit an."*
>
> *Aus dem Hua-Hu Ching*

Jede Wirkung hat ihre Ursache, aber es ist möglich, durch ein entsprechendes Denken die Wirkung umzuwandeln, bevor sie uns erreicht – durch mentale Transmutation. Kurz: Indem man die ursprüngliche Ursache oder die bereits vorhandene Wirkung lokalisiert, muss man nun einfach nur noch den Spieß umdrehen und das Pendel per Gedanken wieder in seinen Ruhezustand bringen.

Zum Beispiel kann Gewalt nicht durch Gewalt beendet werden, sondern nur durch Frieden. Siehe die stille Revolution Gandhis, welcher in seinem Land, in Indien, mit einer Friedensbewegung das britische Imperium besiegte.

> *Wir kämpfen nicht gegen etwas,*
> *wir sind für etwas!*

Das Pendel kann man nur besiegen durch Konstanz und Kontinuität. Viel ursächliche Energie im Pendelschwung benötigt dementsprechend mehr Energie zur Neutralisation. Es sind nur Energien, die umgeleitet werden können.

Denn, wenn man die Kunst erlangt, seine eigene Polarität zu verändern, so ist man imstande, auch seine Umgebung zu beeinflussen.

Nichts entgeht der Wahrheit von Ursache und Wirkung, aber es gibt viele Ebenen der Kausalität und man kann die Wirklichkeiten der höheren Ebenen anwenden, um die Gesetze der niederen Ebenen zu überwinden. Und Kontinuität ist das kontinuierliche Setzen einer Ursache. Kontinuität ist das Mittel, um eine höhere Ursache zu setzen, damit das Pendel nicht zum unerwünschten Niederen schwingt.

Festgefahrene Glaubenssätze löscht man deshalb am besten durch kontinuierliches Überschreiben, was dasselbe ist wie die bewusste Polarisierung. Es ist wie mit einem Tonband: Wenn man etwas Neues darauf aufnimmt, löscht man alles Frühere (manchmal hört man noch Fragmente des Alten durch, aber am Ende konzentriert man sich auf die neue Musik).

> *„Bewusstsein kann von Zustand zu Zustand umgewandelt werden,*
> *von Grad zu Grad, von Beschaffenheit zu Beschaffenheit; von Pol zu Pol;*
> *von Schwingung zu Schwingung."*

Der Meisterweg des Kybalion

Indem man sich mental auf die höheren Bewusstseinsebenen erhebt, lässt man den Schwung des mentalen Pendels auf der niederen Ebene wirken, während man auf der höheren Ebene weilt und so vermeidet, dass das Pendel einen im Rückwärtsschwung trifft. Dies wird dadurch erreicht, dass man sich auf sein höheres Selbst („Ich bin" = die Ur-Liebe) polarisiert und so seine mentalen Schwingungen über die Schwingungen der gewöhnlichen Bewusstseinsebene erhebt.

Der Vorgang ist ähnlich dem, wenn man sich über ein Ding erhebt und es unter sich vorbeigehen lässt. Ein Meister in der Anwendung der 7 Wahrheiten polarisiert sich also in den positiven Pol seines Wesens – in den „Ich-bin-Pol", nicht in den Pol der oberflächlichen Persönlichkeitsstruktur, der oft nur aus Prägung besteht.

Bei der Polarisation unterscheiden wir vier Denkebenen:
– persönliche Ebene
– sachliche Ebene
– globale Ebene
– göttliche Ebene

Je höher die Ebene ist, desto mehr erheben wir uns über das Schicksal.

Es gibt verschiedene Ebenen von Ursache und Wirkung. Die höheren beherrschen die niederen Ebenen, und doch kann nichts völlig dem Gesetz entgehen. Die Eingeweihten verstehen es, die Polarisation auszuführen, sie erheben sich zu einer höheren Kausalebene und gleichen so die Gesetze der niederen Kausalebene aus. Dadurch, dass sie sich über die Ebene der gewöhnlichen Ursachen erheben, werden sie in einem gewissen Grad selbst Ursachen, statt den Ursachen unterworfen zu sein.

Sie gebrauchen die Wahrheit von Ursache und Wirkung, statt von ihr gebraucht zu werden. Freilich sind auch die Eingeweihten dem unterworfen, was sich auf den höheren Ebenen manifestiert – aber auf den niederen Aktivitätsebenen sind sie Meister, nicht Sklaven.

> „Wahre hermetische Transmutation
> ist eine mentale Kunst."
>
> *Der Meisterweg des Kybalion*

Wir erheben uns über die materielle Welt, indem wir uns mit den höheren Kräften der metaphysischen Natur verbinden. Trotzdem entgeht auch ein Meister nicht der Ursächlichkeit auf höherer Ebene. Er gehorcht also dieser höheren Ebene, herrscht aber auf der materiellen durch Änderung der mentalen Schwingungfrequenz.

Man kann seine mentalen Schwingungen durch eine bewusste Willensanstrengung ändern, indem man seine Aufmerksamkeit mit Bedacht auf den (gewünschten) Zustand fixiert. Der Wille lenkt die Aufmerksamkeit, und die Aufmerksamkeit ändert die Schwingungsfrequenz.

So wendet man die geistige Neutralisation an. Man kann die Energie der Wirkungen nicht annullieren, aber man kann durch Beherrschung der Wahrheiten lernen, der Wirkung auf sich selbst bis zu einem gewissen Grade zu entgehen. So kann man lernen, sie zu nutzen, statt von ihnen benutzt zu werden. Auf diesen und ähnlichen Methoden beruht die Kunst der Meister. Der Meister polarisiert sich selbst an den Punkt, wo er zu ruhen wünscht, und dann neutralisiert er den rhythmischen Schwung des Pendels, der ihn sonst zum anderen Pol hintragen würde.

> *„Meisterschaft besteht nicht in abnormalen Träumen, Visionen, fantastischen Einbildungen oder abnormaler Lebensweise, sondern darin, dass man den Mühsalen der niederen Ebenen durch höhere Schwingungen ausweicht."*
>
> Der Meisterweg des Kybalion

Das bedeutet einfach: Wenn wir unsere Frequenz erhöhen, treffen uns die Folgen einer Ursache auf niederer Ebene nicht. Das Pendel schwingt ins Leere.

Alle Menschen, die ein gewisses Maß an Selbstbeherrschung erreicht haben, tun dies bis zu einem gewissen Grad unbewusst, der elitäre Meister aber tut das bewusst und unter Anwendung seines Willens und erreicht damit eine Gewichtigkeit und geistige Festigkeit, die den Massen nahezu unmöglich erscheint, die hin- und hergeschwungen werden wie ein Pendel. Diese Wahrheit und die der Polarität wurden von den Hermetikern besonders studiert. Ebenso wie die Methoden der Gegenwirkung, des Neutralisierens und Ausnutzens bilden sie einen wichtigen Teil der geistigen Alchemie.

Da das Universum mental ist, kann es nur durch Mentalität beherrscht werden. Wenn aber das Universum in seiner substanziellen Natur mental ist, so folgt daraus, dass mentale Transmutation die Bedingungen und Phänomene des Universums verändern muss.

Die 7 Wahrheiten transzendieren Gedanken und Gefühle auf eine höhere Ebene. Von dieser Ebene aus schafft man die Dinge bewusst und kontrolliert das „Schicksal" zu einer gelebten Bestimmung. Nur so können wir das erleben (positives Karma), weshalb wir hergekommen sind. Das ganze Feld aller Möglichkeiten steht so stets gegenwärtig zur Verfügung. Karma ist immer veränderbar!

> *„Nicht unsere Stimmungen*
> *prägen unsere Gedanken: Unsere Gedanken*
> *entscheiden über unsere Stimmungen."*
>
> *Aron T. Beck*

Nun zur Neutralisation:
Neulich fragte mich eine Leserin, ob das Leben nicht doch unausweichlich von einem Schicksal geprägt sei oder ob wir tatsächlich Einfluss darauf haben können. Ich antwortete ihr, dass es entscheidend auf die Ebene ankomme, von der aus wir agieren, um das „Schicksal" zu ändern.

Auf niederer Ebene ist ein Schicksal tatsächlich vorhanden. Schicksal ist unbewusstes Leben. Agieren wir (mittels Ursache) nur auf den unteren dreidimensionalen Ebenen, bleiben wir immer dem Schicksal dieser Ebene ausgesetzt. Erheben wir uns mental darüber, so herrschen wir darüber, anstatt von ihm beherrscht zu werden.

Die 7 Wahrheiten erheben uns über die dritte Dimension, denn durch sie wird die dritte Dimension transzendiert, sodass man von höherer

Ebene aus sein Leben auf den unteren Ebenen schöpferisch neu gestalten kann. Der schaffende Geist ist erwacht und wird sich seiner Kraft im Spiel des Lebens gewahr.

Das höhere schöpferische Selbst ist uns dann im Alltagsbewusstsein zugänglich, wenn ein Zustand der inneren Erkenntnis und des Ruhens in sich selbst geübt wurde, wie ich es in meinem Buch **Das Prinzip** zum Thema hatte.

Auf einen Nenner gebracht, bedeutet das praktisch: Wann immer ein Problem oder eine Herausforderung, etwa in den Bereichen „Finanzen", „Partnerschaft" usw. auf uns einwirkt, werden wir geübt sein, darüber hinauszudenken und nicht auf der Ebene des Problems zu verweilen. *Metanoia* ist immer ein Darüberhinausdenken, göttliche Gedanken der höheren Ebenen, welche die Möglichkeiten der Lösung sehen.

> *Gib der Sache einen Namen,*
> *und sie wird geschehen.*

Nur wenn wir etwas beim Namen nennen können, haben wir Macht darüber. Nur wenn wir das Problem sehen, offenbart sich dem geschulten Geist sofort die Lösung.

In jedem Problem ist schon die Lösung enthalten. Das Problem ist nur ein Hinweis auf die Lösung. Denn Probleme sind nur ein Zeichen für eine anstehende Veränderung. Geben wir in dieses Chaos des Problems ordnende Kräfte und Energie in Form der Wahrheiten hinein, so werden wir das Chaos durch mentale Transmutation in eine blühende Ordnung erheben können.

> *„Man muss noch viel Chaos in sich haben,*
> *um einen tanzenden Stern gebären zu können!"*
>
> *Friedrich Nietzsche*

Die Kraft der Ordnung ist Information plus Energie. Information ist der Gedanke in der Erkenntnis der Geheimnisse, die Energie ist die Liebe. Wie ich bereits sagte, können wir die Polarität niemals gefangen in der dritten Dimension umgehen oder abschaffen, doch wir können zum Meister über den Pendelschwung werden. Indem wir den Pendelschwung verstehen und akzeptieren und ihn in unser Leben, Denken und Handeln integrieren, können wir uns über ihn erheben. Wenn wir dies erkennen, dann können wir den anderen Pol neutralisierend „gegen" alles einsetzen, was wir wünschen.

So wie alles im Leben einem ständigen Rhythmus unterworfen ist, sind auch wir und unser Leben dieser Wahrheit unterworfen.

Einfaches Beispiel: Wenn man gegen einen ungeliebten Ohrwurm ankämpft, wird er nur lästiger, ohne zu weichen. Summt man stattdessen ein anderes Lied, vergeht das Lästige. Es wirkt neutralisierend. So funktioniert auch die mentale Transmutation, durch die auf allen Ebenen die Muster von Ursache und Wirkung neutralisiert werden können. Nicht Kampf, sondern Souveränität und Leichtigkeit bringen uns weiter. Denn nur wenn man davon überzeugt ist, dass etwas schwer zu erlangen sei, wird man kämpfen müssen und feststellen, dass alles zäh läuft und der Erfolg sich nicht einstellt.

Wir kämpfen nicht, wir haben.
Wir suchen nicht, wir sind.

Alles geht mühelos. Wenn es nicht mühelos geht, zeigt das nur, dass man etwas nicht gesetzmäßig macht.
Wer Ohren hat, der höre.
Je höher die Ebene, auf der eine Ursache gesetzt wird, desto weniger niedere Wirkungen gibt es im Leben. Die höchste Ebene ist das **Prinzip**.

Wurde eine Gedankenenergie einmal ausgesandt, hat sie unweigerlich ihre Wirkung nach den Gesetzen. Wurde beispielsweise Wut ausgesandt, muss weitere Disharmonie auf dieser Ebene erfolgen. Aber man kann diese Energie jederzeit in ihr polares Gegenstück oder in eine andere Energie umformen und so auf eine höhere Ebene setzen. Denn wenn wir erkennen, dass beispielsweise Wut und Ruhe nur zwei Extreme auf der Skala ein und derselben Sache sind, können wir durch ein relativ einfaches mentales Verschieben hin zum gewünschten Pol alles verändern, umpolen und in den gewünschten Bereich verschieben. So erschaffen wir uns die gewünschte Realität. Wir denken an das, was wir wollen. Bewusstsein ist der Weg zur Schöpfung!

> *„Mut kann sich in Furcht transmutieren*
> *und umgekehrt. Harte Dinge können weich*
> *gemacht werden, stumpfe Dinge werden scharf,*
> *heiße Dinge werden kalt und so weiter."*
>
> Der Meisterweg des Kybalion

Bleiben wir bei der Wut. Was ist Wut eigentlich? Wut ist, wenn man etwas wollte oder wünschte und es nicht bekommen hat. Dies führt zu einem hilflosen aggressiven Energieausstoß, den wir „Wut" nennen. Das polare Gegenstück dazu ist die schöpferische Kraft – das, was uns das Ersehnte schaffen könnte. Wir nehmen also die abgeschossene Wutrakete (beispielsweise) und lenken ihr Ziel vor dem Einschlag ab, indem wir ihre Polarität ändern und ihre Energie für unsere Zwecke nutzen. Das geschieht, indem wir die Dinge so sehen, wie sie sind. Nämlich, dass uns alle Dinge möglich sind, wenn wir nur unsere Energien beherrschen. Es ist schließlich unsere Realität.

Auch Wut ist nichts Böses, sie ist sogar etwas sehr Wertvolles: eine Energie in Bewegung, die nur darauf wartet, von uns genutzt zu werden, um letztlich doch das zu schaffen, was wir suchen und was die Wut zuvor ausgelöst hat.

Wut wird wieder zu einem Ausdruck von Liebe umgewandelt. Und Liebe ist Verbindung, während ungeformte Wut immer Trennung bleiben wird. Die Verbindung erfolgt durch die freudige Fokussierung auf das, was wir begehren, und so lassen wir einfach los. Nun ist die Energie der Verbindung losgeschickt und bringt uns das, was zu uns gehört.

Was ist Hass? Ein Aspekt der Liebe, welcher sich selbst oder andere nicht erkennt. Das polare Gegenstück dazu ist der Wunsch nach Einheit und Harmonie.

Negative Gefühle, Gedanken und Worte sind also kein Problem. Man muss sich deshalb nicht „schuldig" fühlen. Man kann ihre Energie ändern. Das ist bedeutend hilfreicher für alle Beteiligten, als in einem lähmenden Schuldgefühl zu verharren.

Wenn wir nun unsere Bewusstseinsfrequenz erhöhen, also in andere mentale und emotionale Ebenen treten, hilft das, bestimmte Schwächen in Stärken umzuwandeln. Genauso können wir Angst in Liebe umwandeln, da Liebe sich, wie wir wissen, von Angst nur in ihrer höheren Frequenz unterscheidet. Wir verschieben den Pol durch unseren Bewusstseinszustand. Je höher unsere Identifikation darin ruht, desto stärker gelingt die Umpolung zum Positiven. Die Identifikation mit dem **Prinzip** ist die höchste Ebene. Sie steht über allem und beeinflusst alles andere, ohne dabei beeinflusst zu werden.

Wer sich also geistig zu einer höheren Bewusstseinsebene aufschwingt, wird von den Belangen der niederen Ebenen befreit und bleibt unberührt. Der höchste Souverän ist die Liebe – unantastbar, unteilbar, vollkommen!

Der wertvollste Gedanke ist ein Ge-danke,
doch das ist ge-heim.

Das ist etwas, was nur der versteht, der versteht. In „Ge-danke" steckt das geistige Gesetz des Dankens. Und „ge-heim" heißt, dass es im Inneren verborgen ist.

Jeder negative Gedanke, zum Beispiel Hass, Zorn, „schlechte Affirmationen" oder eine andere energetische Informationseinheit, kann nutzbringend in positive Energie umgewandelt werden. Je stärker die „negative" Emotion war, desto stärker wird auch die positive Kraft nach ihrer Umwandlung. Ein befreiender Gedanke, nicht wahr?

Wenn wir das erkennen, werden auch die „negativen" Energieabgaben schwinden, da sie nicht mehr nötig sind oder sich selbst bereits erfüllt haben. Energiewandlung ist immer nur ein Umpolen von der einen in die andere Energieform durch unser Gehirn oder das, was denkt.

Wenn etwas wirklich prädestiniert ist für die Schaffung von Ordnung, dann ist es das Chaos. Chaos ist der beste Boden für die 7 Wahrheiten, denn hier kann sich ihre ganze Kraft entfalten. (Das heißt aber nicht, dass es ein Ziel wäre, das Chaos zu schaffen!) Das Gegenteil von Ordnung ist Chaos. Impliziert man Information oder Energie in ein Chaos, nimmt die Ordnung zu.

> *„Nichts kann existieren ohne Ordnung.*
> *Nichts kann entstehen ohne Chaos."*
>
> *Albert Einstein*

In der Regel ist es so, dass man zu viel über das Problem, das gelöst werden sollte, nachdenkt und so das Pendel nicht richtig loslässt. Alles fließt natürlicher, wenn man in sich ruht und weiß, dass alles gut ist, quasi in die Rolle des Beobachters fällt und die Dinge mit einem Lächeln betrachtet.

Dann ist es natürlich so, dass man die Energien in Form von Gedanken und Gefühlen, die man einst losschickte, oft jetzt erst in der Entspannung erntet.
Es gibt die Möglichkeit, diese Energien „abzuleben" oder besser umzuwandeln, indem man sich mit gewisser emotionsfreier Distanz die Gedanken von damals vergegenwärtigt und noch einmal positiv umdenkt. Wir versehen unsere Geschichte nachträglich einfach mit einem Happyend.

Wir können Angst nur mit Liebe neutralisieren, „Böses" nur mit Gutem, „Dunkelheit" nur mit Licht. Doch viele kämpfen vergeblich gegen die Dunkelheit der Drogen, Süchte, Ungerechtigkeit, Missgunst, Gewalt, weil sie vergessen haben, einfach das Licht anzuzünden. Dunkelheit ist nur die Abwesenheit von etwas. Ein Vakuum. Und jedes Vakuum zieht etwas an. Dunkelheit kann nur Licht anziehen. So wird aus Chaos immer Ordnung auf höheren Ebenen.

Das ist eine hohe Schule, aber mit etwas Übung sieht man recht schnell, wie sich das Jetzt relativ plötzlich verändert. Es gibt viele Beispiele von Menschen, die einen alten Gedanken neutralisierten oder seine Polarität gedanklich änderten und dadurch eine körperliche Spontanheilung erleben konnten. Eine Energieblockade in ihrem Körper hatte die Lebenskraft am Fließen gehindert, und nun konnte durch ihre Umwandlung plötzlich die Energie zur Heilung fließen.

„Wir überwinden die niederen Gesetze einzig und allein, indem wir höhere Gesetze anwenden."

Der Meisterweg des Kybalion

Je höher die Denkfrequenz, also das Maß von *Metanoia*, desto weniger Leid kann uns auf der irdischen Ebene treffen. *Metanoia* ist das Denken in den Wahrheiten. In Indien sagt man, dass ein Mensch, der immer die Wahrheit sagt, fähig sein wird, alles, was er sagt, wahr werden zu lassen. Reden und denken wir in den Wahrheiten, dann wird alles das wahr, was wir sprechen und denken. Wir neutralisieren das Karma oder erfüllen es durch mentale Transmutation.

Die einzige Möglichkeit, sicher kein neues Karma zu schaffen, liegt übrigens darin, gegenwartsbezogen zu denken. Im Jetzt – das ist gleichzeitig das „Ich bin". Die 7 Wahrheiten sind in ihrer Anwendung karmalos, im Gegenteil, sie lösen das Karma immer auf, da Wünsche erfüllt werden und Energien dadurch Ausgleich finden können.

„Der Ausschlag des Pendels nach rechts ist das Maß für den Ausschlag nach links. Rhythmus gleicht aus."

Der Meisterweg des Kybalion

Pendel des Temperaments – jemand, der viel liebt, kann auch viel Trauer empfinden. Wenn Sie also ein Mensch sind, der zu großer Freude fähig ist, dann haben Sie bereits sehr viel Schmerz erfahren.

Schmerz und Lust sind nämlich zwei Pole auf derselben Skala, genauso wie Leid und Selbsterkenntnis, Trauer und Freude, Extrovertiert und Introvertiert, Angst und Liebe, Druck und Sog, Wut und Erfüllung, Kampf und Loslassen, Ekel und Lust, Aggression und Sicherheit, Stolz und Demut, Impulsiv und Ruhig. Und so ist die Gleichmütigkeit auch das positive Gegenstück zur Gleichgültigkeit.
Liebe ist das polare Gegenteil von Angst. Jemand, der viel Angst hat, ist auch zu viel Liebe fähig. Die Kunst liegt darin, die Angst (mittels der 7 Wahrheiten) in Liebe umzuwandeln – durch mentale Umpolung. Das Resultat: viel Liebe.

Eifersucht ist das Gegenteil von etwas anderem. Das andere ist aber dasselbe, es unterscheidet sich nur im Grad. Eifersucht ist die Angst, etwas zu verlieren, und Angst ist das Gegenteil von Liebe. Eifersucht stößt ab, Liebe zieht es zu sich her.
Wahre Liebe verändert uns von einem „Ich" zu einem „Ich bin". Egolos, karmalos und schöpferisch, von den oberen Ebenen hinab bis zu den untersten.

Liebe ist Egolosigkeit!

Stellen Sie sich eine Skala vor: auf der einen Seite die Liebe, auf der anderen Seite die Eifersucht. Stellen Sie sich vor, dass der Unterschied zwischen diesen beiden Polen nur die Menge an enthaltener Energie ist. Angst hat wenig Energie und bildet die Kathode, die abstößt. Die Liebe bildet die Anode, die anzieht. Wenn wir mit den Gedanken den Pol der Liebe umkreisen, wird die Wahrscheinlichkeit erhöht, dass wir schnell frei von Angst werden. Es liegt an uns, welchem Pol wir unsere Aufmerksamkeit schenken (der Armut zum Beispiel oder dem Wohlstand).

Negatives Karma (Ursache und Wirkung) kann man deshalb nur löschen und in eine positive „Karmaenergie" umwandeln, indem man es neutralisiert und/oder ausgesandte Energien neu polarisiert. Dies geschieht durch „mentale Transmutation", wie es die Eingeweihten nennen.

Wende Dich der Sonne zu,
dann fallen die Schatten hinter Dich.

Wir können zum Beispiel an unserer Körperlichkeit nicht viel ändern, wenn wir nicht über die körperliche Ebene hinausgehen und somit eine höhere Ursache setzen. Das **Prinzip** ist die höchste Ursache. Diese höhere Ursache kommt aus höherem Wissen und dem Bewusstseinsbereich unterhalb der Beta-Hirnwellenfrequenz.

Denn wenn man sich nicht erhebt, muss jeder Erfolg mit einem kleinen Tod oder Verlust ausgeglichen werden. Doch die höheren Ebenen in Ihrem Inneren sind Ihnen schon lange vertraut, sonst würden Sie das hier nicht lesen oder verstehen.

Revolution global

*„Halt mich fern von der Weisheit, die nicht weint,
von der Philosophie, die nicht lacht, und von der Größe,
die sich nicht vor Kindern verneigt."*

Khalil Gibran

Die ursprüngliche Anwendung der hier dargelegten Wahrheiten, welche am natürlichsten die Tür zum Verständnis öffnet, ist ein Leben im Theta- oder Delta-Bereich der Hirnwellenmuster. Diese Ebene des Bewusstseins kann durch einen Lebensstil gefördert werden, der dies begünstigt. Folgendes ist als Empfehlung zu verstehen, die sich als hilfreich für ein Leben in der Fülle des Geistes bewährt hat.

Hören Sie auf, mit dem Gehirn zu denken! Denken Sie mit Ihrem Geist, denn der Geist ist EINS mit allem und versteht auch alles, was in diesem Büchlein steht.
Denn es gibt mindestens drei Ursachen für eine Missgunst des Lebens und eine Wurzel der Unwissenheit:

Ignoranz – nicht wissen wollen
Arroganz – das Wissen nicht achten
Trägheit – das Nichtanwenden von Wissen

Es gibt eine Sache, die genau diese drei Dinge fördert, und das ist die Religion. Religion ist ein Glaubenssystem, das vorschreibt, wie etwas sein muss. Religion kennt keine Toleranz für Andersdenkende. Sie erstickt überaus wirkungsvoll die suchende Natur des Menschen und noch viel, viel mehr die findende!

Die Frage, die sich stellt, ist: Beruht unser „Glauben" auf eigenen Erfahrungen, oder wiederholen wir nur die Meinung anderer oder eines Zeitgeistes?

Religion endet da, wo unser Glaube ein Erleben dessen wird, was wir nicht nur glauben, sondern dadurch wissen. Glaube macht genauso blind und unfähig, wie rechtes Wissen dagegen erleuchten kann.

> *„Es gibt keine Macht auf dieser Erde,*
> *die sich einem entschiedenen Gedanken*
> *entgegenstellen kann!"*
>
> *Yogavasistha, ca. 874 n. Chr.*

Für die Entwicklung der Menschheit ist es in der jetzigen Stufe der Evolution der Erkenntnis entscheidend, zu erfassen, was die wahre Kraft der wahren Toleranz bedeutet. Dem Universum ist es nicht wichtig, welcher Religion oder welchem Glaubenssystem man angehört. Es reagiert nur auf das Erkennen, dass alles seine Berechtigung hat und jedes Leben eine bewusste Entscheidung war. Der Punk auf der Straße hat genau wie der Mönch im Kloster seine Berechtigung. Sie sind ein und dasselbe, nur eben die zwei Extreme. Aber beide signalisieren Andersartigkeit, und so ist auch der Mönch ein bisschen wie ein Punk!

Es bietet sich an, bestimmte Glaubenssysteme mithilfe der vorgestellten kosmischen Wahrheiten zu überprüfen.

Tatsache ist, dass der Ursprung einer jeden Glaubensbewegung zumindest anfangs seine Wurzeln in diesen 7 Wahrheiten hat. Zum Beispiel kennt jede Richtung die Wahrheit von Ursache und Wirkung oder auch die berühmte Goldene Regel:

- Im Christentum:
  „Alles, von dem du willst, dass die Menschen es dir tun, das tu ihnen zuvor."
- Im Judentum:
  „Was du nicht willst, dass andere es dir zufügen, das tu du auch ihnen nicht."

- Im Islam:
  „Der ist kein wahrhaftiger Gläubiger, der seinem Bruder nicht das Gleiche zudenkt und erweist, was er sich selber zuliebe täte."
- Im Hinduismus:
  „Füge deinem Nachbarn nichts zu, was du nicht von ihm erdulden möchtest."
- Im Buddhismus:
  „Erweise anderen die gleiche Liebe, Güte und Barmherzigkeit, von der du wünschest, dass sie dir entgegengebracht werde."
- Im Jainismus:
  „In Freude und Glück wie in Leid und Not sollten wir alle Wesen so behandeln wie uns selbst."
- Im Parsismus:
  „Licht und edel ist nur, wer das, was für ihn selbst nicht gut ist, auch anderen nicht zufügt."
- Im Konfuzianismus:
  „Verhalte dich anderen gegenüber so, wie du von ihnen behandelt werden möchtest."
- Im Taoismus:
  „Betrachte deines Nächsten Glück und Leid als dein eigenes Glück und Leid und trachte danach, sein Wohl wie dein eigenes zu mehren."

Ein Sucher kann nicht finden,
er bleibt doch ein Sucher. Darum sei ein Finder!
Und finde in Dir selbst, was Du suchst, so wird das,
was Du findest, das sein,
was Du im äußeren Leben erlebst.
Sei Dein Glück in Dir SELBST!

All unsere Weisheitslehren haben offenbar einen gemeinsamen Ursprung, und dieser Ursprung ist das atlantische Wissen, das durch den Mann namens Thoth an uns überliefert wurde.

Würde man das verstehen, würde jedes Glaubenssystem lebendig und in blühender Toleranz seine Daseinsberechtigung unter Beweis stellen. Ein Inder zum Beispiel würde keinen Widerspruch sehen in der Verschiedenartigkeit der Praxis des Yogas.

Die fundamentalistischen Christen würden weiterhin ihr Bhakti-Yoga (Hingabe) praktizieren, die karitativen Kirchen würden ihr Karma-Yoga üben, die Metaphysiker und Weisen ihr Jnana-Yoga (Weisheit) und die Sportler und Gesundheitsapostel hätten ihr Hatha-Yoga. Alle haben aber das Yoga gemeinsam. Es ist nur ein Wort, es sollte nicht gewertet werden, die Bedeutung zählt und die ist „Verbindung". Das ist es, was Yoga wörtlich bedeutet und in der Tat: Jeder aufrichtig Suchende praktiziert es. In jeder Glaubensrichtung.

Anstatt an den Differenzen festzuhalten, sollte man das sehen, was verbindet, den Ballast abwerfen und endlich gemeinsam an einer Welt arbeiten, welche nicht durch blinden (Un-)Glauben, sondern durch nachvollziehbare Tatsachen strahlen würde. Darum ist es so wertvoll, zurück zur Quelle zu gehen und die Botschaften, welche alles verbinden, die 7 Ur-Wahrheiten des Lebens, zum Wohle des Ganzen zu erforschen. Dieser Abglanz der höchsten Wirklichkeit ist das wahre Bindeglied jeder Glaubensrichtung.

Und mit großer Wahrscheinlichkeit findet man hierbei sogar eine Bestätigung des bisherigen Glaubenssystems. Nur dass es dann Kraft besitzt und nicht nur leere Vokabeln sind ohne Substanz. Ohne das Zusammenführen von der Wissenschaft der Wirklichkeit und der Glaubenssysteme ist es nicht möglich, die Probleme dieser Welt zu lösen. Und wenn wir es nicht tun, wird bald dafür gesorgt sein, dass nicht noch mehr Unfug durch Unwissenheit geschieht:

Wie viele unter uns ahnen, agieren im Hintergrund einige geheime Organisationen. Familienclane, welche für sich in Anspruch nehmen, die Erde durch eine neue Weltordnung zu regieren. Eine heimliche Elite, welche an den Fäden der Weltgeschichte zieht. Sind diese Menschen böse? Sie sind in etwa so böse wie ein kleiner Junge, der einen Ameisenhaufen zertritt. Niemand würde ihn schuldig sprechen.

Mal abgesehen davon, dass etwas „Böses" nur eine doch sehr subjektive Betrachtungsweise ist, ist es vielmehr so, dass diese Leute wahrscheinlich gar keine andere Möglichkeit sehen, um das Überleben der Menschheit zu sichern. Ich bin nicht mit allen Methoden dieser Gruppierungen einverstanden, dennoch musste es so kommen. Hätte das profane Volk sich ernsthaft weitergebildet, wäre die Menschheit so weit, in Geheimnisse jenseits aller Vorstellungskraft und jenseits unserer Galaxie eingeweiht zu werden. Es wäre vieles heute ganz anders. Doch wie es immer war, werden nur die Würdigsten das letzte Geheimnis, das hinter diesen Worten versteckt liegt, erfahren können.

Wie wir gesehen haben, ist das Universum grenzenlos und so wundert es nicht, dass wir von anderen Lebensformen kontaktiert wurden. (Im Übrigen war auch der Vater Thots – Enki, Sohn des Anu – nicht von hier, aber das ist eine ganz andere Geschichte ...)

Die Menschen sehen Tausende von Kornkreisen, welche niemals von Menschenhand gemacht worden sein können, man sichtet unbekannte Flugobjekte – Zeichen am Himmel und auf Erden. Und warum?

Um uns langsam an den Gedanken zu gewöhnen, dass wir nicht allein sind. Die Regierungen haben schon lange Kontakt (seit den 1950er-Jahren), und es gibt sogar einen regen Handel. Was glauben Sie, woher plötzlich die ganze Technologie stammt, die sich explosionsartig im letzten und in diesem Jahrhundert ausgebreitet hat? In den letzten 50 Jahren hatten wir mehr Entwicklung als in den 500 Jahren davor. Das ist ein Abbild dessen, was in der geistigen Entwicklung im Bewusstsein der (mancher) Menschen abläuft! Und unsere Technologie überholt sich alle zwei Jahre selbst mit doppelter Leistung.

„Auf erschreckende Weise ist klar geworden, dass unsere Technologie unsere Menschlichkeit überholt hat."

Albert Einstein

Diese Technik kommt natürlich von irgendwoher. Dafür bekamen die Besucher Rohstoffe. Doch nicht jeder Mensch ist in einem Stadium, in dem er die Wahrheit pur vertragen kann. Doch es gibt genug Literatur über diese Themen, und an dieser Stelle soll ein kurzer Verweis genügen.

Der wichtigste Gedanke dabei ist, dass einige Wesen dieser hochintelligenten Rassen sich gern der menschlichen Bevölkerung öffnen würden. Aber das ist derzeit unmöglich. Wir sind einfach nicht so weit. Wie würden beispielsweise die religiösen Fundamentalisten aller Glaubensrichtungen darauf reagieren? Stellen Sie sich das nur vor! Glauben Sie, die Besucher würden mit den Oberhäuptern der Religionen über Gott diskutieren können oder wollen? Wohl eher nicht. Vielen Religionen würden die ohnehin fragwürdigen Grundlagen (Dogmen) entzogen, und viele Menschen wären plötzlich völlig orientierungslos.

Und was glauben Sie, was die Elite für eine Lektüre auf dem Nachtisch liegen hat? Sicher nicht eine einschlägige Boulevardzeitschrift oder das Modemagazin mit dem leckeren Rezeptteil. Denn in der Regel werden diese Leute schon mit der Milchflasche im Mund gedrillt global zu denken, und lernen von der Pike auf, wie Realität funktioniert und wie man sie beeinflusst. Diese Menschen wissen etwas, was wir nicht wissen dürfen. Eigentlich dürften Sie manches hier (dabei ist es nur die Spitze des Eisbergs!) gar nicht wissen und bisher wurde auch gut für Geheimhaltung gesorgt. Aber alles unterliegt einer Veränderung.

Diese „andere Seite" oder die Elite im Dunkeln nutzt nur 6 der Gesetze für ihre Zwecke. Das erste Gesetz des Geistes und somit die stärkste Kraft des ganzen Geheimnisses bleibt von ihr weitgehend ungenutzt. Durch das Elend der Angst, in der sich diese Elite befindet, löscht sie ihre natürliche Liebe aus. Und sie wird erst dann für das Gesamtwohl von Nutzen sein, wenn sich diese Energie in Helligkeit wandelt. Solange das so ist, würde uns und dieser Elite eine neue Sicht auf diejenigen helfen, die genau wie sie die Wahrheiten kennt, aber sie vorbildhaft und in ihrer wahren Macht der Liebe des Geistes nutzt.

Entweder wir werden selbst zur Elite, oder die Elite schenkt jedem von uns bald ein „Halsband" und etwas Valium (RFID und Fluorid, siehe Glossar).[9]

Die Philosophie dieser Machthaber ist nun die Schaffung eines größtmöglichen Chaos, da sie denken: Je größer das Chaos, desto mehr Ordnung kann hinterher aus ihm erwachsen!? So war das aber nicht gedacht. Die einzig friedliche Lösung für dieses Debakel ist es jetzt schon, eine Ordnung aus dem Volk heraus zu schaffen, welche diese Chaospläne unnötig macht, verhindert und auflöst.
Ihr gemeinsames Geheimnis ist: *Et pluribus unum* (lat.: „Aus vielen werde Eins"). Die Machthaber machen sich zu einer Einheit – sie werden eins. Darin liegt ihre Kraft. Aber es sind wenige, und wenn sich die Masse des Volkes eint, wird das mehr Macht, um eine stille Revolution einzuläuten – für einen Bewusstseinssprung in ein neues Goldenes Zeitalter.

Wir haben nun Anteil an einer Revolution, welche in aller Stille die Geschichte verändern wird. Sie, lieber Leser, sind ein Teil der Geschichte des Planeten. Und unsere Kinder werden dieser Revolution und Ihrer Teilhabe gedenken.

> „Ich sah Ordnung dem Chaos entspringen.
> Ich sah das Licht Leben ausgießen."
>
> *Smaragdtafeln XI*

Es ist unsere Wahl, ob wir weiterhin den Medien zuhören oder ob wir einer stillen Revolution der Erkenntnis unserer wahren Fähigkeiten und Tugenden im Angesicht unserer eigenen Göttlichkeit ins Auge sehen und für immer verändert werden. Vielleicht bleibt uns genug Zeit, um die Dinge in die entsprechenden Bahnen zu lenken. Ich denke, wir haben die reelle Chance auf ein neues Goldenes Zeitalter des Friedens und der Harmonie in der Ordnung der Wahrheiten des Lebens.

Von Anthony de Mello *(Gib deiner Seele Zeit)* gibt es eine Geschichte, die auf einem Markt spielt:

Eine Frau hatte einen Traum. In diesem Traum besuchte sie einen Markt. Dort, an einem Stand, traf sie Gott.

„Was verkaufst du hier?", fragte die Frau Gott.

Gott antwortete: „Alles, was das Herz begehrt."

Das konnte die Frau kaum glauben. Sie überlegte eine Weile und beschloss dann, das Beste zu verlangen, was sich ein Mensch nur wünschen konnte.

„Ich möchte Frieden für meine Seele und Liebe und Glück. Und weise möchte ich sein und nie mehr Angst haben", sagte die Frau zu Gott. „Und das nicht nur für mich allein, sondern für alle Menschen."

Gott lächelte: „Ich glaube, du hast mich missverstanden. Ich verkaufe hier keine Früchte, sondern die Samen."

Sie fragen allen Ernstes: „Wie?" Indem wir denken, wie ein Gott denkt! Und wie denkt Gott? „Ich bin!" Und wie denkt jemand, der seine Gedanken denkt? „Ich bin!" Der philosophische Grundsatz nach Descartes lautet: „Ich denke, also bin ich." Ich sage aber: „Ich bin, also denke ich."

Erst wenn die Menschheit als Gesamtes begreift, was wahre Toleranz, wahre Liebe und wahres Leben nach den Wahrheiten des Lebens bedeuten, sind wir bereit, ein neues Kapitel aufzuschlagen. Und dazu soll dieses Buch dienen.

> „Wissen vermehrt die Saat,
> doch es streut sie nicht aus."
>
> *Khalil Gibran*

Wir alle sind Teil einer Revolution des Bewusstseins, das höheren Ebenen entspringt. Jeder an seinem Platz, jeder in seinem Bewusstseinstand vollbringen wir das Wunder der gemeinsamen Erschaffung einer neuen Welt!

Wir stehen als Kollektiv an der Schwelle zu einer neuen Welt. Viele sind bisher nicht bereit gewesen, ihre Scheinwelt gegen die Wirklichkeit eintauschen zu lassen. Das ist eine Tatsache einerseits. Auf der anderen Seite sind wir in keiner Weise machtlos. Wir haben sehr viel Macht, so viel, dass jeder Versuch recht ist, diese zu unterdrücken. Die Elite, die im Hintergrund die Fäden zieht, hat gewaltig Angst, und zwar wegen des kleinen Mannes, der, wenn er erwacht und sich seiner Selbst und seiner Macht bewusst wird, alles ändern könnte.

Je schneller und weiter sich das neue schöpferische Bewusstsein verbreitet, desto mehr werden wir die globalen Auswirkungen hin zur Harmonie auch gerade auf globaler Ebene erleben und erlebbar machen für die, welche nach uns kommen mögen.

Mir stellt sich die Frage, ob wir mutig sind und die Zukunft endlich richtig in die Hand nehmen oder ob wir weiterhin an dem Ast sägen, auf dem wir sitzen. Nicht dass dieses Buch die einzige Offenbarung des Geheimnisses wäre, es wurde uns schon so oft in unterschiedlichster Form mitgeteilt. Dies war nur ein Einführungskurs in die Wahrheiten des Lebens.

> *„Seien wir realistisch,*
> *versuchen wir das Unmögliche."*
>
> Che Guevara

Albert Einstein hat einmal geschrieben:
„Der Mensch ist ein Teil des Ganzen, welches wir ‚Universum' nennen, ein in Zeit und Raum begrenzter Teil. Er erfährt sich selbst, seine Gedanken und Gefühle, als vom Rest getrennt – eine Art optische Täuschung seines Bewusstseins. Diese Täuschung gleicht einem Gefängnis für uns. Sie beschränkt unsere persönlichen Sehnsüchte und Zuneigungen zu unserem Nächsten. Es muss unsere Aufgabe sein, uns aus diesem Gefängnis zu befreien, indem wir den Kreis unseres Mitgefühls erweitern, sodass er alle Lebewesen umfasst und die gesamte Natur in all ihrer Schönheit."

Nach der Revolution in unserer persönlichen Welt wartet eine große Aufgabe auf uns: diese Welt durch die vereinten Kräfte unseres Geistes in Reihe zusammenzuschalten. Geben Sie den Schlüssel weiter und lassen Sie Ihr Leben sprechen. Wer bereit ist, das kann man am geöffneten Herzen und am durstigen Blick des Betreffenden sehen. Für eine neue Welt!

Aber über persönliche Wünsche und Träume, Ihre Erfolge und das Geheimnis an sich viele Worte zu verlieren wäre unweise, wenn man nicht danach gefragt wird. Die Menschen sind ohnehin überfordert, wenn sie sehen, was in ihrem Leben nun alles passiert. Schweigen und genießen kann ja so köstlich sein!

Die 7 Naturgesetze liefern die Grundlage für eine bessere und fortschrittlichere Technologie, eine echte Wissenschaft, ein besseres Erziehungsprogramm für unsere Kinder, eine erfüllte Partnerschaft, finanziellen Erfolg durch das Wirken der einen Ur-Liebe, die alles zu verändern vermag. Durch das Umkreisen der 7 Wahrheiten erschließt sich uns die Antwort auf all unsere Fragen. Und es führt uns in unsere Verantwortung für unsere Nachkommen und für den ganzen Planeten.

Das Ziel aller Fragen ist es,
keine Fragen mehr zu haben.
Erleuchtung ist das Ende der Fragen
und das Ruhen in der Antwort.

Ich muss etwas gestehen: Ich habe dieses Buch nicht für Sie geschrieben, ich habe es in erster Linie für mich geschrieben, da ich durch das tiefere Eintauchen in die Thematik selbst am meisten profitiere. Und ich denke, nur so werden Sie genauso wie ich einen Funken der Begeisterung dafür erhaschen. Denn es sind nicht die Worte, die das Auge treffen, es ist das, was zum Herzen spricht. Somit wachsen aus dem Herzen die folgenden Wahrheiten in das persönliche Leben hinein und bekommen so Hand und Fuß, um diese Welt zu verändern. Es ist eine

Anleitung zur Praxis, obgleich es zuvor nötig erschien, das Material in theoretischer Form zu liefern.

Darum habe ich dieses Buch geschrieben. Mein Wunsch ist: eine Welt in Freude, ein Paradigmenwechsel, der Leid unnötig macht. Ein Bewusstseinssprung vom Endlichen ins Unendliche, vom Vergänglichen in die unvergängliche Liebe.
Eine Menschheit, die sich über das Vollkommene definiert und fähig ist, diese Welt zu erheben.

Mein Ziel ist es ganz bescheiden,
diese Welt zu ändern.

Nun folgt die in Teil 1 angekündigte Möglichkeit, wie sie dabei ganz aktiv mitwirken können.

Ich fordere meine Leser auf, etwas ganz Konkretes zu tun. Etwas mit wenig Aufwand und mit großer Wirkung – durch die Absicht und Vereinigung unseres Bewusstseins in seiner mentalen Kraft. Etwas, was diese Welt mehr transformieren kann, als alles andere:

Nehmen Sie das Bild von der Erdkugel auf der Rückseite dieses Buches – eine Sicht auf unser aller Heimat, aufgenommen aus dem All. An jedem Freitag um 21.00 Uhr treffen wir uns dann – unsichtbar vernetzt – als eine Gruppe geheimer stiller Revoluzzer im Geiste. Halten, jeder an seinem Ort, die Hände über das Bild unserer gemeinsamen Heimat und stellen uns vor, wie wir unserem Planeten und seinen Geschöpfen heilende und bewusstseinserweiternde Energien positiver Art senden. Gerade so wie man einem Kranken die Hände auflegt. Die 20-Minuten-Technik bietet sich hier an. (Siehe **Das Prinzip**, Seite 228.)
Wir senden damit 52-mal im Jahr, vereint in unserer Kraft, eine machtvolle Veränderung der Liebe zu unserem nach Ordnung lechzenden Planeten und spüren dadurch die wohltuende Veränderung in unserem

eigenen Leben. Versuchen Sie es, seien Sie selbst ein mächtiger Teil der stillen Revolution!

„Singe das Lied der Freiheit, singe das Lied der Seele.
Erschaffe die hohe Schwingung,
die Dich Eins macht mit dem Ganzen.
Verschmilz gänzlich mit dem Kosmos.
Wachse hinein in das Eins-Sein mit dem Licht.
Sei ein Kanal der Ordnung,
ein Pfad des Gesetzes für die Welt."

Smaragdtafeln IX

Seien Sie selbst das Wunder.

Glossar

Akashachronik
Der Begriff „Akasha" (Sanskrit auch: *akascha, akasa* und *akaça*). In der
christlichen Lehre ebenfalls „Buch des Lebens" genannt. Die Vorstellung eines Weltgedächtnisses, in dem alles aufgezeichnet ist, was je
gedacht worden ist. Die Akashachronik steht über der Zeit und kann
von Befähigten eingesehen werden, um höheres Wissen zu erlangen.
Gebunden an den Erdmagnetismus, enthält sie die Datenbank des
gesamten Bewusstseins unseres Planeten.

Altruistisch
(lat. *alter:* „der andere") ist eine ethische Einstellung, die von Selbstlosigkeit und Uneigennützigkeit geleitet wird und auf das Wohl anderer, in
letzter Konsequenz auf das allgemeine Wohl der Menschheit ausgerichtet ist. „Selbstlosigkeit" meint das Zurückstellen eigener Anliegen
bis hin zur letzten Konsequenz der Selbstaufopferung. Der Begriff
„Altruismus", der auf Auguste Comte zurückgeht, ist ein Gegenbegriff
zu „Egoismus". Der aus altruistischen Motiven Handelnde wird auch
„Philanthrop" genannt.

A-Omega-Projekt
Das A-Omega-Projekt ist der Plan der Vergeistigung der Materie und
umschließt einen nie endenden Kreislauf des „Werdens und Vergehens
alles Geschaffenen", bis alle Dinge sich zur höchsten Frequenz erhoben,
also vergeistigt haben. Dies geschieht durch eine Erhöhung der persön-
lichen Frequenz der Menschen durch das Denken höherer Gedanken.
Es ist im Großen wie im Kleinen die eine Konstante der stetigen Ver-
änderung und Umwandlung von Energien: von einem Feuer (aus
Sonnenenergie und Asche wird ein Baum, aus Holz wird Feuer, aus
Feuer wird Asche, aus Asche wird wieder ein Baum) über das Ein- und
Ausatmen Brahmans bis zum Vergehen und zur Neuerschaffung aller
Dinge. Es wiederholt sich nur.

Avatar

Sanskrit *avatara*, wörtlich: „Abstieg", von *ava:* „", und *tr̄:* „überqueren"; ein göttliches Wesen oder ein göttlicher Aspekt, der die Gestalt eines Menschen annimmt. Dieses Wesen ist karmalos und meist nur da, um der Menschheit allein durch seine frequenzanhebende Anwesenheit zu dienen. Babaji oder Jesus wären hierfür ein Beispiel.

Bibliothek von Alexandria

Die Bibliothek von Alexandria war die berühmteste und größte Bibliothek der Antike. Sie befand sich im ägyptischen Alexandria. Die Bibliothek bestand bis in die Spätantike fort und hat leider die Christianisierung des Römischen Reiches nicht lange überlebt – sie wurde gebrandschatzt. Dadurch wurde viel Wissen der damaligen Zeit ausgelöscht. Die Bibliothek soll rund 700 000 Schriftrollen geführt haben, darunter auch hermetische.

Bodhisattva

Bodhisattva (Sanskrit *bodhisattva*, von *bodhi:* „Erleuchtung", „Erwachen", und *sattva:* „Wesen") bedeutet „Erleuchtungswesen". Ein Mensch, der sich seiner Göttlichkeit gewahr wird und diese auslebt. Siddhartha Gautama wäre ein Beispiel hierfür.

Doxologie

(griech. *doxa:* „Herrlichkeit", und *logos:* „seiendes Sein" = die Herrlichkeit des seienden Seins)
Ein vom Autor geprägtes Wort, welches den Inhalt der schöpferischen Wahrheiten in ihrer Abfolge als Destillat zusammenfasst.

Dr. M. Doreal

Ein amerikanischer Arzt und Psychiater sowie Ordensgründer. Dr. Doreal erhielt im ersten Viertel des 20. Jahrhunderts von der großen Weißen Bruderschaft den Auftrag, die Smaragdtafeln an sich zu nehmen und zurück zur Großen Pyramide zu bringen. Bevor er dies tat, erstellte er von den Tafeln eine in Englisch verfasste Abschrift.

Illuminati/Freimaurer

Der *Illuminatenorden* (lat. *illuminati:* „die Erleuchteten") ist eine am
1. Mai 1776 von dem Philosophen und Kirchenrechtler Adam Weis-
haupt in Ingolstadt gegründete Geheimgesellschaft. Ziel des Illumina-
tenordens war es damals, durch Aufklärung und sittliche Verbesserung
die Herrschaft von Menschen über Menschen überflüssig zu machen.
Der Orden wandelte sich aber über die Jahre hinweg in eine Welt-
macht, die, wie einige vermuten, die Geschicke der Menschheit lenken
will. Sein größtes Anliegen ist bis zum heutigen Tag die Einführung der
Neuen Welt Ordnung. Die Illuminati sind im Besitz höheren Wissens
und fühlen sich auserwählt, diese Erde zu bewahren. Ihre Methoden
finden nicht immer Zuspruch.
Die Freimaurer sind ein Verbund von Menschen, die sich in 33 Grade
und Logen aufteilen; je höher der Grad, desto geheimer. Trotz ihrer
edlen Meinung über sich selbst und ihres höheren Wissens stehen Freimaurer in der Kritik, dieses elitär für sich und ihre Zwecke zu miss-
brauchen.
Beide, die Illumintati und die Freimaurer, stellen alte patriarchalische
Energien dar, die sich entweder dem Wandel des Bewusstseins der
erwachenden Masse beugen oder sich auflösen werden.

Implizite Ordnung

Postuliert von David Joseph Bohm (*20. Dezember 1917 in Wilkes-
Barre, Pennsylvania; † 27. Oktober 1992 in London). David Joseph
Bohm war Quantenphysiker. Nach Bohm bildet Materie nur ein winzi-
ges Tröpfchen eines Ozeans von Energie. Die implizite Ordnung stellt
eine Realität dar, welche die der Materie bei Weitem übersteigt. Als
Quantenphysiker postulierte er die Einheit aller Dinge und ging somit
einen Schritt weiter im Gedankengut der Quantenphysik.

Merowech

Um das Merowingergeschlecht ranken sich einige Mythen. Merowech
(lat. *Merovechus* oder *Meroveus,* französisch *Mérovée*) war ab Mitte des
5. Jahrhunderts Herrscher über die salischen Franken in Brabant mit
der Residenz Tournai im heutigen Hennegau (Belgien). Die Illuminaten

glauben an eine Blutlinie, von der sie angeblich abstammen, die über Merowech bis in eine ferne Vergangenheit reicht und ihren Ursprung sogar bei den Göttern haben soll. Manche sprechen von einer „fremden Rasse".

Planckzeit

Die Planckzeit ist ein natürliches Zeitintervall, das sich als Kombination der grundlegenden Naturkonstanten ergibt, welche die Raum-Zeit-Struktur, die Stärke der Gravitation und die Quantenwelt regieren, nämlich der Gravitationskonstanten, des Planckschen Wirkungsquantums und der Lichtgeschwindigkeit. Die Planckzeit beträgt rund 5,39124 mal 10–44 Sekunden und ist die Zeit, die Licht benötigt, um eine Strecke der Länge einer Planck-Länge (10–35 Meter) zurückzulegen.

RFID, Valium und Fluorid

RFID (Radio Frequency Identification) sind Mikrochips mit einer Antenne, von denen Daten auch über weite Distanzen hinweg ausgelesen werden können. Diese RFID-Chips können Menschen eingepflanzt werden, um sie so besser überwachen und kontrollieren zu können. Schon in der Bibel – Offenbarung 13,16 – wird davor gewarnt: *„Und machte allesamt, die Kleinen und Großen, die Reichen und Armen, die Freien und Knechte, dass es ihnen ein Malzeichen gab an ihre rechte Hand oder an ihre Stirn, dass niemand kaufen oder verkaufen kann, er habe denn das Malzeichen oder den Namen des Tieres oder die Zahl seines Namens."*
Valium ist hier ein Synonym für die einschläfernde Wirkung der Massenmedien und des oberflächlichen Konsumtriebes.
Beide – der RFID-Mikrochip und Valium – dienen der Kontrolle, einem unsichtbaren Käfig gleich, der freien Gedanken des innewohnenden göttlichen Potenzials.
Fluorid ist ein neurotoxisches Gift, das durch Zusatz in Zahncreme, Trinkwasser und in Zahnarztpraxen in den menschlichen Körper gelangt. Fluorid durchdringt mühelos die Blut-Hirn-Schranke und schädigt unweigerlich das Gehirn. Studien weisen darauf hin, dass Fluorid insbesondere die Areale im Gehirn signifikant beeinträchtigt,

die für freies kreatives Denken und Vorstellungskraft stehen. Schöpferisches Bewusstsein wird so verhindert. Dies geschieht insbesondere dadurch, dass die Synchronisierung der Gehirnhemisphären beträchtlich durch Fluorid gestört wird. Der Autor empfiehlt sehr nachdrücklich, jeder Form von Fluoriden aus dem Weg zu gehen. Denn diese wirken wie Valium negativ auf den freien Geist und hindern ihn am Erwachen.

Sadhu
(Sanskrit *sādhu,* wörtlich: Guter) ist im Hinduismus ein Oberbegriff für jene, die sich einem geistigen, teilweise streng asketischen Leben verschrieben haben; insbesondere bezeichnet es die Mönche der verschiedenen hinduistischen Orden.

Smaragdtafeln
Der Ursprung der Smaragdtafeln liegt in ferner Vergangenheit. Die Legende sagt, es wäre Wissen aus Atalanis (Atlantis), das aber von einer außerirdischen Rasse namens *Annunaki* stamme. Der Vater von Tehuti – Enki – gab Tehuti (= Thot, Hermes) den Auftrag, diese Tafeln zu bewahren und zu einer bestimmten Zeit der Menschheit zu schenken. Die Tafeln wurden früher in der großen Pyramide von Giseh aufbewahrt. Dr. M Doreal, der Gründer der Bruderschaft des Weißen Tempels, erhielt die Anweisung, die Tafeln wiederzufinden und in die große Pyramide zurückzubringen. Er fand die 15 Tafeln, und bevor er sie zur großen Pyramide brachte, durfte er sie 1925 übersetzen und eine Kopie für sich anfertigen.

Sphinx
In den Smaragdtafeln spricht Tehuti (= Thot, Hermes) selbst von einem Geheimnis, das unter der rechten Pfote der Sphinx liegen soll. In der Tat fanden dort umfangreiche Grabungen unter der Leitung von Dr. Hawass statt. Man fand eine Öffnung zu unterirdischen Gemäuern, welche zu der Kammer der Aufzeichnungen führt. Hier sollen Gegenstände, Anweisungen und Artefakte liegen, die den Menschen in der Zukunft nützlich sein würden. Doch bis zum heutigen Tag wurde das,

was letztlich unter der Pfote der Sphinx verborgen liegt, vor der Öffentlichkeit völlig geheim gehalten. Es soll sich um Objekte handeln, die in einem unterirdischen Raum unweit der Sphinx versteckt sind und den absoluten Beweis liefern, dass es lange vor uns bereits hochentwickelte Kulturen auf diesem Planeten gab.

Templer
Die Kreuzritter hatten sich des Auftrags der Kirche angenommen, Jerusalem zu befreien. Der nichtmilitärische Zweig der Kreuzritter hatte währenddessen den Auftrag, die Bundeslade unter dem Tempelberg zu bergen. Diese Kreuzritter quartierten sich im Tempelgebäude ein und wurden deshalb fortan „Templer" genannt. Sie fanden Steinsarkophage und eine goldene Truhe, auf welche die Beschreibung der Bundeslade passte, sowie Schriften, unter anderem hermetischen Ursprungs.

Quellenverzeichnis

1. Die Smaragdtafeln von Thot, dem Atlanter, aus der Ursprache übertragen und interpretiert von Doreal. Koha Verlag, Burgrain 2002
2. http://www.schuledesrades.org/palme/books/denkstil/?Q=1/1/3/0/0/1/47
3. Lothar W. Göring: Apokalypse Seele – das A-Omega-Projekt – Enthüllung einer Wahrheit. Videel Verlag, Niebüll 2004, und Helga Hoffmann-Schmidt: Das Vermächtnis von Atlantis, im Selbstverlag (vergriffen. Später unter demselben Titel „Das Vermächtnis von Atlantis" von Lothar W. Göring erneut herausgebracht)
4. P. M. Magazin 03/2000
5. Paul Dong und Thomas Rafill: Indigoschulen: Trainingsmethoden für medial begabte Kinder. Ullstein Taschenbuch, Berlin 2004
6. Masaru Emoto: Die Botschaft des Wassers. Koha Verlag, Burgrain 2008
7. Christiane Grefe, Peter Heller, Martin Herbst, Das Brot des Siegers: Das Hackfleisch-Imperium. Lamuv Verlag, Göttingen 1985, Seite 27
8. http://www.scinexx.de/dossier-detail-163-6.html
9. Internet –Hidden Hand/Svali
10. http://www.hermetik.ch/ath-ha-nour/ Von dort stammt die „Tabula smaragdina" des Hermes Trismegistos

Bildnachweise

Alle Grafiken von Andreas Campobasso. Alle Fremdbilder: Gnu-lizens.

Zitate
Alle Zitate ohne Anführungszeichen sind Zitate des Autors.

Alle Zitate aus dem Kybalion entstammen dem Buch *Der Meisterweg des Kybalion – Die 7 geheimnisvollen hermetischen Schlüssel,* bearbeitet von Andreas Campobasso, Hans-Nietsch-Verlag, Emmendingen 2010

Alle Zitate aus den Smaragdtafeln: *Die Smaragdtafeln von Thot, dem Atlanter* aus der Ursprache übertragen und interpretiert von Doreal. Koha Verlag, Burgrain 2002

Weitere Bücher des Autors:

Andreas Campobasso
Das Prinzip – Geheimnis zur Erschaffung der gewünschten Realität

Wir haben mehr Macht, als wir je zu träumen wagten! Die Vereinigung uralten Wissens mit den erstaunlichen Erkenntnissen der Neuzeit enthüllt uns das größte Geheimnis – das PRINZIP der Erschaffung der gewünschten Realität.
Diese Botschaft ist Geschichte, Wissenschaft, Mystik, Offenbarung und zeitlose Weisheit. Durch ein gezieltes Studienprogramm und eine effektive Übungs-CD wird sie auch zur Praxis, zur Reise nach innen – zum wahren Ich. Sie lehrt uns das innere Reich kennen, aus dem heraus wir das Außen, die Materie – zum Wohle des Ganzen – schöpferisch gestalten können.

248 Seiten, Hardcover
mit Übungs-CD
ISBN 978-3-939570-53-0

Andreas Campobasso
Der Meisterweg des Kybalion – Die 7 geheimnisvollen
hermetischen Schlüssel

Das „Kybalion" gilt als eines der geheimnisvollsten Bücher der spirituellen Literatur. Der Bestsellerautor Andreas Campobasso („Das
Prinzip" und „Stopp! Die Umkehr des Alterungsprozesses") hat das
Kybalion zeitgemäß bearbeitet und eröffnet uns so einen kostbaren
Zugang zu altem Wissen, das heute aktueller ist denn je. Das Kybalion
ist das Grundlagenwerk zum tiefen Verständnis spiritueller Bestseller
wie „Das Prinzip", „The Secret" oder „The Master Key". Das Kybalion
führt den Leser in eine neue Dimension und auf eine höhere Bewusstseinsebene, die Meisterebene. Die hermetischen Überlieferungen, die
im Kybalion präsentiert werden, sind die Wurzeln aller erleuchtenden
Lehren weltweit.

160 Seiten, Hardcover
ISBN 978-3-939570-745

Neueste Forschungsergebnisse zeigen:
Den Alterungsprozess kann man stoppen!

Wir alle bewundern die Menschen, die mehrere Jahre oder sogar ein ganzes Jahrzehnt jünger aussehen als sie tatsächlich sind.
Was ist ihr Geheimnis der ewigen Jugend?
In diesem Buch erfahren Sie die Ergebnisse mehrjähriger Forschungsarbeit, wie der Alterungsprozess tatsächlich gestoppt werden kann.
Campobasso hat viele motivierende Übungen und Rezepte parat, „Verjüngungskuren", die sich leicht im Alltag umsetzen lassen und eine verblüffende Wirkung zeigen.

Taschenbuch Goldmann ARKANA, 352 Seiten
ISBN: 978-3442218585